DAXUESHENG SHEHUI GONGYI
SHIJIAN SHIERJIANG

大学生社会公益实践十二讲

钟一彪 ◆ 主编

·广州·

版权所有　翻印必究

图书在版编目（CIP）数据

大学生社会公益实践十二讲/钟一彪主编．—广州：中山大学出版社，2018.4
ISBN 978-7-306-06283-3

Ⅰ. ①大… Ⅱ. ①钟… Ⅲ. ①大学生—社会实践—研究—中国　Ⅳ. ①G642.45

中国版本图书馆 CIP 数据核字（2018）第 001670 号

出版人：	徐　劲
策划编辑：	刘丽丽
责任编辑：	赵　婷
封面设计：	曾　斌
责任校对：	李艳清
责任技编：	黄少伟
出版发行：	中山大学出版社
电　　话：	编辑部 020-84111996，84113349，84111907
	发行部 020-84111998，84111981，84111160
地　　址：	广州市新港西路 135 号
邮　　编：	510275　　传　真：020-84036565
网　　址：	http://www.zsup.com.cn
	E-mail：zdcbs@mail.sysu.edu.cn
印 刷 者：	广东省农垦总局印刷厂
规　　格：	880mm×1230mm　1/32　10.375 印张　225 千字
版次印次：	2018 年 4 月第 1 版　2018 年 4 月第 1 次印刷
定　　价：	32.00 元

如发现本书因印装质量影响阅读，请与出版社发行部联系调换

编委会

主　编　钟一彪
成　员　周　昀　　龚　婕　　王　帅
　　　　　赵　斐　　刘　博　　罗妙琪
　　　　　李　丽　　徐永怡　　陈思静

前　言

习近平同志指出："实现中华民族伟大复兴的中国梦，需要一代又一代有志青年接续奋斗。广大青年要以国家富强、人民幸福为己任，胸怀理想、志存高远，积极投身中国特色社会主义伟大实践，并为之终生奋斗。"现代社会公益本质上是人们出于自愿并以服务的方式来调节人与人之间的社会利益关系的一种活动，通常是通过做好事、行善举向社会公众提供公共产品，进而达成人与人之间关系的改善。全心全意为人民服务是中国共产党的根本宗旨，实际上，这就是一种无私奉献的公益精神。于青年大学生而言，参与社会公益志愿服务是践行社会主义核心价值观的有效途径，也是涵养家国情怀、服务人民群众的有效举措。

良好的国家治理需要"好政府"和"好公民"共同努力，这就需要建立相应的机制吸纳民众参与。从事社会公益志愿服务是广大人民群众参与国家治理的途径之一，也是他们服务社群、实现自身价值的有效方式。青年大学生参与社会公益志愿服务，既彰显了当代中国青年爱国、敬业、诚信、友善的精神风貌，也让广大青年大学生可以为社会的自由、平等、公正、法治作出力所能及的贡献，进而为建成富强、民主、文明、和谐、美丽的社会主义强国添砖加瓦。社会公益志愿活动作为青年了解社会、融入社会、服务社会的有效渠道，具有极大的德育价值、经济价值和社会价值。深入研究大学生社会公益志愿服务，对提升大学生公益活动的效果、发挥公益活动的育人价值、推进社会建设等方面都具有重要意义。从国家治理能力建设角度来看，大学生群体既指向当下，又面向未来，是国家和民族的希望，"历史和现实都告诉我们，青年一代有理想、有担当，国家就有前途，民族就有希望，实现中华民族伟大复兴就有源源不断的强大力量"[①]。

当代青年大学生对参与社会公益志愿服务有很高的热情，如何把这种热情转化为有利于社会发展及其自身成长成才的动力，如何用社会主义核心价值观有效地引领大学生投身社会公益志愿服务，这些都需要我们党、政府、社会和学校进行系统设计、开展科学引导、提供条件支撑，进而推动大学生社会公益服务良性运行机制的形成。《大学生社会公益实践十二讲》一书基于以上考虑，从理论框架、实践作为、总结升华等三大方面共十二章展开论述，为大学生社会公益实践提供了知识—价值—行动三位一体的系统指导。

期待本书推动大学生把所学的理论知识应用到社会服务中，从而促成青年学子在"为国创富、为民谋利"的征程中实现自己的人生价值！

让我们为了中华民族的伟大复兴而投身公益！

---

① 参见 2013 年 12 月 5 日，习近平给华中农业大学"本禹志愿服务队"的回信。

目 录

第一讲　大学生社会公益实践的基本内涵 ………… (1)
　　第一节　公益的理论框架 …………………………… (1)
　　第二节　公益活动的内涵 …………………………… (13)
　　第三节　大学生社会公益实践 ……………………… (21)

第二讲　大学生社会公益实践的发展方向 ………… (28)
　　第一节　价值导向 …………………………………… (28)
　　第二节　行动取向 …………………………………… (34)
　　第三节　发展指向 …………………………………… (37)
　　第四节　社区走向 …………………………………… (41)
　　第五节　成果定向 …………………………………… (44)

第三讲　大学生社会公益实践的伦理规范 ………… (49)
　　第一节　大学生社会公益实践的价值分析 ………… (50)
　　第二节　大学生社会公益实践的伦理要求 ………… (58)
　　第三节　大学生社会公益实践的礼仪规范 ………… (68)

第四讲　大学生社会公益实践的方法路径 ………… (85)
　　第一节　基于公益精神参与公益实践 ……………… (85)

第二节　立足专业学习参与公益实践 …………… (88)
　　第三节　扎根大学校园参与公益实践 …………… (92)
　　第四节　经由日常生活参与公益实践 …………… (97)
　　第五节　通过团队合作参与公益实践 …………… (101)

第五讲　大学生社会公益实践的项目设计 …………… (108)
　　第一节　社会公益实践项目及其类型 …………… (109)
　　第二节　社会公益实践项目设计原则 …………… (118)
　　第三节　社会公益实践项目设计实操 …………… (124)

第六讲　大学生社会公益实践的组织建设 …………… (133)
　　第一节　大学生社会公益实践组织的基本状况 … (133)
　　第二节　大学生社会公益实践组织的战略建构 … (140)
　　第三节　大学生社会公益实践组织的行动方略 … (145)

第七讲　大学生社会公益实践的资源拓展 …………… (153)
　　第一节　大学生社会公益实践资源的内涵 … (153)
　　第二节　大学生社会公益实践资源的形态 … (161)
　　第三节　大学生社会公益实践资源的获取 … (172)

第八讲　大学生社会公益创业的基础知识 …………… (183)
　　第一节　社会公益创业的含义 …………… (183)
　　第二节　社会公益创业的要素 …………… (187)
　　第三节　社会公益创业的流程 …………… (194)

第四节　大学生社会公益创业 …………………（196）

第九讲　大学生社会公益实践的风险管理 …………（206）
　　第一节　公益实践风险管理的概念 ……………（206）
　　第二节　公益实践风险管理的体系 ……………（212）
　　第三节　公益实践的风险防范措施 ……………（217）

第十讲　大学生社会公益实践的项目评估 …………（221）
　　第一节　社会公益实践项目评估的基本方法 …（221）
　　第二节　社会公益实践项目评估的核心指标 …（238）
　　第三节　社会公益实践项目评估的道德准则 …（243）

第十一讲　大学生社会公益实践的总结报告 ………（249）
　　第一节　社会公益实践报告撰写步骤 …………（249）
　　第二节　社会公益实践报告结构模式 …………（255）
　　第三节　社会公益实践报告发布途径 …………（273）

第十二讲　大学生社会公益实践的宣传推广 ………（278）
　　第一节　社会公益实践宣传推广界定 …………（278）
　　第二节　社会公益实践宣传推广路径 …………（285）
　　第三节　社会公益实践宣传推广方法 …………（291）
　　第四节　社会公益实践宣传推广技巧 …………（312）

后　记 ………………………………………………（318）

第一讲　大学生社会公益实践的基本内涵

在普遍意义上，公益是公共利益的简称。然而，什么是公共利益？谁来创造并维护公共利益？如何面对公共利益的诸多论争？人们对这些问题远未达成共识。①

第一节　公益的理论框架

人们可以从历史、伦理、政治、经济、文化以及社会等多重视角来分析公益现象。尽管这些分析视角的理论范式有所区别，但它们较为一致地指出，公益是为了造福他人乃至整个社会，是为了促使人类世界在政治、经济、文化、社会、环境等方面的进步。②

---

① 参见麻宝斌等《十大基本政治观念》，社会科学文献出版社2011年版，第22页。
② 参见钟一彪《大学生社会公益实践导论》，中山大学出版社2012年版，第4页。

一、公益的观察维度

如何判定社会中是否存在公益？哪些社会情形或社会产品关涉公益？这是具有相当难度的问题。但无论如何，应该将公益放在人类社会的实践框架下进行考察，如果忽略了人这个核心要素，单纯从理论上空谈公益是没有意义的。

（一）基于动机—结果的维度

人具有社会属性，从历史及现实的情况来看，公益是人类生存和发展的需要，是客观存在的社会现象。人并不是抽象的，是有血有肉、有情感的，因而关于公益的争论往往又与人的动机或价值判断联系在一起。由此，当谈到公益的时候，其客观存在会与人们的主观判断交织在一起。根据人的主观意愿及其客观结果，社会现象或社会产品可以分为四种类型：①主观意愿是利他并且客观效果也是利他的社会现象或社会产品可以称为纯公益；②与纯公益相对应，主观意愿是利己并且客观效果也是利己的则是私益；③如果一种社会现象或社会产品是人们基于利他动机出发而形成的，但其产生的效果也是利己的，则是互益；④人们出于利己的动机行事，最终产生的结果却是利他的，也就是主观利己、客观利他却在无意中产生了具有公益属性的社会产品，这种情形可称为准公益。（见图1-1）

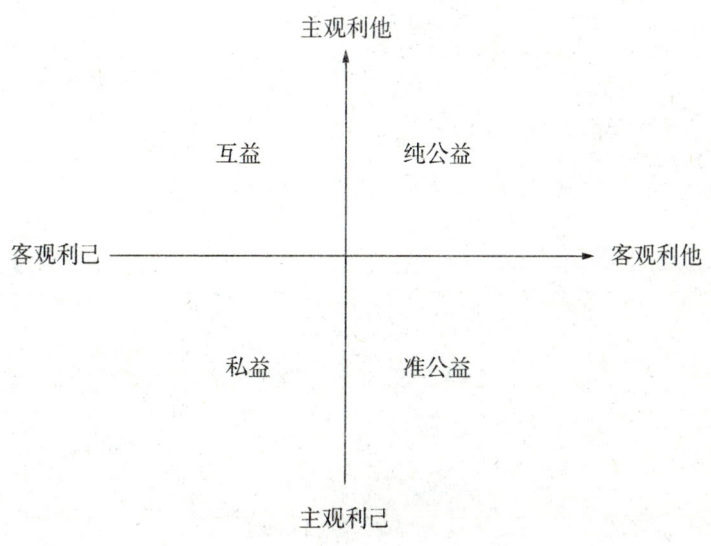

图 1-1 基于动机—结果的分析维度

（二）基于行为—成果的维度

以上四种类型的划分，更多的是一种理论上的区分。因为在现实生活中，观察者要准确辨识一个人的动机属于利他还是利己是相当困难的。但如果我们换一个角度，以人的行动及其相关联的结果为基础，就可以从行动的成果角度对社会情形或社会产品进行分类，可分为四种类型：①主观利他的行动—客观利他的结果，这类社会情形或社会产品是纯公益的；②主观利己的行动—客观利己的结果，为私益；③主观利他的行动—客观利己的结果，是互益；④主观利己的行动—客观利他的结果，为准公益。（见图 1-2）

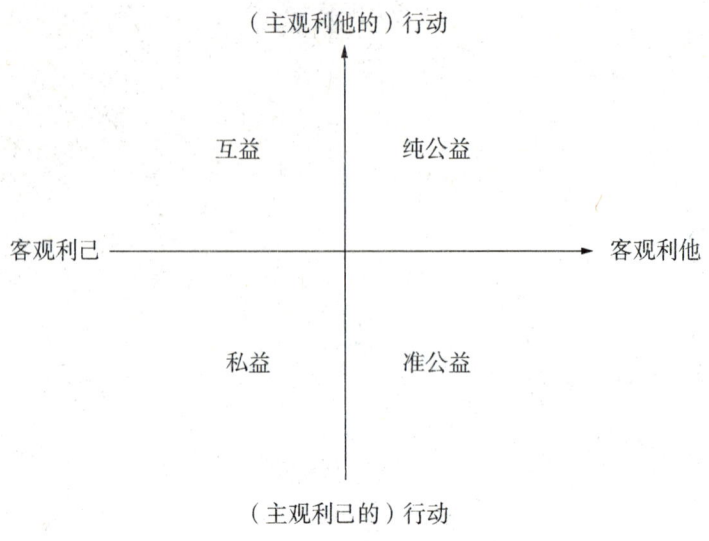

图1-2 基于行动—成果的分析维度

可见,行动—成果取向的分析模式可以为公益提供一种较为客观的分析方法,并可以避免在公益方面因个人主观动机问题而陷入的过度争论,把注意力集中到公益行动的成果上来。但是,放弃对行动者动机的考察并不意味着不对公益进行价值判断。只是相对而言,行为及其成果是显性的,会更容易观察和测量。

综上所述,如果从行动—成果取向来定义公益,公益实际上就是个人或组织通过自愿做好事、行善举而提供给社会公众的公共产品。在这里,做好事、行善举是对个人或组织行为的价值判断,行动的结果是向非特定的社会成员提供公益产品。

二、公益的生产主体

公益由谁来生产和供给呢？学者秦晖认为，英文 public goods 与中文"公益"的含义更为接近，是一种"以志愿求公益"，public welfare 可以看作由政府主导的"社会福利"，一种"以强制求公益"；市场则是"以志愿（自由交易）求私益"的载体。① 从秦晖对公益的阐释中可以看出，基于官方和民间两个层面，公益可以分为民间公益和官方公益两大类型。如果更进一步，从行动—成果的分析模型来看，公益服务还可以采用市场或类市场的方式进行。也就是说，在现代社会，企业基于社会责任（Corporate Social Responsibility），可以直接或间接参与到公益服务中。因而，民间非营利组织、政府以及企业都可以在现代公益中扮演关键性角色。②

（一）民间公益力量

民间公益力量是以志愿求公益。志愿服务（Volunteer Service）是指志愿者自愿贡献个人的时间和精力，在不为物质报酬的前提下，为推动人类发展、促进社会进步和增加社会福利状况而进行的服务行动。志愿服务具有自愿性、无偿性和公益性等特征。自愿性是出于个人的济世愿望而服务社会，其行

---

① 参见秦晖《政府与企业以外的现代化——中西公益事业史比较研究》，浙江人民出版社 1999 年版，第 27 页。
② 参见赵荣等《从政府公益到社会化公益》，社会科学文献出版社 2011 年版，第 8 页。

为是自愿选择，而非受第三人或外界的强迫；无偿性是指志愿服务基于无报酬的利他主义，不受金钱和利益驱动，为邻居、社区、社会提供帮助，但求奉献，不求回报；公益性是指为社会作出有益贡献的结果，帮助他人，使社会更美好。①

随着社会分工的不断发展，现代社会的构成日趋复杂，社会成员角色日渐丰富，公民的主体意识和自治能力不断增强，功能分化的组织越来越多，社会逐渐发展和成熟起来。社会的发育和成熟，促成了政府权力向社会权力的让渡，带来了"政府本位"向"社会本位"的倾斜。在这种背景下，公民个人或非营利组织的志愿服务就显得尤为重要。志愿服务不靠权力指使，也不靠利益驱动，它的原动力是志愿精神，是基于责任意识、参与意识、合作意识和自我完善意识之上的自觉自愿的奉献和付出。②

（二）政府公共责任

政府是公共组织，不是公益组织，政府必须为了社会的公共利益提供公共服务。因而，政府提供公益具有"强制"的意味。在这里，"强制求公益"具有双向性特征。一方面，政府是由民众"授权"成立的，这意味着政府应该及时回应公民对公共服务和公共产品的现实需求；另一方面，政府也会以

---

① 参见钟一彪《大学生社会公益实践导论》，中山大学出版社2012年版，第5页。
② 参见安云凤《非政府组织及其伦理功能》，载《中国人民大学学报》2006年第6期。

维护社会整体利益的名义，通过立法、司法、行政等途径，要求公民遵守相应的法律法规，通过制度化途径为社会提供安全、秩序及社会福利等公共产品及公共服务。恩格斯指出，国家的"政治统治到处都是以执行某种社会职能为基础，而且政治统治只有在它执行了它的这种社会职能时才能持续下去"①。政府是公共管理的主体，承担着主要的公共事务管理职责，是社会公共产品的主要提供者和管理者。政府属于需要在公众的监督与问责下提供公共利益的组织，而不是自觉自愿提供公益的组织。政府提供公共利益是其分内的事情，是"迫于"公众的压力与自身的职责，在其"应当"的范围内依照自己的责任提供服务。如果政府不提供相应的公共服务，将遭受群体成员的问责，而提供的过程又要接受群体成员的监督，②这就是"强制求公益"的意涵。

"强制求公益"也意味着政府应该及时回应公民对公共服务和公共产品的现实需求，在自己的职责范围内为社会成员提供充分的安全和必要的社会福利。有效回应民众诉求是现代政府获得执政合法性的基础，是政府获得民众认可的基础。对现代政府来说，提供诸如安全和社会福利这些公共产品及公共服务，举办医疗、卫生、教育等公益事业，是民众对政府的一种刚性要求。这就需要打造服务型政府，需要从行政理念、考评机制、监督机制、问责机制以及人事选拔和任免机制等各方

---

① 《马克思恩格斯选集》（第4卷），人民出版社1995年版，第523页。
② 参见赵荣等《从政府公益到社会化公益》，社会科学文献出版社2011年版，第21～22页。

面，构建一套约束政府及公务员必须回应公民需求和公共利益的机制。相对于管制型政府，服务型政府应该提供一种在服务理念、服务方式、职能结构和运行机制等各方面都实现了变革的全新的公共管理模式。①

政府进行公共管理、提供公共产品并不意味着政府能包办一切，更不意味着政府能为民众提供一切服务。就当下我国的情况而言，要形成一种上下互动、共管共治的良好管理模式，首先，从政府的角度看，要回归公共服务的核心职能，把一直以来管不了也管不好的事情分派出去，尽可能实现管理的社会化；其次，从社会的角度看，加强社会组织和个人独立自主的能力，鼓励社会组织和个人积极参与社会过程，甚至分担原来由政府包揽的管理和服务任务，尽可能实现社会自治化。② 因而，政府通过制定相应的法律法规，建立有利于个人和社会组织参与的机制，激发个人和社会组织投身公益事业的热情，这也是现代政府必须肩负的使命。

(三) 企业社会责任

公益没有善心是万万不行的，但光有善心也是不够的。智慧、想象力、坚忍不拔的意志、高效率的执行，是让梦想照亮现实的驱动力。效率并不只意味着金钱，当你知道全球每天有

---

① 参见燕继荣《服务型政府建设：政府再造七项战略》，中国人民大学出版社2009年版，第55页。
② 参见燕继荣《服务型政府建设，但不是全能政府》，载《学习时报》2008年3月24日。

多少人因为得不到及时救助而陷入饥饿、贫困、疾病甚至死亡的境地时，就能明白效率之于公益的重要性和迫切性。①

波兰尼（Polayni，1944）认为，人类的经济制度分为互惠经济、再分配经济和市场经济。在互惠经济中，生产者和消费者的关系是非商品性质的，价格和货币在互惠经济中是不存在的。在市场经济中，生产者和消费者建立直接联系，联系的媒介是市场价格和货币。而在再分配经济中，所有的生产者在中央的经济管理下，集中进行产品和剩余产品的再分配。② 企业从事社会公益方面的工作通常有两条道路：道路之一是将钱捐献出来，给政府部门或政府主导的部门开展公益行动；道路之二是企业自己进入社会，通过自身的行动、资助小型非政府组织的行动、建立基金会等方式来开展社会化的公益行动。③ 总的来说，在我国，人们较少谈及慈善效率和公益成果，但是"言慈善必以'绝对道德'衡量之"的传统公益氛围浓厚，对从根本上须依赖普通百姓善意善行的公益事业形成了大不利的局面。反观作为发达国家的美国，普通百姓的善心与社会名流的善意，往往在公益组织的穿针引线和商业部门的资金支持下，自然顺畅地转化成实实在在的善行。慈善与商业互为伙伴，以成果为导向（outcome-focused），借助网络平台随时沟

---

① 参见张兵武《公益之痒：商业社会中如何做公益》，北京大学出版社2011年版，序言第14页。
② 参见彭华民《社会福利与需要满足》，社会科学文献出版社2008年版，第98页。
③ 参见赵荣等《从政府公益到社会化公益》，社会科学文献出版社2011年版，第8页。

通捐助方、公益组织和受助人,最大限度地完成由普通人广泛参与的有效慈善,是近10年来西方社会公益事业呈现出的明显特征。①

"效率求公益"表明,开展公益不能不计成本,要将传统慈善的无偿观念与现代公益的非营利观念正确区分开来,实现从无偿慈善向非营利公益的转变。支持非营利的公益观意味着不以营利为目的,不追求利润,但是可以获得成本和劳动的回报,如发放服装、给予交通和工作津贴等。宣传、推广非营利的公益观念,可以突破人们关于公益服务动机争鸣的羁绊,夯实公益事业的物质基础,以此鼓励人们更多地从事公益服务,通过众多个体的小善的积累过程,最后达到整个社会的大善的实现。②

三、公益的形成机理

善良的动机往往有利于激发起人们的志愿行为,但公益的形成更重要的还是要看落到实处的行动,而不只是善良的意愿。公益的形成有赖于多方主体的积极行动,让公益的参与各方在互动中实现资源的增值、能力的提升和自我的实现。

(一) 积极行动

与一套意义、理由或意图相关的行事过程被称为行动。对

---

① 参见张兵武《公益之痒:商业社会中如何做公益》,北京大学出版社2011年版,序言第3~4页。
② 参见陶倩《大学生志愿精神培养的理论思考》,载《高校德育创新与发展成果选编(上海大学卷)》,人民出版社2012年版,第26页。

行动的强调，意味着个体不是社会的产品或摆布的对象，而是创造其周边世界的主体，他们在思考着、感觉着、行动着。韦伯提出社会行动的类型体系，辨出了四种类型的社会行动：①工具理性行动，这种行动是个体借以实现其精心计算的短期自利目标的方式；②价值理性行动，这种行动取决于对真善美或正义之类较高等级的价值，或对上帝的信奉靠的是一种有意识的信仰或认识；③情感行动，是由感觉、激情、心理需要或情感状态决定的；④传统行动，是一种养成了习惯的行动。①公益的形成首先需要人们的行动，不能空谈或空想，而是要实实在在地去做。唯有如此，公益在量上才能得以增加，在质上才能得以提升。

显然，无论是政府、企业还是民间力量，都不可能仅凭一己之力满足社会民众对公共产品和公共服务的所有需求。这就需要营造良好的公益氛围，让公民个人或团体与组织愿意为之投入；也需要建立适宜的公益机制，让主动参与其中的任何一方都各尽所能，同时又相对受益，从而让每个人和组织都从自身的能力优势、兴趣爱好和现实需求出发，充分发挥创意与想象力，汇聚众人之善意并将之转化为动力十足的善行。②

（二）有效参与

公益参与指的是个体借助非义务、志愿性、无偿帮助其他

---

① 参见马尔科姆·沃特斯《现代社会学理论》，华夏出版社2000年版，第18～21页。
② 参见张兵武《公益之痒：商业社会中如何做公益》，北京大学出版社2011年版，序言第4页。

个体或组织的各类型社会公益活动，参与到社会公共空间中的行为。既然最终参与到了社会公共空间之中，那么，这样的公益行为就经常需要借助组织化、制度化的方式进行。那些临时性、非正式的，与周围人之间的友好帮助等行为，一般离正式的公益参与还有一段不短的距离。①

有效的公益参与需要提升人们的公益参与能力，既包括公益组织者的能力发展，也包括受益者的能力提升。从公益组织者的角度而言，不管是政府的管理者，还是公司管理者、企业管理者、非营利机构管理者，只要处于管理者的位置，都要有这样的意识——要让公益的其他参与者越来越从被动的状态进入主动的状态。虽然一年、两年，甚至五年、十年都不能完全实现，但这是基本的大方向，要不断地创造条件让被管理者变成管理过程的主动参与者，要将越来越多的普通民众从"被"的状态中释放出来，不应该有太多的"被满意、被幸福、被自豪、被代表"。②从受益者的角度而言，要改变"等、靠、要"的被动受益状态，逐渐从"受助"转变为"自助"。要实现受益者的这种转变，就要改变公益的组织形式，创造一种让受益者也有所贡献的公益参与平台和公益发展模式。

（三）增值服务

公益要注重相关参与者的积极行动和有效参与，更重要的

---

① 参见赵荣等《从政府公益到社会化公益》，社会科学文献出版社2011年版，第96页。
② 参见丁学良《"良性治理"与"中国梦"》，载《南方都市报》2013年3月10日。

是，要让资源和服务在行动和参与中得到增值，从而让参与其中的每个人都能实现利益的分享、能力的提升以及价值的实现。

公益服务要满足各方面人群的需求，就应具备三个方面的特征：①多样，可选择。服务要有多样性，才能满足人们的不同需求，才能让服务对象具有可选择性。②适宜，可得到。针对不同的个体或群体，公益服务还要有针对性，要注意到服务对象的特殊情况，让有需要的人群能够便利地得到服务，而不能增加服务对象的负担。③创新，可持续。社会是不断发展的，要顺应时代发展的需求，不断创新公益的模式、方法以及组织形式，创造与时代相适应、与人们的需求相符合的新型公益产品，推动公益服务的可持续发展。

除了有形可见的资源和服务之外，公益还能创造出无形的社会资本。社会资本是在人与人的良性互动中产生的，集中表现为人与人之间的信任度的提升。社会资本的增值可以减少经济活动的成本，从而有利于物质资料的生产。无形的产出与有形的产品也是相互影响的，物质财富的增加为公益的发展提供了可能，而社会资本的增加则减少了经济生产所需的成本。所以，公益平台、公益参与本身也是值得重视的公益产品，而且是会带来增值的公益产品。

第二节　公益活动的内涵

"活动"既是动词，也是名词，还可以作为形容词使用。

"公益活动"中的"活动"一词是名词,是指为达到某种目的而采取的行动。

一、公益活动的界定

公益活动是个人或团体为了给社会公众创造更多的公共产品而组织起来,自愿以做好事、行善举的方式开展的联合行动。公益活动是由一定规模的人群形成的联合行动,是以公共利益为目标的群体性努力,有别于单枪匹马的个体公益行为。具体而言,大学生公益活动是指大学生自愿参与或自主组织的,以助益他人、服务社群、增加公共福利为目标取向的公益服务行动。大学生公益活动主要分为三种情形,即为公益组织活动、因公益参与活动、用公益引导活动。

(一)为公益组织活动

为公益组织活动,是指个人或团体为了公共利益而开展的组织工作。这种组织工作包括公益项目的策划与设计,公益行动的倡导和呼吁,公益活动的组织开展,等等。为公益组织活动的主体通常是社会中的精英人物、意见领袖以及具有感召力的机构,能够通过个人或组织的影响力进行公益倡导,从而发动起具有社会影响力的公益行动。

(二)因公益参与活动

因公益参与活动,是指社会中的个体或组织受公益精神的感召,自愿参与到提升社会福利水平、增益社会公共的善的活动当中，并且形成规模效应。因公益参与活动强调的是"参与"，是社会大众或社会组织的公益参与状态，以及由此形成的公益行动氛围。

（三）用公益引导活动

用公益引导活动与为公益组织活动、因公益参与活动的区别在于其更低的准入门槛和更广的覆盖面——用公益引导活动涵盖的人群范围要比为公益组织活动和因公益参与活动更广。这是一种成果导向的公益行动模式，不用泛道德的意识形态来评判公益，甚至提倡在商贸交易中融入公益的元素，从而影响消费者的行为习惯，目的是为公益事业的开展带来更多的资源。

二、公益活动的要素

公益活动是现代社会条件下的产物，是公民参与精神的表征。公益活动要生产出有利于提升公共安全、增加社会福利的公共产品。在组织公益活动时，要遵循公德、符合公意，努力形成参与者多赢共益的良好氛围。

（一）公民

公益体现了现代社会条件下公民的志愿参与精神，公益的参与者之间是平等的关系；而传统社会的慈善活动，更多体现的是对弱小者、贫困者的帮助，施助者和受助者之间是强者与弱者的关系。

（二）公共

公益行动所产生的公益成果具有公共产品的性质，因而难免会有人趁机"搭便车"。因此，有必要建立有效的机制减少或消除公益中的"搭便车"现象。公益并不只是公民个人的事情，社会中的其他组织类型，尤其是政府部门，更要忠实履行自身公共责任，维护社会公共利益。

（三）公德

公益行动者的言行要符合公德，要尊重他人的权利，尤其要从受助者的角度出发去考虑问题，遵守公益服务的伦理要求。

（四）公意

开展公益活动要顺乎公意、顺应民意，而不能只是行动者的自说自话、自娱自乐，要从服务对象的需求出发，从社会民众的需求出发来组织和开展公益活动。

（五）共益

现代社会的公益活动应当寻求一种全体公益活动参与者（包括服务提供者和接受者）共同受益的公益模式。这种共同受益的公益模式可以实现公益能力的双向传输，有利于公益活动的可持续发展。

三、公益活动的特征

公益活动的特点表现为自主而行、参与为本、成果导向、规模效应以及多方受益等五个方面。

（一）自主而行

公益活动的开展首先要尊重个人的意愿，参与公益是个人或组织自主的一种善意的举动，以人们的自主、自觉、自愿为前提。自主而行既是指公益组织者的主体意识，也指公益参与者有自主选择的权利，不能用强制的方式迫使个人参与其中。这说明，公益活动应该充分调动组织者和参与者的积极性和主体性，尊重公益参与者的创造精神，最大限度地激发出社会公众的潜能。

（二）参与为本

公益活动要具有可参与性，才会具有影响力和生命力，应该改变传统的精英主导型公益模式，而采取大众参与型公益模式，形成人人可做公益、人人能做公益的氛围。公益活动要立足普通人的现实生活，要嵌入普通人的生命历程，让参与公益活动成为充实人生阅历的有效方式。因而，要从"微公益"入手，使每个社会成员都能从自身能力出发参与到公益活动中，让每一个成员都能够在公益活动中发挥自身潜能，实现自己的价值和理想。

(三)成果导向

成果导向的公益活动意味着要改变那种泛道德意识形态的公益评价方式，建立以行动为基石、以成果为导向的公益活动评价标准。尽管人的动机和意愿很重要，但评价公益活动的效果不能只看参与者是否具有良好的愿望或善良的动机，而要以提升公益行动能力为基础，要以取得实实在在的成果来增益社会公共的善。公益活动并不只是一种内心活动，而是人与人之间以改善社会状况为目标的良性互动，是增加社会公共福利、提升社会安全状况的集体性努力的行为。

(四)规模效应

公益活动是一种集体性或群体性的行动，这种集体性行动的最大好处是依靠社会中许多人的努力来应对面临的困难或问题，使得解决社会问题具有较好的民意基础。同时，公益活动还可以创造一种积极向上、温暖感人、充满人文情怀的社会氛围，让置身其中的成员受到感召。公益活动的规模效应是公益活动所形成的社会资本，也有利于增强人与人之间的信任感，使社会从整体上实现由"熟人社会"到"陌生人社会"的转型升级。

(五)多方受益

要想使公益活动具有持久的动力，最重要的是要让参与其中的个人或组织能够普遍受益，这种受益不一定就是经济上或物质上的，也可以是精神上的或是个人、组织发展成长方面的。这就意味着，公益活动的项目设计、可行性论证、项目实施、结果评估和成果推广等不仅需要有热情，还需要有专业精神，因时制宜、因地制宜、因人制宜，形成天时、地利、人和的良好局面，使公益活动的发展壮大具有多个引擎，让更多的社会成员能够受益。

四、公益活动的意义

建立多方受益的公益活动模式，有利于促成利益的分享从熟人圈的闭合回路走向全社会的融通共赢，有利于促成个人价值与社会价值的双向互动，使得人人都有出彩的机会和自我实现的途径；良性的公益参与还有利于政治的渐进式发展，为公民有序和有效的公共参与提供了平台。

（一）从利益闭合走向利益融合的起点

一般而言，人们对经济利益的追逐通常以竞争为基本方式，久而久之，利益格局因竞争而形成了板块化，形成了不同的利益阶层，利益共享因阶层的板结而障碍重重，最终形成闭合回路。人人可参与、人人能参与的公益活动模式将为利益和价值的共享提供机会，可以使利益的共享从闭合走向融合。

（二）从个人价值达至社会价值的通道

人人都有自我实现的愿望，都希望得到他人、群体或社会的认同。如何将个人的成就动机与社会价值的彰显有机结合起来，这就需要一个有效的社会机制来进行联结。众所周知，社会主义市场经济体制的建立已经将人们创造社会财富的动机和能力有效地激发出来，推动了社会生产力的向前发展。在此基础上，如何做大做强与经济资本、人力资本相适应的社会资本（social capital）的问题就呈现在我们面前。开展公益活动的最终目标是使社会公共的善的价值得到最大程度的宣扬。社会资本的积累与经济资本的积累一样，需要激发社会成员的创造力，而不能只靠政府或官方的努力。由此可见，公益活动的广泛开展为个人社会价值的实现提供了一条有效的通道。

（三）从公益参与通往公共参与的纽带

提起公共参与，人们往往把它理解为社会公众通过参与民主政治等途径进入社会公共层面。但是，实事求是地讲，当前公共参与的途径在现实层面的确存在着不少障碍（包括社会公众自身的障碍），人们称之为执行公民的可行性遭受质疑。然而，公益参与则有可能改变这种情形。公益参与超越了一般意义上的做好事，以及简单帮助左邻右舍的行为。它进入整个社会（或其一部分）的需求层面，超越了熟人社会的圈子进入到陌生人那里。这就是"公共"的含义，它不再局限于家庭或家族之中，也不再局限于非正式的交往行为中，每个普通人都有可能因此而与整个社会的公共层面发生联系。[①]

[①] 参见赵荣等《从政府公益到社会化公益》，社会科学文献出版社 2011 年版，第 14 页。

第三节　大学生社会公益实践

大学生社会公益实践是大学生自主设计、自我组织或自愿参与的，以助益他人、服务社群、增加公共福利为目标取向的学习活动。

一、大学生社会公益实践的教育内涵

大学生社会公益实践是大学生通过参与公益服务而进行的学习活动，这种学习活动与传统的课堂学习不一样，是大学生在向他人或社会输出志愿服务行动的过程中开展的学习活动，目的是培养学生的互助意识、利他精神、人文情怀，同时也开阔了学生的视野。从高等教育人才培养的角度而言，大学生参与公益活动有利于实现教育教学主体从"师"到"生"的转换、教育教学路径从"知行"到"行知"的转变、教育教学方法从"他教"到"自教"的转型。

（一）教育教学的主体转换

大学生社会公益实践的主体是学生，需要学生主动去思考应参与哪些方面的公益服务，需要学生自己去设计公益服务项目，公益服务所需的资源也需要学生自己去筹措，充分发挥了学生的积极性和主体性，改变了在教育教学上由老师主导的格局。

（二）教育教学的路径转变

传统的公益意识教育或团队精神传播往往采用课堂教学的形式进行，以老师讲为主，常常以讲授的方式进行理论"灌输"。大学生社会公益实践力图让学生从参与的过程中去体悟，从而达到学习提升的实效。在这个过程中，重点关注的不是老师如何去"教授公益知识"，而是参与"受体"（包括学生志愿者及公益服务受助者）的切身成长，以学生公益服务行动为主，要求学生"在做中学"，通过行动来检验自己的所思所想，达到不断精进的目的。

（三）教育教学的方法转型

通常一提到教育教学，普遍的看法是老师在课堂上"教"，学生主要是"听"和"记"，达到以理服人、以情感人的目的。在这种教育体系中，学生更多的是被动的接受者，大学生社会公益实践力图改变这种教育教学方法，激发起学生自主学习、自觉学习、主动作为的兴趣和动力。学生是不是参与公益活动、参与多少公益服务学习、以何种形式参与公益活动、公益服务的效果如何评估，最终还是要由学生自己来决定，因此，培养他们自觉参与、主动行动的精神是极为重要的。

二、大学生社会公益实践的目标指向

大学生社会公益实践具有学习性特征，是"服务学习"（service learning）的一种形式，是为了促进学生的自我完善、提升学生的担当能力以及培养学生的团队精神。

(一) 促成自我完善

推动大学生参与公益活动,有利于大学生在服务社会、实习实践过程中进行自我完善和自我提升。党和政府一直都倡导教育与生产劳动相结合、与社会发展相结合,但真正从制度上推进大学生社会公益实践却是在 21 世纪初。2005 年,中宣部、中央文明办、教育部、共青团中央联合颁布了《关于进一步加强和改进大学生社会实践的意见》,把公益活动与教学实践、专业实习、军政训练、社会调查、生产劳动、志愿服务、科技发明和勤工助学等内容并列为大学生的社会实践项目,鼓励大学生通过参与公益服务来完善自我、提高能力。2008 年的汶川地震和北京奥运会促成了大学生社会公益实践活动的大发展,自此,公益活动在民间和政府的"双轮驱动"下取得了长足进步。

(二) 提升担当能力

培养理性、积极而又负责任的公民是现代教育的主体培养目标,现代教育要通过校园生活向社会生活输入实践主体,而不是"流浪汉"和"观光客"。大学生作为接受高等教育的人才,从国家和社会的期待而言,他们理应肩负更大的责任,更具担当精神和人文情怀。大学生社会公益实践体系的建构,其目标就是培养立足现实、面向未来的具有责任担当的优秀人才。

(三) 培养团队精神

从高等教育角度而言，大学生社会公益实践应达成的目标包括：

第一，立足社会主义市场经济，培养大学生的集体意识和奉献精神。市场经济讲求的是效率和效益，利益和竞争态势成为必然。在这种情况下，如何凸显社会主义的本质特征，如何在市场环境中坚守集体意识和对集体、社会的奉献精神？这是非常具有挑战性的时代课题。公益服务和公益学习无疑是让大学生在行动中养成集体意识和公益习惯的较好途径。

第二，在普遍强调个性的社会背景下，培养大学生的团队合作精神。如今，无论是家庭还是社会，强调人的个性和独立都已经成为普遍现象。因此，青少年的团队合作精神在某种程度上有所弱化。如何在这些青年大学生走向社会之前强化他们的团队合作意识和能力？通过公益服务小组或公益服务团队开展公益实践活动，以此逐步提升大学生自我组织、自我教育、自我管理的素质与能力，进而培养他们自觉合作的团队精神，是一种比较有效而又能达致多方共益的途径。

第三，结合社会实际，培养具有担当精神和人文情怀的优秀大学生。培养大学生的担当精神和人文素养，既是落实党的教育方针的要求，也是社会的期待。但对于"什么样的大学生是具有担当精神和人文情怀的"，以及"怎样才能培养大学生的担当精神和人文情怀"这类问题，却仁者见仁，智者见智。公益服务本身是一种具有强烈人文色彩的活动，通过公益实践活动，既可以促使大学生深入社会、了解社会、探究社会，又可以培养大学生的担当精神，在参与社会服务中体认自己的专业价值和理论学习成效，可谓一举多得，是实现个人发展、助益他人与社会和谐的多方共赢。

三、大学生社会公益实践的持续发展

大学生社会公益实践的持续发展需要大学生牢固树立公益理念，使公益融入大学生的日常生活当中，成为大学生的一种习惯；也应进一步提升大学生的公益能力，使专业知识在大学生社会公益实践中发挥作用，促成学用结合、学以致用；公益活动还应提供符合服务对象需求的产品，建立多方共赢的公益产品生产机制，让参与其中的个人和组织都有机会得到能力提升与价值实现。

（一）激发公益参与

虽然公益参与的动机具有主观性，很难用科学的方法进行度量，但公益参与意愿确实是人们投身公益活动的前提条件之一。如果一个人没有参与公益活动的意愿，那么对他来说，公益活动的持续发展、个人通过公益提升能力和实现价值就不值一提。因此，参与者的意愿是大学生社会公益实践发展的首要前提。大学生公益参与的动机是多元的，既可以是纯粹利他的动机、利己和利他兼顾的动机，也可以是主观利己的动机。公益服务不一定非要具有纯粹的利他动机，只要参与了公益服务，那就是积善的行动，就是可以肯定的向善行为，是逐渐的道德积累过程，在一定范围内是有积极意义的，它有助于克服社会中麻木、冷漠的不良风气，相对于极端个人主义，它有一定的存在价值。此外，即使公益参与者个人主观上不求回报、不求表彰，但作为社会及学校层面，则有必要对高尚的公益服务行为进行表彰和奖励，努力建立健全德福一致的偿善养德机制。[①] 或者，基于公益动机难以考察的特性，社会及学校要建立起一套对公益行动的肯定和表彰制度、机制。通过表彰公益行动激发大学生参与公益活动的意愿，通过机制建设推动大学生社会公益实践的可持续发展。

（二）增强公益能力

大学生社会公益实践的持续发展还有赖于大学生社会公益实践能力的普遍提升，这种能力的增强既为社会的公共服务提供了充足的人力资源，也为公益产品的生产奠定了基础。增强大学生的公益服务能力，首先，要将"作育英才、服务社会"作为高等教育的人才培养目标融入高校日常的教育教学工作中。服务社会是作育英才的重要目标，因而要注重大学生人文素养和公益精神的教育，使大学生掌握基本的社会服务知识、人际交往礼仪和资源筹措方法。其次，要把大学生社会公益实践与专业实习实践有机结合起来，开展基于专业知识和专业技能的公益实践活动，使大学生在公益活动中有应用专业知识的

---

① 参见陶倩《大学生志愿精神培养的理论思考》，载《高校德育创新与发展成果选编（上海大学卷）》，人民出版社2012年版，第26～27页。

机会，由此也可以提升公益活动的专业含量，提供多样化的公益服务。

(三) 打造社会公益品牌

促成大学生社会公益实践的可持续发展，还要着力打造大学生社会公益实践品牌。要通过建立大学生公益组织及公益团队的方式将已经有效运作的品牌活动固化下来，使大学生社会公益实践品牌能够在大学生中薪火相传、创新发展。打造大学生社会公益实践品牌还要有公益活动的经费投入机制。在学校层面，可以从专业与社会实践的角度立项支持大学生开展与专业学习相结合的公益活动，也可以通过发动社会捐赠的方式为大学生社会公益实践筹措资金；从学生角度，要努力通过创新资源筹措方式，立足校园及其周边社区，通过开发人人可参与、随手可参与、个个能获益的校园"微公益"模式，创立与大学生能力相匹配的社会公益活动品牌。

第二讲　大学生社会公益实践的发展方向

公益服务本质上是通过服务的方式来调节人与人之间的社会利益关系，通常是通过做好事、行善举向社会公众提供公共产品，从而达成改善人与人之间的关系的效果。大学生社会公益实践的发展方向是要分析和探讨大学生社会公益实践的重点及其基本走势，主要体现在大学生社会公益实践的价值导向、行动取向、发展指向、社区走向和成果定向等方面。

第一节　价值导向

价值是客体对主体的积极效应，通常指真、善、美、利。价值的本质从根本上说在于能够使社会主体发展完善，使人类社会更加美好。价值问题同真理问题一样，离开实践而单纯从理论上去争论孰是孰非是永远也说不清楚的。并且，只有从主客体双向作用的感性物质活动理解实践，才能正确理解实践，才能坚持从实践及实践结果出发，科学地理解价值。[①] 大学生

[①] 参见王玉樑《21世纪价值哲学：从自发到自觉》，人民出版社2006年版，第1~6页。

社会公益实践的价值导向，实际上是要回答大学生为什么要做公益、要把大学生引到哪个方向这两个问题。也就是，大学生社会公益实践要彰显什么意义？这个问题应该立足于生产生活实际，从大学生与社会的双向互动角度进行分析。总体来看，大学生社会公益实践的价值体现在服务、融合与成长等方面，兼具社会价值和个人价值。公益既是外在的社会现象，又可视为内在的个人经历和价值。①

一、服务

马克思认为："每个人为另一个人服务，目的是为自己服务；每一个人都把另一个人当作自己的手段互相利用。这两种情况在两个人的意识中是这样出现的：（1）每个人只有作为另一个人的手段才能达到自己的目的；（2）每个人只有作为自我目的（自为的存在）才能成为另一个的手段（为他的存在）；（3）每个人是手段同时又是目的，而且只有成为手段才能达到自己的目的，只有把自己当作自我目的才能成为手段。"② 由此可见，服务无论是对个人还是对社会都具有双重意义。个体的人固然以自己的生存为目的，但任何人都不能单独自足地实现自己的目的。人既是手段也是目的，是目的和手段的统一，这是人作为一种社会性的类存在物所持有的内在的

---

① 参见［美］罗伯特·L. 佩顿、迈克尔·P. 穆迪《慈善的意义与使命》，中国劳动社会保障出版社2013年版，第37页。
② 《马克思恩格斯全集》第46卷（下），人民出版社1980年版，第196页。

价值关系。①

首先，从个人层面来看，一方面，大学生通过参与公益服务，为有需要的个人、群体或社区提供了帮助和支持，在一定程度上减轻了服务对象的痛苦，满足了服务对象的需求，为服务对象带来了愉悦或改变；另一方面，大学生提供公益服务的过程实际上也是"服务"自己，经由公益服务，大学生提升了能力，学到了书本上学不到的知识，开阔了视野，深化了对社会的认识，拓展了人际关系……参与公益服务的大学生也是"得到服务"的人。

其次，从社会层面来看，服务是把原子化的个体凝结成社会群体的必经之路，是能够将松散的个体维系起来的社会纽带。物只能通过人作为中介将自己整合于社会，而这种整合所产生的团结则完全是消极的团结。它无法使个人的意志趋向于一个共同的目标，而只能按一定次序把物排列在个人意识周围。② 公益服务兼具公益和服务两大方面的内容，具有涂尔干所说的"道德特性的集体意识或共同意识"的特征，既包含物的因素，也包含人的因素，涵盖物质和精神两种特质，可以成为人们社会生活中有效的"润滑剂"。由此，从社会层面而言，大学生参与公益服务，是大学生参与社会、影响社会、奉献社会的有效方式，也是为自己创造一个更适合生存和发展的社会环境的需要。

---

① 参见辛鸣《制度论》，人民出版社2005年版，第225页。
② 参见［法］埃米尔·涂尔干《社会分工论》，生活·读书·新知三联书店2000年版，第78页。

二、融合

大学生社会公益实践遵循的不是竞争原则，合作才是服务得以开展的主要支撑。

首先，大学生参与公益服务通常需要组建公益服务团队。在这个团队中，不同年龄、不同性别、不同专业、不同班级、不同年级的学生聚集在一起，共同为公益服务目标而出谋划策、共同努力，实际上形成了第二课堂的"通识教育"，让个性不同、知识结构各异的学生有了互相学习、相互融合的机会。在遇到问题时，学生们还可以向老师、企业家、社会公益人士、公务人员等寻求帮助。如此一来，不仅将打造出一支专业交汇、跨界合作的公益服务团队，也有利于学生自身在潜移默化中通过公益服务融入社会主流的价值体系。

其次，大学生社会公益实践也将有利于促进社会民众之间的融合。研究表明，19 世纪末 20 世纪初，美国的社会矛盾非常尖锐，甚至一些社会学者预言美国可能会发生国内战争，但是没有。这里有一个重要的原因就是美国的公益慈善活动所起的作用。公益慈善对社会矛盾起到了缓冲作用，这是美国的一个经验。① 改革开放以来，中国社会的贫富分化、城乡分化、阶层分化进一步加剧，如果政府和社会各界在推动保障制度完善的同时，大力促进社会组织和民间公益的发展，为有需要的

---

① 参见彭小兵《公益慈善事业管理》，南京大学出版社 2012 年版，第 34 页。

人群提供服务，必将有利于消除社会病态、摆脱社会危机、维护社会正常秩序，这也将有利于整个社会的融合。当然，现代社会中人与人之间的融合，是以公民权利和社会需求为本位的人与人之间的合作，而非出于怜悯、施舍等宗教情怀。这也意味着，开展大学生社会公益实践需要尊重受助者的人格、尊严、价值及其权利。唯有如此，才能真正形成良性的互动关系。

三、成长

成长是一个逐步突破自身局限的过程，表现为量的增加和质的提升。大学生社会公益实践在成长方面的价值的出发点和落脚点最终应该在人身上。这里所指的"人"，既是作为公益服务提供者的大学生，也是公益服务的接受者及其他相关参与者。马克思曾深刻指出，"人就是世界，就是国家、社会"，"人的根本就是人本身"，"人是人的最高本质"。[①]

首先，社会发展要求大学生应具备持续的成长能力。中国共产党十八届三中全会提出："全面深化改革的总目标是完善和发展社会主义制度，推进国家治理体系和治理能力现代化。"作为大学生，如何在全面深化改革的背景下促成自身成长？如何在社会主义现代化建设中建功立业？如何使自身素质与国家治理体系和治理能力现代化相匹配？这些都需要大学生在视野、品性、能力、水平等各方面进行修炼提升。在当今社

---

① 《马克思恩格斯选集》（第1卷），人民出版社1995年版，第9页。

会环境下，中国大学生尤其要注意培养自身的国际视野、人文情怀、领袖气质和专业素养。而公益服务正是一个很好的切入点。通过参与公益服务，大学生可以将专业技能应用到社会服务中，培养自己的人文精神、组织能力、领导能力。而要做好这些工作，仅仅局限在一个小圈子里是远远不够的，还要学会借鉴国内外的有效经验，用于指导自己的公益服务实践。也就是说，公益服务可以让大学生走出自我的小圈子，进入一个更大的环境中接受挑战、赢得尊重并获得成长。

其次，在公益服务中，大学生虽然是主动的服务提供者，但受助者并不是被动的接受者。从根本上说，公益服务的最佳状态是助人者和受助者的双向成长。大学生社会公益实践最重要的作用是，通过大学生专业方面的帮助，提升受助者获得自我成长的能力，让公益服务的对象通过自己的努力可以安身立命，让生命有一个出路、有一个理想、有一个前景。也就是要用助人自助的理念开展公益服务，立足服务对象当前的实际困难，充分利用个人及其周围环境中的资源，促使个人的自我完善和自我发展，使其在克服眼前困难的同时，增强面对问题和解决实际问题的能力。助人自助理念强调个人发展重于个人被动的需求，它植根于人的自由、平等，以及人格的尊严、个人的存在价值等文化要素。最终，当助人者、受助者及相关的参与者都获得成长时，社会整体的成长进步也就有了条件和基础。

第二节 行动取向

在整体的视角下,个人的内部心理与外部环境始终处于对话与交流的状态中。在这种互动交流过程中,行动起着关键的作用,只有借助具体的行动,服务对象才能回应周围环境的要求,并且根据周围环境的变化调整自己的知情意行。① 大学生社会公益实践的行动取向意味着大学生应该以实际行动来践行公益精神,不只是空想、空谈、坐而论道,而要用实干兴邦的精神状态来参与公益服务。

一、量力而行

大学生参与公益服务既有非常有利的条件,这主要体现在他们具有较为充分的时间以及较好的专业素养;但也有不利的一面,主要是资源不足和社会经验不够丰富。因而,在开展公益服务时要实事求是、量力而行。

所谓量力而行,就是大学生社会公益实践要从愿意合作的人着手,从容易做的事情切入,从微小的地方开始改变,积少成多、积小胜为大胜。

首先,大学生志愿者要沉下心来,脚踏实地从日常生活着手,直接进入服务对象的日常生活中,把服务对象放到日常人

---

① 参见童敏《社会工作实务基础》,社会科学文献出版社2008年版,第128页。

际互动的交往处境中来理解,从愿意合作的人着手,逐步推动公益服务的深度和广度。

其次,从容易做的事情切入,先解决其中比较容易的问题,这样可以为解决其他方面的问题创造有利条件,并在解决问题的过程中积累信心。这样一来,就可以借助一件件容易做的事情,最终达到公益服务的既定目标。

最后,从微小的地方开始改变,不能急于求成、一步登天,而是把微小的改变作为公益服务介入的启动点,同时还要把公益服务的焦点从服务对象本身转向服务对象与周围他人沟通交流方式的改变上。[1]

二、相机而动

大学生参与公益服务既有自身的优势,也存在一定的不足,所以,大学生社会公益实践的开展需要寻找合适的时机。通常而言,天时、地利、人和不可能面面俱到,等到所有条件都具备了才去开展公益服务是不可想象的。因此,大学生应该学会借助外力以弥补自身的不足。

"相机而动"是借助外力的基本方法,可以为大学生开展公益活动筹措必要的资源,争取所需的支持条件。重大活动的举办或重大事件的发生往往是大学生开展公益服务的有效时机,例如奥运会、亚运会等大型赛事,又如地震、海啸、洪

---

[1] 参见童敏《社会工作实务基础》,社会科学文献出版社2008年版,第206~212页。

涝、干旱等自然灾害，面对这些情况，仅仅依靠政府或某一类型的组织都不可能解决所有问题，这就需要动员方方面面的力量参与其中。在这种情况下，如果大学生能够结合所学专业提供力所能及的服务，必将得到政府、学校及社会等方面的欢迎。当然，重大活动或事件只是大学生参与公益服务的一个契机，大学生还是应该立足日常生活参与公益服务。在这方面，政府部门、社会团体、非营利组织、学校等都会开展一些公益服务项目，具备申报条件的大学生可以通过申报项目筹集到所需的资源，通过组织项目团队来开展公益服务活动。从时间方面而言，寒暑假是大学生开展公益公务的绝佳时期。在假期里，大学生有了较为充足的时间，可以把平时学到的专业知识用来服务有需要的人，既验证了自身的专业能力和水平，又服务了社会民众，还深入接触了社会，可谓一举多得。

总之，大学生要在平时注意积累，做好公益服务知识方面的储备，关注社会中潜在的公益服务资源，搭建公益服务的人际网络，这样才能在他人有需要的时候提供有效的服务。

三、合作互助

大学生社会公益实践的行动取向还具体表现为公益服务过程中的合作互助。这种合作互助至少包括三个层面：

一是公益服务过程中的专业协同。社会问题不可能仅靠单一的方法和手段予以解决，必须通过多种专业力量的协同使用。即使看似简单的"微公益"项目，往往也需要大学生志愿者通过组建跨专业的服务团队才能完成。

二是公益服务过程中的跨界合作。公益服务的资源获得需要跨界合作，需要政府、企业、社会、学校、个人等多方面的资源整合。同时，技术力量的应用、协调沟通的达成，往往也需要社会各界的支持和帮助，依靠单一的力量往往无法有效实现公益服务的预定目标。

三是公益服务过程中参与者之间的相互学习。公益服务过程的参与者包括服务提供者和服务接受者。在整个公益服务的运行过程中，尽管服务接受者处于"受助者"的位置，但他们也是充满了资源的，也有自身的优势与潜能。如果参与公益服务的大学生能够谦虚地对待"受助者"，必将发现"受助者"身上所具有的闪光点。而服务接受者的优势和潜能，也正是公益服务得以发生作用的根本所在。

第三节 发展指向

现代公益与传统慈善的区分，从根本上讲是其目标指向的差别，现代公益强调的是参与者的"共益"——共同受益、共同发展，而不是单向受益。公益服务的发展指向不仅仅是受助者的发展，也包括助人者在内的相关公益服务参与者的共同发展进步。同时，也经由公益服务促成自然环境、社会氛围更加美好，推动社会发展进步。

一、以特长为基础的优势发展

如何促成参与者的发展？对于公益服务来说，这是一个基本问题。无论是对于志愿者还是受助者，立足自身特点和优势来推动发展，都是事半功倍的选择。

在发展问题上，以往的理论和实践往往以问题为中心，围绕问题的解决来谈发展。优势发展的实践要求我们在公益服务中不再孤立地或专注地集中于问题，而是把目光投向可能性；在公益服务中，首先寻找服务对象自身及其周围环境中所潜藏的力量（天赋、知识、能力和资源等），通过潜能的开发来达到他们的目标和愿望，最终使服务对象获得更好的生活质量。优势发展最终也是为了解决问题，但这种解决问题的方式却以服务者更能接受的方式切入，在逐渐积累力量和增强信心的过程中达到成长。

优势发展的公益服务意味着：作为志愿者所应做的一切，在某种程度上要立足于发现和寻求、探索和利用服务对象的优势和资源，协助他们达到自己的目标，实现他们的梦想，并面对他们生命中的挫折和不幸。这是一个多层面的实践方法，很大程度上有赖于服务对象与志愿者的真诚、创造性、勇气和常识。这是一个合作的过程，在这个过程中，双方并不是纯粹的功能执行者，而是有目的的双主体。[①] 以特长为基础的优势发展也意味着，作为公益服务的大学生志愿者，要注意从自身的特点和优势出发开展公益服务活动，用适合自己的最佳服务方式为服务对象带来成长和进步。

[①] 参见［美］Dennis Saleebey《优势视角》，华东理工大学出版社 2004 年版，第 4 页。

二、以关系为纽带的协调发展

个人的生存环境应该是一个完整的生态系统,是由一系列相互联系的因素构成的一种功能性整体,它包括家庭系统、朋友系统、工作职业系统、社会服务系统、政府系统、信仰系统等。[①] 人与环境是互动的,既受到环境的影响,也持续不断地影响和改变环境。人们之所以面临问题,往往是由自身与环境的不良互动产生的。公益服务的关键是让受助者与周围环境建立起良性的互动关系,得到支持和帮助,从而获得生存和发展所需的资源。当然,受助者原有的关系纽带往往难以在短时间内得到改变,志愿者介入本身已经为受助者的关系网络带来了新的元素。然而,志愿者所带来的资源能否有效重建受助者的支持系统,主要取决于这种帮助是否与受助者的自身资源优势有机结合,是否促成了受助者与周围环境的有效互动。

因此,以关系为纽带的协调发展包含三方面的内容,一是指助人者与受助者之间的互动要协调一致,形成双方的互信互惠;二是公益服务过程中所提供的帮助要能促进受助者知情意行的协调,而不能只流于浅层次的物质支持层面;三是公益服务的最终目标是使受助者与自身环境相互协调,形成良性的互动关系。

[①] 参见汪新建《人类行为与社会环境》,天津人民出版社2008年版,第21页。

三、以能力为根本的持续发展

能否促进公益服务参与者的可持续发展,是检验公益服务最终是否有效的重要标志之一。可持续发展首先强调发展状态的可持续性,要求注重经济效益、社会效益、环境效益三者的有机统一,既重视发展的"量",又重视发展的"质";其次强调发展能力的可持续性,注重长远的发展,反对谋求一时的利益而牺牲长远利益,注重在当下打好基础,为未来发展提供更好的条件,创造更广阔的发展空间。①

为了维系发展状态的可持续,公益服务在介入之初就应考虑如何立足于受助者的实际来提供帮助,而不是搞"一锤子买卖"式的公益。公益服务的帮助最终是为了不帮,帮助是暂时的,而发展则是长期的,要让暂时的帮扶变成长期的发展动力。这就要求志愿者在公益服务时要有智慧,要有谋划、有调查、有洞察。受助者的能力提升是发展的根本所在,只有受助者的能力提升了,发展才具有可持续性。给予受助者的物质、金钱等实体性的帮助在某些时候是非常需要的,但物质方面的东西总会有消耗完毕的时候,只有受助者的能力增长了、水平提高了,才能达到"授人以渔"的效果。应该着力提高受助者发挥自身优势寻求发展的意识,激发他们敢闯敢试的劲头,在此基础上重点提升他们的人际协调能力以及主动寻求支

---

① 参见童星《发展社会学与中国现代化》,社会科学文献出版社2005年版,第202~203页。

持的能力，有效地促成他们与自身环境系统的良性互动。

第四节　社区走向

社区是人们日常生活的基本单位，为公益服务提供了较为稳定的工作平台。尽管对社区的定义远未达成共识，但总体而言，社区是由一群居住在某一特定区域里的人群所组成的，具有一定的地域、人口及共享价值，成员间同质性较强并存在较为密切的互动关系。目前，大学生社会公益实践在借助社区开展公益服务方面还存在许多薄弱环节，在一定程度上使公益服务的效果大打折扣。社区是社会福利资源配置的基本场所，大学生志愿者应该走向社区、深入社区，才能切实深入普通民众的日常生活中。只有踏踏实实地扎根社区、服务社区、开发社区，公益服务才能真正成为社会治理体系的有机组成部分。

一、扎根社区

扎根社区是指大学生立足社区、面向社区，真正深入社区民众的生产和生活中去提供公益服务，而不能只流于泛泛的走马观花式的活动形式。只有扎根社区，才能真正了解社区的结构、主流价值观以及社区居民的需求。评估目标群体的需要是提供公益服务的基础，完成这一任务所要探讨的问题包括：应采用哪些通行的、恰当的方式来收集评估社区需求所需的数据以及有关目标群体的其他信息？目标群体中的成员怎样看待他们所在的社区以及社区对他们的需求所作的反应？社区居民是如何看待目标群体的需求？从可获取的数据和信息中，能够推知与目标群体生活质量有关的因素有哪些？[①] 要回答这些问题，没有对社区的生产和生活较为深入的观察、体悟、参与是不可能的。而一旦缺乏对目标群体需求的真正认知，公益服务就难以获得认同，其效果也就可想而知了。对于大学生而言，从学校周边社区或从自己熟悉的社区开始做公益服务是比较可行的，这将为此后开拓新的服务项目积累经验。

二、深度服务

公益服务仅仅扎根社区、深入社区、获得社区居民的信任是不够的，扎根社区是为做好服务打下基础，为深度服务创造条件。要从把握社区主流文化与价值、强化服务对象的支持网络、充实完善社区资源的配置等方面，把公益服务做深做透。社区的主流文化和价值影响着社区居民以及服务的目标群体对公益服务的认同程度和接受程度，如果所提供的公益服务与社区主流的文化和价值不相符合，就一定难以产生良好的效果。对社区主流文化与价值的把握需要一定的时间，更需要在深入社区居民的日常互动中才能真正体悟到。这也要求公益服务志愿者沉下心来，扎扎实实地做好调查研究工作，具备对文化与价值的感悟力。服务对象的支持网络是服务对象生存和发展的基本支撑体系，志愿者也只有在与服务对象深度接触的基础上

---

① 参见［美］F. 埃伦·内廷、彼得·M. 凯特纳、史蒂文·L. 麦克默特里《宏观社会工作实务》，中国人民大学出版社 2006 年版，第 161 页。

才能摸清这些情况。否则,如果对服务对象的支持网络都不清楚,仅仅依靠项目所带来的外部资源,则难以真正达成"助人自助"的目标。同样,社区资源的开发和利用是公益服务实现从"输血"到"造血"跨越的重要一环,要实现这种跨越,也有赖于志愿者与社区之间信任的加强以及志愿者开展服务的纵深度。

三、激发参与

参与公益服务的志愿者只是促成服务对象改变及社区发展的媒介之一,公益服务最根本的目标是实现"助人自助"。也就是说,动员居民积极参与社区发展,帮助居民锻炼、提高社区参与和社区自治的能力及水平,并在社区参与中获得促成解决自身问题的有效支持。社区参与特别是主动性的社区参与,是社区发展的内在动力源,社区参与将直接或间接地影响社区的发展。参与的主体除了作为自然人的社区居民,也包括社区内的政府部门、单位、社会组织等。公共参与精神的兴起是公益服务对象成长的重要表征,不仅体现了他们自我价值的实现和自我潜能的发挥,也表明社区主体心态的发育成熟和对公共利益、公共领域的自觉认同。[①] 社区参与精神的激发实际上是社区资源的开发过程,社区资源既有物质方面的,也有精神和价值层面的,这些资源的涌现将为解决目标群体的问题提供物

---

① 参见徐永祥《社区发展论》,华东理工大学出版社 2000 年版,第 226～228 页。

质帮助和精神支持，并由此形成社区内互帮互助、共同解决问题的良好氛围。公益服务参与者要充分认识到，服务的目标群体不仅仅是服务对象，他们也应该成为促进社区发展而积极行动的参与主体。

第五节 成果定向

公益服务所产出的成果可能是无形的，也可能是有形的。公益服务也需要有成效的评估，需要对捐赠者进行反馈。因此，每项公益服务需要有与之相对应的服务结果，在此谓之"成果定向"。"定"指公益服务的成果是确定的、客观的，是能够进行评估的，而不是抽象的，更不能用志愿者自我感觉替代服务对象的客观评价。公益服务要用确确实实的成果来实现价值追求，用实实在在的成果来回应服务对象的需求，用扎扎实实的成果来推动社会发展。通过成果的产出，进一步固化公益服务的价值，彰显公益参与者的能力，强化公益参与者的信心，凝聚社会民众的支持。

一、成果类型

成果往往与使命（mission）紧密相连。使命首先应该是可以实现的，应该是能够产生成效的，而不仅仅是一个美好的道德理念。[1] 大学生社会公益实践的成果包括有形的社会福利

---

[1] 参见彭小兵《公益慈善事业管理》，南京大学出版社2012年版，第6页。

以及无形的社会资本，两者互相区别又互相促进。

首先，社会福利是一种社会制度，对社会整体运行产生作用。吉尔伯特等人认为，社会中有五个制度——家族、宗教、互助、经济和政治，它们以不同组织形式表现在社会中，如家庭、教会、自愿组织和支持群体、企业和工会、政府，并具有不同的基本的社会功能，它们在不同程度上具有社会福利功能。这些不同的福利组成一个福利的整体，这个整体被称为福利组合（Welfare Mix）。① 从份额方面看，当前大学生社会公益实践还是社会福利组合中一个较小的组成部分，甚至对社会整体的影响力还相当微小。但是，其战略意义却不容忽视，主要是基于大学生志愿者在促进社会资本方面所具有的潜在意义而言的。

其次，社会资本指涉的是所有有利于增进一个社会或群体共同收益并促成集体行动的社会规范和社会网络，它们为日常生活的持续运转注入机能，其中，社会信任尤其重要。社会资本的积累和扩大，将促进社会共识、社会良序和社会善治的有效形成。社会资本是个人和国家主观幸福感的一种主要的决定因素，可以在个人、群体和国家层面进行建构。在个人层面，通过公益志愿服务、师生关系、接受培训等途径来实现；在群体层面，通过让人们处于宽松的、易于相互影响的物理环境来实现，或运用现代信息沟通技术降低互通障碍，就共同的兴趣

---

① 参见彭华民《社会福利与需要满足》，社会科学文献出版社2008年版，第94～97页。

爱好进行交流，还可以通过创造条件，鼓励促进不同族群的相互融合等方式来实现；在国家层面，可以通过学校提供的服务学习项目，或全国性的社会服务计划，以及建构充满活力的民主和媒体氛围，使人们能够相互磋商，发展共享性的社会规范和风俗习惯。①

二、成果评价

大学生社会公益实践的评价可以是多维度的，应该用多样化的方式对公益服务的过程和结果进行全方位检视。在进行成果评价时，往往会涉及公益服务的效果、效率以及效益这三个既相互联系又相互区别的概念。其中，效果是指由投入经过转换而产出的成果；效率是单位时间内所取得的效果的数量，反映了劳动时间的利用状况；效益是有效产出与投入之间的一种比例关系，包含经济效益和社会效益。② 大学生所提供的公益服务有可能是正向的效果，也有可能产生负向的效果，只有那些为服务的目标群体及社会所接受的效果才是有益的。同时，由于资源的有限性，大学生在开展公益服务时也要注意提高效率，使有限的资源发挥最大的效用。由此可见，在进行大学生社会公益实践的成果评价时，效益应该作为其中的一个核心要素，应特别注重基于受助者视角开展公益服务的效益评价，并

---

① 参见［英］大卫·哈尔彭《隐形的国民财富》，电子工业出版社2012年版，第55～56页。
② 参见周三多、陈传明、鲁明泓《管理学》，复旦大学出版社2010年版，第137页。

且使公益服务的效益具有可持续性和再生能力。

三、产品创新

社会总是向前发展的,人们的需求也会随着经济社会的发展而改变,用一种方法、单一服务、相同产品无法永远满足所有人的需求。因而,要立足服务对象及社会的需求对公益服务进行创新。从公益服务的结果来倒推公益服务流程,是进行公益创新设计很好的路径。也就是说,在进行公益服务创新时,应先思考创新要达到什么样的目标、形成什么样的成果,为了达成这些目标和成果,服务的方法、手段、流程,团队的结构和组织方式,资源的筹措和配置,运行的体制和机制,等等,可以作哪些改变。总之,就是要用产品创新对公益服务的全流程再造进行定向。

公益服务创新包含了方方面面的内容。首先,要立足现实,有草根意识。不能天天坐在书斋里谈创新,要走进田野、走进社区、走进工厂、走进市场……只有真正进入老百姓的日常生活中去观察、去思考,才能创造出适合服务对象需求的公益服务产品。当前,"微公益"已经成为公益创新的强大动力,结合老百姓的风俗习惯,结合社会主流的文化和价值,结合普通人的实际能力,发动人人努力做公益,必将使公益服务具有强大的生命力。

其次,要服务发展,有政治意识。当前,我国发展进入新阶段,改革进入攻坚期和深水区。公益服务在这个大发展的时代是大有可为的,关键是公益服务的方式方法、产品成果如何与社会的需求相契合，如何用公益服务创新推动社会发展。总体而言，公益服务创新要基于我国长期处于社会主义初级阶段的实际，而不是好高骛远；要立足于法治中国建设推进公益组织发展，依法推动公益服务的发展，也要用法律手段保障公益参与者的权利。在条件具备的情况下，可以积极主动地参与政府购买公共服务，争取更多的资源用于开展公益服务；结合社会主义市场经济的发展，还可以将公益服务与创新创业有效结合起来。

最后，要面向未来，有全球意识。当今世界，无论是问题的产生还是问题的解决，往往都与整个世界密切相关，尤其是环境问题、安全问题等。面向未来，创造一个更加安全和干净的世界是全人类的义务，在这方面，大学生责无旁贷。中国作为一个世界大国，需要承担自己的大国义务，大学生应该更多地思考全人类的问题，公益创新则为此提供了一个绝佳的切入点。

这其中，草根意识是公益服务的策略问题，政治意识和全球意识则是公益服务的战略问题，只有把策略与战略有机结合起来，公益服务产品的创新才是有效和可推广的。

第三讲　大学生社会公益实践的伦理规范

　　大学生在参与社会公益实践时需要处理多方面的关系。一方面，社会公益实践活动是一种助人行为，需要注意辨识行为的价值取向，遵循一定的伦理原则；另一方面，社会公益实践也是大学生以公益为主题的学习实践活动，在此过程中需要处理各种各样的人际关系。因而，有必要分析大学生在参与社会公益实践活动时应秉持的价值观、需遵守的伦理要求及其要注意的交往礼仪。其中，价值观将决定社会公益实践活动的根本方向，伦理原则为大学生在社会公益实践中担当合适的助人者角色提供纲领性指引，社交礼仪则可为大学生在参与社会公益实践过程中采取合适的言行举止提供参考。当然，伦理原则与社交礼仪并不是同一层面的，针对的问题也有所区别，但它们都涉及处理人与人关系方面的内容，将它们放在一起进行论述，是为了给大学生有效处理社会公益实践过程中的各种关系提供一个较为完整的参考体系。

第一节　大学生社会公益实践的价值分析

一、价值与价值冲突

价值及价值取向是指人们对事物或人类特质的偏好或赞许的观念，人们所期待的世界应该如何，人类行为的正当模式，以及对可满足人类需求之情境的态度，等等。① 价值一般分为内在价值（intrinsic value）和外在价值（extrinsic value）。那些本身就值得人们追求的事物，我们称之为内在价值。也就是说，人们追求这些东西并不是为了得到其他有价值之物，而是希望实现这些事物本身；至于那些可以帮助我们实现最终所要追求之物的，我们称它们具有外在价值，换句话说，这些东西是我们得到内在价值最有效的手段。外在价值又分为工具价值（instrumental value）、贡献价值（contributory value）和本有价值（inherent value）。一个东西具有工具价值，是指可以通过它得到具有内在价值的东西；所谓贡献价值，是指部分和有机整体之间的关系，就是某部分对整体所具有的作用和价值；本有价值是指潜在某物之中而能产生内在价值者，也就是一个事物本身就具有产生内在价值的功能。② 在社会学意义上，价值是个人或团体持有的稳定的、持久的信念。价值是个人或团体

---

① 参见李增禄《社会工作概论》，台湾高雄巨流图书公司1995年版，第42页。
② 参见林火旺《伦理学入门》，上海古籍出版社2005年版，第28～29页。

在历史传统、生活经验、现实需求等共同影响下形成的，一旦形成，将对个人或团体具有持久的影响力，并且将其传递到他们的后继者那里，被一个群体共同接受，对他们的行为产生共同的模塑作用，具有将一个群体凝聚起来的强大力量。作为信念，价值包含认知、情感和行为三种成分。价值对持有者的行为起着指导作用，有什么样的价值观就会相应选择什么样的行为方式。①

价值是道德判断和推理的重要依据，任何探讨道德的理论都必须正视价值问题。② 在道德领域中最常碰见的难题就是道德冲突，也就是说，在某些特殊的情境下，我们会处于道德两难的困境，因为不论采取哪一种行动，都可能违反某一个道德原则或要求。道德冲突往往是由价值冲突所衍生的，如果我们明确知道价值的高低或优劣，道德的冲突性就会降低；如果我们无法决定价值的优劣，价值的无法取舍就转换成道德判断的不确定性。因此，价值判断是道德理论的核心，价值的增减似乎可以决定行为该依据什么样的道德原则，而道德争议和价值争议往往是事物的一体两面，所以，任何一种道德理论都预设了某种特殊的价值理论。③

价值冲突的解决，不但必须对所涉及之价值进行整体评估，而且有时候某些价值的认定是基于个人偏好的。④ 对待价

---

① 参见罗肖泉《践行社会正义》，社会科学文献出版社 2005 年版，第 73 页。
② 参见林火旺《伦理学入门》，上海古籍出版社 2005 年版，第 37 页。
③ 参见林火旺《伦理学入门》，上海古籍出版社 2005 年版，第 38～39 页。
④ 参见林火旺《伦理学入门》，上海古籍出版社 2005 年版，第 27 页。

值观方面的相互冲突，辩证法"对立统一"的观点是值得借鉴的。一方面，对立面之间一定也有统一性，合理把握两者的尺度，找到一个合适的均衡点，而不是只取其一而舍去其他；另一方面，对立面之间存在由此及彼的桥梁。可以依据实际情况，在一些时候侧重于一方面，而另一些时候又侧重于相反的方面。① 在适当的情况下，一方也存在向另一方转变的可能性。

二、大学生社会公益实践中的价值观问题

价值观是在一定条件下，人的全部生活实践对自我、他人和社会所产生的意义的自觉认识。价值观、世界观和人生观密不可分，其核心是对人生目的的认识、对社会的态度和生活道路的选择。它可以是肯定的、积极的，也可以是否定的、消极的。一定的价值观对社会的存在和发展起着重要的作用，它提供动力功能、导向功能、评价功能、聚散功能和调节功能。② 社会公益实践项目的实施者必须同时与服务对象或服务群体以及社会的价值观联系在一起。为了避免将个人价值观强加于服务对象，或对服务对象的价值观作出错误判断，社会公益实践项目的实施者必须对自己的价值观有清晰了解。除此以外，社会公益实践活动的参与者还要全面了解社会公益服务的基本价

---

① 参见罗肖泉《践行社会正义》，社会科学文献出版社2005年版，第109页。

② 参见朱贻庭《伦理学大辞典》，上海辞书出版社2002年版，第58页。

值,并在实务工作中贯彻执行。①

社会公益不但建立在一套价值体系之上,而且本身就是利他主义(altruism)的道德实践过程。② 由于各国的文化传统以及国情、民情不同,并没有一套放诸四海而皆准的社会公益实践价值观。但公益领域较为发达的国家的普遍情况却值得我们关注,如美国社会工作者协会确认的十条社会工作者的基本价值观,可以为大学生开展社会公益实践提供一定的参考。这些内容包括以下方面③:

(1)重视社会中的每个人。这条价值观反映了西方社会以个人为重的最基本的文化价值观。社会工作者要以服务对象为实务工作的中心,并尊重每个人与生俱来的尊严。社会工作者没有必要认可服务对象的所作所为,但必须把服务对象看作社会中有价值的一员,尊重每一个服务对象。以个人为重的价值观同样要求社会工作者相信每个人都是独特的,实务工作应该因人而异。这种个体化服务允许社会工作者自行决定在各种助人情境中何时干预、如何干预,同时在沟通中让服务对象受到尊重。

(2)改革社会以满足社会性的要求。把个人放在实务工作的首位,不代表社会工作者可以减少对社会改革的承诺,相反,社会工作者更应了解到社会的改变终将惠及个人。社会工

---

① 参见[美]莫拉莱斯、谢弗《社会工作:一体多面的专业》,上海社会科学院出版社2009年版,第115页。
② 参见顾东辉《社会工作概论》,上海译文出版社2005年版,第46页。
③ 参见[美]莫拉莱斯、谢弗《社会工作:一体多面的专业》,上海社会科学院出版社2009年版,第115~117页。

作者坚信社会有责任提供资源与服务，以满足人们的需要，使人们免于饥寒、歧视、病痛以及居无定所。社会工作者把个人放在首位，也赞同社会有责任满足个人需求。在回应社会需求时，社会工作者应同时服务于人和环境。

（3）致力于社会正义与所有社会成员的经济、物质和心理福利。社会工作者相信每一个人都有权参与建构社会制度以及社会决策过程，以使项目、政策和程序能够回应所有人的需求。当然，当社会中有不同的需求而资源有限时，就必须作出选择。当社会工作者作出选择的时候，他们所持的价值观更加强调回应社会弱势群体需求的重要性，这些弱势群体包括儿童、老年人、少数群体成员、残疾人、妇女以及其他遭受制度性歧视的人，社会工作者要确保这些人（无论是个人还是群体）获得社会正义。

（4）尊重和欣赏个人和团体的差异。社会工作者相信每个人都有相同的需求、目标、渴望和欲求，但个人的生活经验和能力也使其不同于他人。与同化差异的价值理念不同，社会工作者应提倡社会包容各种信仰、行为、语言和习俗。

（5）致力于发展服务对象的自助能力。这种改变要求服务对象积极地参与到改变过程中，努力实现改变。这样的实务工作反映出社会工作者相信每个人都有与生俱来的能力，可以最终实现欲求的改变。社会工作者不会把人看作固定不变的物体，也不相信人们不能参与到产生美满生活的活动中。

（6）愿意将知识与技巧传授给他人。一方面，社会工作者不仅帮助服务对象认识到自己的力量以解决即时的问题，还要帮助他们学会如何使用这些力量以解决今后可能出现的问题；另一方面，社会工作者还应将知识、信息与同事分享，以便同事在今后的工作中以更好的知识和技能服务有需要的人。

（7）专业关系中不涉及私人情感与需要。社会工作者必须把实务工作的重心放在服务身上而非自己身上，以免使助人质量下降。与许多终身拥有的私人关系不同，专业的助人关系要求有一定程度的专业客观性，如果社会工作者与服务对象走得太近，就很难做到客观地看待问题和保持客观中立。

（8）尊重与对服务对象隐私的保密。社会工作者要尽其所能地为在服务对象工作中获得的信息保密。

（9）即使感到挫折，仍应坚持为服务对象的利益努力。需要社会工作者介入的情况通常都不是短时间可以解决的。当改变缓慢时，社会工作者会感到受挫。即使在这种情况下，社会工作者也要坚定不移地解决服务对象的问题，以及那些影响群体、组织和社会的其他问题。

（10）高标准要求的个人行为与专业行为。社会工作者应坚持操守，维护公众、机构、服务对象和同事的利益。

很明显，美国社会工作者协会确认的十条社会工作者的基本价值观是建立在美国个人主义传统基础之上的，这对于以集体主义为传统的中国不一定是适用的。但不可否认的是，这十条社会工作者的基本价值观充满了人本主义色彩，具有很强的开放性特征。其中，对人的尊严和价值的体认，对专业责任的承诺，对推动社会福利发展的责任承担，等等，都是值得我们思考的。

以此观之，也许赫普沃斯（Hepworth）、鲁尼（Rooney）和拉森（Larsen）对社会工作价值观的阐述更为综合一些。他们把社会工作价值观概括为四个方面："第一，人有获得资源以解决问题和发展潜能的权利。社会工作一直关心人在社会中是否幸福，其焦点在于环境对每个人问题的产生、发展和严重化的影响力量。因此，社会工作者承诺向服务对象提供支持以协助其获得所需资源。社会工作者要持守这个专业价值观的承诺，具备运用社区资源的知识和技术，形成并实施能有效满足人类需要的政策和方案。第二，人的价值和尊严是天生的。社会工作者相信人有天生的价值和尊严，无论过去或目前的行为、信念、生活方式及生活状况如何，当他们担负起应负责任时，社会工作者应对服务对象的尊严和价值给予支持。社会工作者通常会认为这个专业价值观同时包含了其他相关概念。第三，每个人的独特性和个别性（individuality）都应尊重。社会工作者相信每个人都是独特的，且必须努力加以维护；尊重服务对象的个别差异与接纳和非批判的态度有密切关联，对社会工作者而言，两者同样重要。不同个体有很大差异，社会工作者必须进入服务对象的主观世界，从而尽可能了解另一个人并相信服务对象的个别性。第四，人在拥有适当资源时均有能力成长且改变，因此对处在任何状况中的人都应给予支持，以增加其解决问题的能力和选择生活方式的机会。社会工作者尊重人的自决（self-determination）及参与助人过程的权利。社会工作者采取能力取向，强调服务对象的正向特质和未被开发的潜能，便能让服务对象感到有希望和被鼓励，并能培养其自尊感。"①

　　当然，由于现代社会的价值多元特征，社会公益服务中也存在价值矛盾与冲突。从横向看，存在着社会价值观、专业价值观和个人价值观之间的冲突。社会价值影响个人价值，同时，社会价值与个人价值影响专业价值，彼此之间相互作用。这三个层次的价值观之间的一致性，是社会公益服务走上良性运行轨道的重要保障。但在实际的社会公益服务的具体语境中，这三者之间以及它们与其他的价值观之间常常出现矛盾和冲突。②从纵向看，社会公益服务的价值涉及社会、团体、个人各个层面的广泛问题，往往在核心价值观内部存在着矛盾和冲突。例如，存在人的价值与体系目标、个人自由与社会控制、团体责任与个人责任、安全满足与刻苦奋斗、革新变迁与传统主义、异质性与同质性、文化决定论与个人本能论、相互依赖与个人自治、个别化与刻板化等方面的冲突。如何把握每一种价值的合理尺度，恰当地协调各价值目标之间可能存在的冲突，是每一个社会公益实践参与者在实务工作中必须高度重视的问题。③

---

① 顾东辉：《社会工作概论》，上海译文出版社2005年版，第46～47页。
② 参见罗肖泉《践行社会正义》，社会科学文献出版社2005年版，第101页。
③ 参见罗肖泉《践行社会正义》，社会科学文献出版社2005年版，第104～109页。

第二节　大学生社会公益实践的伦理要求

在当代价值多元的社会里从事社会公益实践活动，既要考虑社会伦理对大学生言行举止的要求，也要考虑社会服务事业对专业伦理的要求。在这种情况下，参与社会公益实践的大学生容易遇到伦理方面的难题。社会公益实践伦理难题的解决应遵循一定的伦理抉择原则和模式，在此基础上逐步形成适合大学生社会公益实践伦理抉择的方法。

一、大学生社会公益实践的伦理学分析视角

伦理指一定社会的基本人际关系规范及其相应的道德原则。在西文中，英文 ethic（ethics）一词源于希腊语 ethos，意为风尚、习俗、德性等，汉语译作"伦理的"。"伦理"一词与"道德"一词通用，如"伦理关系"亦即"道德关系"。但也有人主张分开使用，以"道德"指人们之间的道德关系和道德行为，"伦理"指社会中的人际"应然"关系；对这种"应然"关系的概括就是道德规范，而"道德"则是主体对道德规范的内化和实践，即主体的德性和德行。"伦理"更侧重于社会，更强调客观方面；"道德"则更侧重于个体，更强调内在操守方面。这种区分多见于社会伦理学、制度伦理学研究。① 伦理现在指的是什么是道德上正确的行动，事情应当怎

---

① 参见朱贻庭《伦理学大辞典》，上海辞书出版社 2002 年版，第 14～15 页。

样。一般的伦理明确了一个人对另一个人所承担的义务,专业伦理则是源于个人自愿选择成为一个专业人员而具有的特殊义务。专业伦理澄清了专业实践中与伦理有关的问题的处理方式。①

伦理学(ethics)又称道德哲学(moral philosophy),是以哲学方法研究道德的一门学问。② 伦理学的研究一般分为两类,即规范伦理学和后设伦理学。规范伦理学是对道德观念和道德判断进行系统的了解,并对道德原则的合理性加以探讨,是研究人类行为应有的道德限制,其目的主要是建构有关规范的基本原则,以作为我们面临道德问题时的行为指导。后设伦理学则以伦理判断和原则本身作为研究对象,研究目的并不是为了指引我们的日常生活。规范伦理学重视的问题包括:什么东西是具有价值的?什么样的行为是对的?我们的义务是什么?而后设伦理学则关心价值和行为对错的本质,它要提出的问题是:什么是价值?什么是道德义务?③

伦理学的价值至少可以有以下几点:①研究伦理学可以使我们知道某些道德原则和其他原则不能同时成立,这样或许可以使我们厘清自己的道德主张而免于自相矛盾;②经由对伦理学的研究,或许我们可以发现自己的实际道德原则是什么,可以因此知道这类主张的优点和不足;③了解道德观念的复杂

---

① 参见[美]拉尔夫·多戈夫等《社会工作伦理》,中国人民大学出版社2005年版,第6页。
② 参见林火旺《伦理学入门》,上海古籍出版社2005年版,第7页。
③ 参见林火旺《伦理学入门》,上海古籍出版社2005年版,第16~19页。

性，可以使我们对日常生活中一般的道德主张作批判性的理解，并有能力对各种流行的道德观进行优劣的评估；④研究伦理学可以使学习者将来在从事与道德相关的行为或讨论时，不会只是说教而学会说理。① 由此可见，从伦理学的视角来分析大学生社会公益实践是非常重要的，因为公益本身就关乎"善念"和"善行"。

大学生参加社会公益实践是一种"善"的表现，这种参与行为有可能是出于行善的意愿，有可能是受他人善行的感召，也有可能出于其他方面的原因。但无论如何，他们都是在努力改善社会的福利状况。大学生的伦理道德观念一般来自父母的教诲和师长的告诫，但是通常这些道德规范的教化工作都以训令或教条的方式进行。换句话说，父母或师长所教导给大学生的道德原则并没有体系性的阐述，大学生难以全面而完整地掌握这些箴言式的道德要求。因此，当大学生面临道德冲突或道德两难的处境时，往往缺乏适当的指引，不知该如何行动。② 在这种情况下，参加社会公益实践的大学生就有必要学习公益伦理方面的知识。公益伦理是在对弱势群体实施人道救助的公益活动中，调节救助者和被救助者即弱势群体各方面关系的道德原则和规范的总和，是公益活动中各种道德意识、道德心理、道德行为的综合体现，是依据一定社会伦理道德的基本价值观念对公益救助活动的客观要求所进行的理性认识和价

---

① 参见林火旺《伦理学入门》，上海古籍出版社 2005 年版，第 24～25 页。
② 参见林火旺《伦理学入门》，上海古籍出版社 2005 年版，第 17 页。

值升华。①

　　公益伦理，从一定的意义上说，是对公益活动中道德关系的概括和总结。所谓公益活动中的道德关系，是指在公益活动中体现出来的，可以通过一定的道德原则、规范和观念加以调节的一种特殊的利益关系。公益中的道德关系是多元的，并随着公益事业的发展而呈现出错综复杂的趋势。从一般意义而言，主要有三个方面：①施助者和公益组织之间的道德关系。这种关系的确立首先在于公益活动参与者对有关济世救困基本道德价值的认同，在于公益活动参与者有着善良的公益心；而对公益组织来说，则是完善内部管理，树立良好的社会公益形象，吸引更多人参与到公益事业中来。②受助者和公益组织之间的道德关系。对于受助者而言，应该提供自己真实可靠的信息，并发扬自立、自强的精神，在受到帮助的同时努力自助；对公益组织而言，应尽力将募集到的钱、物等用在真正需要的服务对象身上，维护公益活动的严肃性和公正性。③公益活动施助者与受助者之间的道德关系。这种道德关系的建立来自道德价值的普遍性和道德规范适用范围的可拓展性。两者应本着尊重、平等和互信的原则进行协商和对话，任何一方都不应抱有道德上的优越感。②

---

　　① 参见彭柏林等《当代中国公益伦理》，人民出版社2010年版，第33页。
　　② 参见彭柏林等《当代中国公益伦理》，人民出版社2010年版，第45～46页。

二、大学生社会公益实践的伦理难题

大学生之所以要重视社会公益实践中的伦理问题,首先是基于当今世界注重人权的新思潮。现代社会中的每个人都具有较强的权利意识,讲求人与人之间的平等,强调个人尊严不受侵犯等公民权利。在这种情况下,尽管大学生是带着善念来进行公益实践活动的,但如果实际的行动侵犯了他人的权益,并不能因其内心的善而轻易被人谅解。其次,现代社会中越来越多的当事人倾向于以法律来解决涉及职业伦理的渎职、失职行为。为避免产生法律诉讼,大学生在参与社会公益实践时,应注意自身行为的适当性。最后,当代社会存在的多元和相互矛盾的价值观,使社会公益实践中遇到的伦理问题越来越突出。①

大学生在参与社会公益实践活动中产生伦理问题的两个主要原因是:①价值观之间有时会产生冲突。这种价值观的冲突,有可能是因为自身价值观与受助者价值观的冲突,也有可能是自身价值观与公益团队的价值观不一致,或者公益团队的总体价值目标与服务对象之间发生冲突,等等。无论是哪一种冲突,这种伦理难题的出现都可能源于社会公益实践的相关方面临两个或更多的相互冲突的价值观。②忠于谁的冲突。当互不相容或相互冲突的群体都要求社会公益实践项目的实施者忠

---

① 参见[美]拉尔夫·多戈夫等《社会工作伦理》,中国人民大学出版社2005年版,第6~7页。

于自己时，参与这些社会公益实践项目的大学生就会面临伦理上的困境。①

此外，社会公益实践项目的实施者还要在一般的社会伦理与专业伦理之间进行协调和平衡。社会公益实践项目的实施者的首要职责是增进当事人的福祉，但这并不意味着为了满足当事人的需要而可以忽视或损害其他人的福利，也不意味着应该解除其对于更大的社会以及非当事人的其他人的需要或问题所负有的责任。②

一般的社会伦理原则为社会公益服务的实施者提供了指南，使他们能够把社会公益价值观践行到社会公益实践活动中。伦理原则虽然不会描述出社会公益实践的方法，但是能帮助筛查和评估实际选择中的对与错。无论是一般的社会伦理还是专业伦理，都强调平等原则，但是专业伦理把当事人的利益摆在高于其他人的利益的位置上优先予以考虑，而一般的社会伦理原则是所有人都应当受到平等的尊重。

专业伦理的原则是，所有人应当受到平等尊重，但优先权应当以当事人的利益为重。③ 几乎当代每个专业在制订伦理守则的时候都有下述意图的表述：为从业人员提供遇到包括伦理在内的实际工作中的困境时的指南；保护公众不受招摇撞骗者

---

① 参见［美］拉尔夫·多戈夫等《社会工作伦理》，中国人民大学出版社2005年版，第9页。
② 参见［美］拉尔夫·多戈夫等《社会工作伦理》，中国人民大学出版社2005年版，第22页。
③ 参见［美］拉尔夫·多戈夫等《社会工作伦理》，中国人民大学出版社2005年版，第20页。

和不能胜任工作的从业人员的危害；保护本专业免受政府的控制，自律要比受国家控制更受欢迎；使专业人员和睦相处，防止因为内部摩擦而导致自我毁灭；保护专业人员免于法律诉讼，从业人员如果遵循了守则，就能在遇到渎职诉讼时得到一些保护。① 然而，没有哪个专业能够让自己订立的伦理守则践踏社会一般的伦理标准。如果一个专业没能考虑一般的社会伦理，就会面临受到严厉制裁的危险，包括社会可能会废除其全部或部分的专业权威。尽管如此，社会也认识到从实践的角度出发，要求专业从业人员遵循人们一般期望其遵循的统一的伦理原则行事是不可能的，因而常常会为专业人员设立一定的工作界限，这也为相关专业人员带来了伦理方面的难题。②

三、大学生社会公益实践的伦理抉择

从以上对大学生社会公益实践伦理难题的论述中可知，社会公益实践项目的实施者要认识到社会公益实践活动中每个决定都可能涉及伦理问题。因而，大学生在参与社会公益实践活动时需要具备知识和技巧，以澄清涉及伦理方面的问题，这样才能有效作出伦理决定。③

---

① 参见［美］拉尔夫·多戈夫等《社会工作伦理》，中国人民大学出版社2005年版，第32页。
② 参见［美］拉尔夫·多戈夫等《社会工作伦理》，中国人民大学出版社2005年版，第22页。
③ 参见［美］拉尔夫·多戈夫等《社会工作伦理》，中国人民大学出版社2005年版，第5页。

(一) 伦理抉择的原则

在作出伦理抉择时所坚持的基本原则起着导向作用，它决定着选择过程中行为的倾向性和最终的选择结果。即使在同样符合道德标准的情况之间进行选择，也必须考虑责任和义务、利益和正当性的优先权问题。西方社会工作伦理研究者都首先把保护生命放在最高位置，其次大多强调培养人的独立能力和自主意识、尊重服务对象自我决定的重要性，最后依次强调平等、尊重服务对象隐私、保密、诚信等原则。他们还提出，个人福利的权利优先于法律、法规和组织的规定，防止伤害的义务及提升公共利益的义务优先于个人财产所有权的权利。① 这在某种程度上具有以人为本的意涵，可以为我们作伦理抉择提供一定的借鉴。

在中国当前的语境下，社会公益实践本身具有强烈的道德特性，在面临伦理抉择时应当秉持"道德优先性"原则。这包括三个方面的含义和要求：①出于道德考虑的抉择。在作出伦理抉择时，应当首先衡量其道德合理性，而不是基于政治的、经济的、技术的或是专业目标实现的考虑。②符合道德标准的抉择。伦理抉择应当以社会一般的道德标准和社会公益服务的道德标准为依据进行，而不是依据一时的感情冲动或个人偏好。③为了道德目的的抉择。社会公益实践参与者所作出的伦理抉择应当为了满足服务对象的最大利益和更好地实现服务

---

① 参见顾东辉《社会工作概论》，上海译文出版社2005年版，第55页。

目标,在经过周密考虑后、于服务开始前作出抉择,而不是在服务结束后给自己的行为辩解而寻找合适的理由。①

(二) 伦理抉择的模式

伦理抉择是一个连续的过程,会因社会公益实践参与者的知识能力、实践环境、服务对象情况等呈现出不同状态。虽然没有固定的模式,但在任何伦理抉择过程中都应考虑三个方面的问题:①相关的价值观和伦理原则,包括社会价值观、职业价值观、个人价值观、社会伦理要求以及专业伦理原则;②相关参与者,包括服务对象、可能被影响的对象、协作同事和其他专业人员以及社会组织机构;③相关的效率和效益,包括所选择行为的代价和成本、对社会利益和个人利益的保护度、是否符合最小伤害原则等。社会公益实践活动参与者还应当注意到,他们的抉择并非孤立的,借鉴有关文献中的成功案例,请教专家、同仁都是使抉择更科学合理的重要保障。当然,仅靠个人的道德责任感有时并不能完全解决实际问题,专业的知识和技巧是作出合理抉择的前提。②

(三) 伦理抉择的方法

大学生在作社会公益实践伦理抉择时,应该在"道德优先性"原则的指导下,以服务对象的利益为本,考虑社会伦

---

① 参见罗肖泉《践行社会正义》,社会科学文献出版社 2005 年版,第 282 页。
② 参见顾东辉《社会工作概论》,上海译文出版社 2005 年版,第 55~56 页。

理、专业伦理的要求及相关参与者的利益，统筹效率和效益的关系，兼顾公平、仁爱、奉献和诚信等要求，从而作出最终决定。

1. 公平

公平是社会主义的重要价值目标，是社会主义的应有之义。当今中国之所以要以社会主义市场经济取代计划经济，其重要原因之一就是运用价值规律和市场机制推动企业和劳动者展开公平和有效的竞争。公平竞争意味着需要起点公平和机会均等，优胜劣汰便不可避免。因此，需要考虑如何维护弱势群体的利益。这不仅关系到弱势群体的利益问题，也关系到社会主义制度优越性能否得以体现。目前，贯彻公平原则，关怀弱势群体，首要的是解决贫富分化的问题。[1]

2. 仁爱

从一定意义上说，"仁爱"根源于重视人、重视人的生命和存在的人本主义思想。仁爱的具体表现是，尽己之心、尽己之力去助人、利人，特别是关怀那些丧失劳动能力、难以自立、处境悲惨的人。从公益伦理的角度来讲，仁爱就是要对弱势群体给予同情、关爱，在他们需要帮助时尽可能地予以必要的帮助。仁爱之德的一个重要要求就是强不执弱、众不劫寡、富不侮贫，应当重视弱势群体作为人的尊严与价值，关心他们的生存状态，帮助他们减少疾苦，帮助他们增进幸福。[2]

---

[1] 参见彭柏林等《当代中国公益伦理》，人民出版社2010年版，第97~98页。
[2] 参见彭柏林等《当代中国公益伦理》，人民出版社2010年版，第104~110页。

3. 奉献

一般来说，奉献是指为了正义和真理，为了国家、群体的利益而献出自己的一切。切实地承担起自己对社会的责任和义务，"尽伦尽责"是奉献的基本要求。每个人的伦和责不必相同，只要担当好自己的社会角色，就是具有奉献精神的人。在公益活动中，人们应当切实承担起对弱势群体给予救助和伦理关怀的责任和义务，承担起勇于救助弱势群体的社会责任，济世利民，在必要的时候自觉舍弃一部分自身利益。①

4. 诚信

诚信作为一种道德规范，是指在立身处世、人际交往及社会活动中以诚实不欺、信守承诺为准则进行自律和他律的一种道德法则。诚信原则要求人们在对弱势群体实施人道救助和伦理关怀的公益慈善活动中真心实意地履行自己的义务和责任，不以谎言骗人，不说大话，不阳奉阴违，体现求真务实的态度和作风，全身心投入到公益慈善活动中，发挥最大的能量。②

第三节 大学生社会公益实践的礼仪规范

礼仪和道德一样，对个人的行为具有规范作用。然而社交礼仪的种种规定是为了使社会的运作顺畅、人与人关系和谐，

---

① 参见彭柏林等《当代中国公益伦理》，人民出版社 2010 年版，第 114～116 页。

② 参见彭柏林等《当代中国公益伦理》，人民出版社 2010 年版，第 118～120 页。

礼仪所体现的主要还是行为的表现形式。社交礼仪规定哪些行为是合乎礼节的，哪些是不礼貌的行为，但是这些规定纯粹是基于社会习俗，并未触及社会存在的核心本质。尽管各地或各国对礼仪的规定有所不同，但这些差异只是妥当与否的问题，而无关道德的本质。① 尽管如此，遵守社交礼仪可以形成良好的人际关系，良好的人际关系则可以为社会公益实践取得各方面的支持。尤其是大学生在参与社会公益实践活动时，除了接触服务对象外，在许多时候还需要与社会中方方面面的人进行交往，这种交往关系虽然不一定直接涉及伦理抉择，但遵循基本的社交礼仪规范则是必不可少的。

一、社交礼仪在大学生社会公益实践中的作用

"善"是"人和人之间适当关系之实现"。② 大学生社会公益实践活动是行善行为，为有需要的人提供服务是一种善，与社会公益实践活动中有关的其他人建立恰当的互动关系也是一种善。唯有行善，也就是保持人际关系之和谐，我们才能得到快乐。但是所谓"保持人际关系之和谐"，绝不是要我们成为好好先生或乡愿，而是让我们兼顾仁爱与正义的原则，先求尽己，再求正人，使人我双方都日趋完美。个人在如此实践时，向善的人性也更趋成熟了。③ 概而言之，社交礼仪在大学生社会公益实践活动中的作用主要表现在以下几个方面。

---

① 参见林火旺《伦理学入门》，上海古籍出版社2005年版，第12页。
② 参见傅佩荣《哲学与人生》，东方出版社2012年版，第328页。
③ 参见傅佩荣《哲学与人生》，东方出版社2012年版，第329页。

（一）树立良好形象

大学生是民族的希望，是国家和社会的未来，他们代表的是积极向上、阳光活泼的一类群体，集中反映着一个国家整体的精神面貌和文化素养。良好的社交礼仪有助于大学生在社会公益实践中树立良好的社会形象。

（二）体现对人的尊重

尊重，表示遵从个体或群体的内在感受和施展外在行为的礼节规范，表达尊敬之意。同时，礼仪的表达又是互相的，"来而不往非礼也"，就是指有礼节的相互交往的行为，在相互交往中表现对彼此的重视和尊敬。

（三）调节人际关系

社交礼仪作为礼仪规范，对参加社会公益实践活动的大学生来说，具有一定的约束和调节人际关系的作用。社交礼仪可以约束或调节大学生在社会公益实践活动中的言行举止，使他们采取符合自己身份的行动，从而为助人活动营造出良好的氛围。

（四）提升活动品牌效应

大学生以恰当的言行和良好的精神状态面对社会公益实践中的人和事，不仅能促成社会公益实践活动的顺利开展，也有利于为社会公益实践项目赢得口碑，树立良好形象，提升其品牌效应。

二、大学生社会公益实践中的主要礼仪规范

大学生社会公益实践中涉及的社交礼仪是非常丰富的，不可能在一个章节中予以穷尽。在这里，主要就大学生社会公益实践中的主要礼仪规范进行介绍，以引起广大参加社会公益实践的大学生对社交礼仪的重视。

（一）仪容仪表

仪容，指的是人的容貌，它是社交礼仪中个人修饰的重点。对于社会公益实践中的大学生而言，仪容仪表只要保持干净、舒适、大方、得体即可。

首先，服饰是仪容仪表的一个方面，服饰不一定要华丽，最重要的是要合身得体。应把握 TPO 原则，也就是衣着要注意与时间（Time）、地点（Place）和场合（Occasion）相匹配。T 原则指的是不同的时令穿不同季节的服装，不同的时点或时段应穿着与之相协调的服饰，如节庆日的衣着就应穿得稍微喜庆一些。P 原则指的是地点，为了使着装与环境保持协调，应根据具体的环境搭配与之相应的服饰。O 原则强调的是场合，是人们在特定的场合扮演符合场合要求的社会角色的一种外在着装的具体体现。若着装与场合不符，则给人格格不入的感觉，很难融入当时当地的氛围。

此外，站立及行走的仪态也应该得到重视。在社会公益实践活动中，尤其是参与大型或高规格的社会公益实践活动时，

良好的、优美的站姿和行姿可以带给人良好的第一印象，衬托出个人风度和优美气质，甚至可以间接提高活动质量。良好的站姿是培养优美的身体姿态的基础，也是自信与否、健康状态的一种外在表现。

（二）语言表达

大学生在参与社会公益实践活动时的语言表达要注意以下几点。

1. 言语要文雅

俗话说："见事知长短，听话品高低。"说话人人都会，但有的人谈吐文雅、妙语连珠，有的人则粗俗直白，对比起来，高低立显。言语文雅是一个人教养的体现，而教养是通过长期培养才能养成的。大学生在社会公益实践过程中要谈吐文雅，使用规范的尊称、敬语、谦辞、雅语等，想好了再说，让语言文明、干净、准确、礼貌。

2. 言谈有条理

语言能力的强弱主要是看对方能否清晰地接收说话者想要传达的意思，这取决于说话者的话是否清晰、有条理。条理是由思维体现的，说话者思路要清晰，表达要规范，吐字要清楚，声音要响亮。

3. 讲话有内容

讲话要讲到点子上，不能言之无物、内容空洞。讲话要有内容的同时，也要注意让这些内容表达得有味道，这就要有一定的讲话艺术。幽默是日常交往中不可缺少的语言润滑剂，但应注意的是，幽默是高档次的语言水平，粗俗下流的插科打诨并不是幽默。大学生在社会公益实践活动中要注意发觉并培养敏锐的观察力和丰富的想象力，同时要不断提高自己的文化修养、知识宽度，以及活用成语、典故等的能力。通过先天条件与后天努力的结合，提高自己的社交魅力和语言表达能力。

4. 表达有礼节

与人交谈的时候多用肯定和鼓励的词句，不说欠考虑的话和伤人的话，言谈中要处处注意体现对对方的尊重。社会交际是一种双边和多边交流，不是一个人的独白，要照顾到谈话对象的年龄、性别、职业、爱好、地位、情趣等的差异，谈话内容和表达方式也要因人而异，不要将自己奉为谈话的中心，不顾别人的感受，滔滔不绝地自说自话。

5. 距离要适当

交谈时应注意保持适当的交谈距离，两个人进行交谈，关系亲密熟悉的，距离可以近些，0～0.5米是适宜的；一般朋友的交谈距离以0.5～1.5米为宜；与较为陌生的人交谈，需保持1.5～2米的距离；而谈话的公众距离，或者演讲者与听众、演员与观众的距离，则以3.5～7米的距离为佳。

（三）通讯联络

在社会公益实践活动中，免不了要与他人进行各种各样的联络。因此，要掌握电话、邮件等的使用技巧及其基本礼仪。

1. 打电话的礼仪

在打电话前，要拟好谈话的内容提纲，当别人接起电话时，应当以尊敬柔和的语气与别人交谈。打给不熟悉的人时，首先礼貌地进行自我介绍，让接电话的人了解来电者是何人。例如，"某某先生/小姐/书记/处长，您好！我是某某单位的某某某，非常抱歉打扰您……"然后再表达找对方想要做什么，有什么事。在打电话时要留心对方所处的环境或语气，例如，感觉对方不方便接电话时，主动询问是否方便，若不方便则另约通话时间。最佳通话时间首先是双方预先约定的时间或对方方便的时间；在没有提前约定时间时，最好在上午 8 点（节假日上午 9 点）后、晚上 10 点前进行，打电话应尽量避开用餐时间和午休时间；尽量了解对方的通话高峰期、业务繁忙时间以及私人时间。通话长度宁短勿长，遵循"3 分钟"原则。

2. 接电话的礼仪

来电话时，应在铃响 3 声之内进行接听。若在铃声响过许久之后才接听，应说："对不起，让您久等了！"刚开始接电话时，可说："您好！我是某某某。"知道来电者的姓名时，可说："某某先生/小姐，您好！/某某书记/局长，您好！"然后静听来电者说话。需要注意的是，接电话时在身边准备好纸笔以作记录，待别人讲完电话后，应和来电者礼貌地确认谈话内容。在讲完电话时，确认对方挂电话后，自己再将电话挂上。

3. 发送电子邮件的礼仪

电子邮件是当今社会最常见的一种联络手段。大学生在发送邮件时一定要注意使用电子邮件的礼仪规范。首先，在发送电子邮件前应仔细校对内容。文字的信息怎么也抹不掉，都会记录在系统里。因此，违法的文字或容易引起误解的文字内容不要发，以免给自己带来不必要的麻烦。其次，邮件信息不宜太长，将事情要点简单汇报或交代即可。最后，发送邮件要考虑对方的感受，接受者是否能看到附件，或某些人是否只看电子邮件的正文，这些都是要通过平时细心观察和多加注意才能逐步了解到的。

（四）办公室礼仪

办公室礼仪，是指机关、企事业单位的人员在办公地点遵守的基本礼仪规范，也是办公室从业人员所具备的基本行为规范。在参与社会公益实践活动时，有时可能需要有社会公益实践项目的办公地点，或者大学生会在特定的地点进行办公。在办公过程中应注意以下几点：①办公环境。办公桌是自己工作的门面，除了办公用具和文件以外，尽量不放或少放私人物品。②言谈举止。要随时保持办公室的安静，不要大声喧哗，也不要在办公室谈论私事或议论他人。③仪容仪表。办公室不是休闲场合，也不是校园，在办公室要注意自己的着装，不要穿休闲服装或怪异的服饰，不穿拖鞋，不浓妆艳抹，不使用过浓的香水。

（五）迎来送往

1. 自我介绍

自我介绍实际上是一种适时的自我推荐。社会公益实践活动中人与人的交往少不了从介绍自己开始。介绍自己时应简单明了，合乎礼仪。介绍自己的时机一般是在别人有意认识自己或者自己有意认识对方时进行。自我介绍一般分为应酬式、工作式、交流式、礼仪式、问答式五种介绍方式。①应酬式。一般用于应酬场合，不想透漏太多信息时，一句"你好！我叫某某某"即可。②工作式。适用于工作场合，介绍内容一般包括姓名、单位、部门、职务等。③交流式。多用于社交场合，一般是指希望对方加深对自己的印象或希望进一步了解对方时所用的方式，这种介绍应包含姓名、籍贯、学历、工作等方面的信息。④礼仪式。多用于报告、讲座、庆典等正式且大型的场合，介绍时应加一些恭敬谦卑之词，再介绍自己的单位、姓名、职务等。⑤问答式。指的是以一问一答的形式进行自我介绍，对方问什么，你就答什么。在进行自我介绍时应掌握分寸，时间适宜，态度认真，信息真实。

2. 介绍他人

在社会公益实践活动中，作为介绍者，在为双方做介绍前，一定要了解两方的基本情况，如姓名、单位、职位等。此外，介绍之前也要了解双方是否有结识对方的意愿，同时找准介绍的时机。介绍他人，也要讲究一定的原则和顺序，尊者有优先知情权，例如，将地位低者介绍给地位高者，将年轻人介绍给年长者，将下属介绍给上级，将男士介绍给女士，将后来者介绍给先到者，将客人介绍给主人，等等。

3. 称呼的礼仪

在社会公益实践活动中与他人谈话、交往都要有称呼，称呼使用得体不仅可以增进交流者双方的感情，还可以达到交往的目的，小称呼中有大学问。称呼时，要根据对方的性别、年龄、身份、地位、职业、辈分选择恰当的称呼。称呼又分为尊称和泛称两种，尊称一般用于德高望重的长者，如"您近来可好？"泛称指的是正式和非正式场合中将姓名或姓加上职称/职衔/职务的表达，或者是非正式场合中用姓加上辈分称呼和直接称呼名字的表达方式。在与人交往过程中，有些称呼禁忌需要注意，如错误的称呼、过时的称呼、不通行的称呼、庸俗的称呼、不恰当的行业称呼、绰号等。

4. 握手礼仪

握手是人际交往的一部分，握手已成为人们在社交场合中必不可少的一种肢体交际礼仪。当然，大学生在社会公益实践过程中，与人结识、离别或者感谢，都可用握手礼。握手时应该掌握一定的伸手顺序，应该遵守尊者先出手的原则，例如，握手时，尊者如上级、长辈及女士等先伸手（右手）。握手时，保持微笑，眼睛平视对方，虎口相对，用六七分的力度上下晃动 3~5 秒即可。握手时要注意避免用不洁的手或冲过水而未干的手与别人相握；不要用左手与别人握手；不带墨镜和手套与别人握手；与女士握手时应只握住手指部分。

5. 名片礼仪

在社交活动中，名片的使用极为频繁。名片不仅有自我介绍的功能，同时也有着广告宣传以及代替礼单、介绍信等多种功能。合理正确地使用名片，对大学生在社会公益实践中的人际交往有一定的辅助作用。①递送名片。在递送名片之前，仔细检查名片正反面是否有破损、褶皱和其他痕迹，然后装入名片夹中，男士可将名片装入西装上衣口袋，女士可将名片置于手提包内。遇到需要递送名片的场合，或对方有意认识自己的时候，迅速将名片掏出并双手奉上。需要注意的是，在递交名片时，双手的拇指和食指卡住名片的两角，不遮挡名片上的文字，名片应正面对向他人，方便他人阅读。同时面带微笑并附上敬语："我叫某某某，请您多多指教！"②接收名片。接收他人的名片时，应双手接过名片下方两角，面带微笑并表示感谢。同时认真阅读名片上的文字，并抬头看递送者，将对方职称或头衔的信息连同姓氏一并读出，以示尊敬。读完名片后将名片放入名片盒，切勿接过名片不读或随意放置，不可将名片放入贴近臀部的口袋。若需要坐下交谈，可将名片小心放置于桌面右上方，待谈话一段时间后再自然收起。③交换名片。名片的交换应遵守"优先知情权"的原则，即尊者有优先获知他人个人信息的权利。所以，在交换名片时，地位低者应主动将名片呈递给地位高者，男士先给女士，晚辈先给长辈；万一分不清职务高低和年龄大小，则从自己右侧方的人开始依次递送。

6. 递接物品礼仪

要用双手递送或接受物品。物品要直接递送到对方手中，递送时将方便接拿的部位留给对方。文字资料按对方文字阅读方向递送；递送带尖、带刃或其他易伤人的物品时，切勿以尖、刃直指对方，应将其朝向自己或他处，同时注意使用礼貌用语。在接物品时，不方便使用双手时，要用右手接。别人递交物品给自己时，应主动上前靠近对方接物品并且尽量站立接物品。

7. 送花礼仪

花象征着祝福、友谊、美好、感谢、尊重或爱情，送花送得恰当可以加深双方的情谊，因此要了解花的意义和象征，要了解不同花在不同国家的寓意。送花时可以送花束、花篮、盆花、插花和花环，还可以送襟花。一般情况下，要赠送鲜花，尽量不要将干花、纸花或发蔫凋零的花送人，尤其是在国际交往中。

（六）餐饮礼仪

宴请是一种常见的礼仪交际方式，或为了表达谢意，或因亲友相聚。宴请的种类有很多种，最常见的可分为中餐和西餐，中西餐的就座方式有所不同，如果大学生在参与社会公益实践活动时有参加宴会的机会，应提前了解中西餐就座方式的不同。参加宴会时应注意的是，在接到主人的用餐邀请后，要及时回复是否出席，以示重视。出席宴会要准时到场，不要让人久等；入席时请按桌号和座位就座，若没有事先排位，就按主人的安排就座。当主人和主要宾客起筷后，自己再动手夹菜。用餐过程中要眼观六路，切记不要看到自己中意的食物就转转盘而不顾其他人是否在夹菜。万一菜中有异物，请不要影响他人饮食，低调将其处理。用餐结束后，主人离席，自己再离席。用餐时忌在餐桌上指指点点，与旁人交头接耳；忌夹菜时翻菜、舔筷子、用纸巾擦拭餐具。此外，在西式餐会中要举止大方、衣着得体。参加西式餐会忌自己决定位置,忌交换菜盘,忌把提包放在桌上,忌用餐时大声喧哗,等等。

(七)涉外活动礼仪

西方礼仪强调个人至上,认为冒犯别人的私人所有权是非常失礼的行为。在涉外交往中,"对女士不问岁数,对男士不问钱数"成为交往的惯例。在社交场合,为表示尊重女性,强调女士优先的原则;不尊重女性是十分失礼的,甚至会被大家斥为缺乏教养。西方礼仪强调简易务实,交往中不提倡过分的客套,不欢迎过度的谦虚、自贬,尤其反对虚假、自轻、自贱。另外,西方礼仪也在一定程度上反映出西方人士直率、富于创新和注重效率的精神,具有很强的现实性。在交往中,西方人士一般敢于发表自己的意见,富于竞争精神,具有外向型倾向。

在涉外活动中,应遵循的国际礼仪主要有:①遵守基本的社会准则。这是礼仪的起码要求,如在公共场所遵守公共秩序,不给别人造成麻烦和不便,尊重别人,讲究社会公德,等等。②应信守时约。交往中必须遵守时间,无故迟到是极不礼貌的行为;同时,严格遵守承诺,言而无信、失信失约是违背礼仪基本原则的,既不尊重对方,也有损自己的形象。③要相互谅解,求同存异。国际礼仪最基本的原则之一就是人与人之间要相互谅解,和睦相处。当别人在交往中出现失误时,不使对方难堪、不愉快。另外,各国礼仪习俗存在一定差异性,"求同"就是要遵守国际通行的礼仪,"存异"就是不否定他国的礼仪习俗，并予以尊重。④入乡随俗。在交往中，只有对对方特有的习俗加强了解，予以尊重并遵从，才能相互了解和沟通。另外，当自己作为东道主时，讲究"主随客便"；而自己作为客人时，又讲究"客随主便"。⑤女士优先。在一切社交场合，每一个成年男子都有义务尊重、照顾、关心、保护女士，想方设法地为女士排忧解难。⑥以右为尊。国际交往中的礼仪习惯是"以右为尊"，我国的传统做法是"以左为尊"，在国际交往中则须按国际惯例，坚持以右为尊。

三、大学生社会公益实践礼仪的禁忌

做人做事要谨于行而慎于言。沟通不当或说错话、办错事，都有可能成为与别人相处的障碍。因此，在与人交往的过程中，要注意自己的言行举止，提醒自己有哪些是不可触犯的禁忌。

（一）自我介绍的禁忌

在社会公益实践中，如果头一次与他人见面，往往要进行自我介绍。那么有哪些方面是应注意的呢？首先，忌缩手缩脚。人们与他人第一次见面，尤其是在遇到异性时，害羞的状态容易涌现在脸上，导致介绍自己时不敢直视对方的眼睛，说话颤颤抖抖、慌慌张张，抓不住介绍重点。其次，忌敷衍冷漠。在社会公益实践中，有些人喜欢通过人的衣着打扮来判断他人身份，对衣着朴素的人冷眼相对，对穿着华丽的人热情洋溢，这种行为容易引起他人反感。最后，忌不着边际。自我介绍不能不着边际、说不到点子上，介绍半天还让别人摸不着头脑。

（二）语言的禁忌

语言是思想的折射，是情感的外化。使用文明用语是社会公益实践中必须遵守的基本规范之一。一方面，忌使用不雅的称呼，忌直接给交往对象起外号，如胖子、麻秆、四眼等；另一方面，忌使用不规范称呼，在社会交往中，切忌称呼对方时使用"喂""那个""红衣服的"等不规范的称呼。

（三）办公室礼仪禁忌

大学生进行社会公益实践，一些工作免不了是在办公室中进行的，因此，对于从较为简单安逸的校园环境突然跳到职场环境中的大学生群体来说，如何从容面对职场，如何与办公室同事、伙伴或上级相处，并尽快融入其中，是非常重要的问题。

1. 忌情绪不佳

在办公室，无论遇到什么事，都不要用一张沮丧的脸去面对。要知道，态度决定一切，一个整天满腹抱怨、不求上进的人无论到哪里，都会是不受欢迎的对象。

2. 忌推卸责任

任何工作都是一个整体，每个人都是其中的一环，环环相扣，工作才能衔接。任何错误都不会没有原因地出现，因此，出了错要先找自身的问题，勇于承担，不相互推卸责任。

3. 忌大声喧哗

办公室是办理公务的地点，不是私人场所。在办公室里应尽量放低声音，以免影响他人，更不要随意播放自己喜欢的音乐并摇头晃脑。

4. 忌举止怪异

对于大学生来说，休闲时尚是平时着装的主要风格，但要避免将此类装扮不合时宜地带到办公室中。不同时代的人会有代沟，即使有些人勉强觉得你的衣着好看，或能接受你的言语，那也是少数。记住，办公室的言行举止、衣着打扮要符合主流的社会价值观和审美情趣。

5. 忌拉帮结派

忌拉帮结派、搞小集团，或在工作之余没话找话、东家长西家短。因此，不要去谈论别人，不是自己的事情不多问，有人在谈论他人时尽量避开，减少自己在场参与的机会。

（四）公共场合行为禁忌

公共场合最能展示一个人的素质和形象。有时候，一个小动作都会直接影响别人对自己的看法，因此，要尽量避免以下行为：①随手扔垃圾。随手扔垃圾的行为随处可见，走在路边随手丢一个空瓶子或将嚼过的口香糖随意丢弃，打开车窗将垃圾扔向窗外，这些都是不文明的行为。提高个人素质，应从最简单的事情做起。②当众打哈欠。不顾身边的人的感受，张开嘴巴对着别人打哈欠，给人一种懒散或不屑的感觉，是不文明的行为。③不停抖腿。有些人抖腿是为了掩饰紧张情绪，有些人的抖腿是不良习惯。不论怎样，抖腿行为给人一种不稳重感，公众场合应避免出现。④当众挖鼻孔。挖鼻孔应该是在家中进行自我清洁的行为，有些人却当众挖鼻孔，或者是在餐厅甚至庄重的场合挖鼻孔，实在不雅。

（五）涉外礼仪的禁忌

俗话说，"百里不同风，千里不同俗"。大学生在社会公益实践中难免会与不同区域或国家的人交往。因此，在了解国外风俗习惯及礼仪规范的同时也要了解别国的禁忌。如数字方面的禁忌，美国忌"3""13"和星期五；日本人忌数字"4""9"，"4"代表死亡，"9"在日语中的发音同"苦"字，也是不吉之意；韩国人忌"4"，在韩语中，"4"与"死"的发音完全相同；新加坡忌数字"4""7""8""13""37""69"等等。此外，与美国人交往，不谈年龄、婚姻、收入、宗教信仰等私人问题；与英国人初次见面，如果四人在场，忌交叉握手；在英国人面前忌做"V"手势，"V"手势在中国表示胜利之意，而在英国人眼中则是表示蔑视他人的一种带有敌意的行为；不要送德国人蔷薇花，此花在德国有死亡之意，与德国人交谈不宜涉及宗教与党派。与泰国人相处，忌送泰国人茉莉花，因为此花在泰国的谐音为伤心；忌摸泰国人的头，在他们眼中，头为首，神圣不可侵犯，是智慧的象征；另外要注意的是，不可在泰国人面前议论国王和佛。这些都是我们需要注意的。

第四讲　大学生社会公益实践的方法路径

随着公益理念日渐深入人心，越来越多的高校把公益活动作为加强大学生思想政治教育的抓手，并建立起立足校园、辐射社区、面向社会的公益服务体系。越来越多的大学生也带着提升自己、助益他人、服务社群的目的，积极投身于公益实践活动。然而，大学生应如何有序进行公益参与、有效提供公益服务呢？

第一节　基于公益精神参与公益实践

目前，我国大学生进入社会公共空间的最重要和最主要的方式就是参与公益活动。公益活动成为培养大学生社会责任感和综合素质的重要途径。大学生参与公益活动的动机是多样的，但既然是公益活动，其落脚点应是"公益"，也就是说，大学生社会公益实践应该为社会提供"公益产品"。大学生参与公益服务，要从认知公益精神起步，在公益服务过程中力争使多方受益，养成持续参与公益服务的习惯。

一、认知公益精神

梁启超在《新民说》中指出:"公德之大目的,即在利群,而万千条理即由是生焉。本论以后各子目,殆皆可以'利群'二字为纲,以一贯之者也。"① 这是以追求社会公共利益最大化的公益精神,其奉行的利他原则将会在社会生活中引导人们看到他人的存在和利益、人类未来的存在和人类长远的利益。它包含了对社会的责任感以及与他人的团结互助,充分代表了社会中利他、责任、友爱、互助的文化因素,具有明显的公共性,是现代社会的精神基础。大学生积极投身公益,要看到参与公益所带来的正向激励。在参与公益活动中,既帮助了社会中有需要的人、改善了生存环境,又从献爱心的活动中得到了自我潜能的拓展、自我能力的提升和自我价值的实现。在社会主义市场经济时代,还可以对"有我利他"的公益方式兼容并包,这有利于实现个人与他人、个人与社会的整合,为我们的社会生活领域提供了全新的价值取向,从而更广泛地调动社会成员参与社会公益事业的积极性和创造性。②

二、力争多方受益

对于公益,人们过去更倾向于片利共生的模式,认为不能从中要求任何回报;从公益中追求积极有效的反馈尤其是物质

---

① 梁启超:《梁启超全集》(第二册),北京出版社1999年版,第662页。
② 参见向春玲《试析社会公益事业在构建和谐社会中的作用》,载《理论视野》2006年第4期。

利益的回报，往往被人们视为一种不道德甚至邪恶的事情。人们在潜意识中似乎有种隐忧：施予方一旦将公益与效果回馈结合在一起，最终会有损公益的命脉。① 然而，从实际情况来看，双向受益的公益有利于公益的可持续。对于个体的公益参与者而言，一方面，自己的善意、责任心得到表达，这种回馈是不带功利目的的；另一方面，公益参与可以获得心理的愉悦。大学生社会公益实践的设计应该充分考虑到公益服务者和受助者的实际情况，努力使公益活动的参与者实现双赢，达到多方受益的效果。大学生参与公益活动的动机不仅仅是献爱心，也可能是增长社会见识、积累社会经验和拓广人际关系。大学生往往将参与公益活动视为实现自我价值的主动选择，凸显个人的自主性。只要这些动机并不妨碍公益的核心要义，都应该被社会接纳。管理大师彼得·德鲁克曾说过："公益资源的募集不是为了实现执行人的个人理想，而是要求执行人作出真实、高效的社会贡献。"也就是说，公益的成效应该成为公益活动关注的重点。

三、重在持续参与

《现代汉语词典》将"参与"解释为"参加（事务的计划、讨论、处理），参与其事"，"加入某种组织或某种活动"，我们在日常生活中所用的"参与"多为此意。参与是一种由

---

① 参见张兵武《公益之痒——商业社会中如何做公益》，北京大学出版社2011年版，第47页。

外向内的渗入、介入，标识着一种自觉、平等和正义。① 公益参与情况下产生的社会责任感较之于其他形式的公共参与的责任感更为鲜明，带着公益的色彩，能够站在一定的社会公共角度去看待问题，让人们懂得相互帮助、支持，收获社会中的友好与温暖。② 公益精神落实到公民的实际行动中，应该倡导"人人可做公益"的理念，让公益参与成为现代公民的一种行为习惯和生活方式。

第二节　立足专业学习参与公益实践

公益如果仅始于热情，往往也终于热情。对于大学生来说，如果能够把公益服务与专业学习结合起来，不仅可以创造性地开展公益活动，也能为专业学习带来新的动力，有可能形成专业学科新的增长点。

一、立足专业学习

伴随着社会大众需求的多样化和复杂化，公益服务需要完成向专业化和精细化的转型。虽然国内有庞大的志愿服务队伍，但从客观方面来讲，这些志愿服务所提供的服务类型还较为单一，服务范围受到的限制还比较多。与国外公益组织小型化、专门化的发展趋势相比，国内公益服务的面还较窄，服务

---

① 参见卓高生《公益精神概念辨析》，载《理论与现代化》2010年第1期。
② 参见赵荣等《从政府公益到社会化公益——巨灾后看到的公民社会发育逻辑》，社会科学文献出版社2011年版，第107页。

层次较浅。大学生做公益应该努力克服上述不足，结合自身所学专业，为有需要的社群提供具有一定专业水准的公益服务。

现代公益事业要克服随机性缺点，以高效率的组织方式、专门化的服务技术和精细化的服务输送，达成公益活动的可持续发展。没有与相关专业技术相结合、缺乏专业的支撑，大学生社会公益实践往往会缺少可持续的驱动力，公益活动仅仅成为大学生发掘个人兴趣、拓展人脉、体验社会的工具，公益活动的内容也容易停留在较浅层次的便民服务上，使公益活动流于形式。以科学松鼠会为例，旨在"剥开科学的坚果，帮助人们领略科学之美妙"的科学松鼠会，将枯燥庞杂的理论设计为一场场活泼生动的沙龙。这些沙龙的演讲者大多是来自各领域的专家，他们对科学知识的深刻理解是科学松鼠会科普平台的核心。事实上，任何一门专业都具有独特的社会价值。将所学专业和公益服务结合起来，将自己的专业知识转化为解决社会问题的生产力，深入挖掘所学专业的社会价值，在学习、工作和生活中进行专业知识的传播与实践，必将达成多方共赢的态势。公益活动把学习、工作、生活与服务融为一体，有效地实现了大学与社会的无缝对接，公益因此变成生活的一部分，一辈子做公益也就成为可能。①

二、拓展服务技能

"专业性"体现了公益组织领导人的专业素养、整个团队

---

① 参见冯世锋《做一辈子的公益　需以专业为内核》，载《羊城晚报》2013年1月11日。

的专业化水平以及公益项目的专业化程度。不少大学生开展公益活动之前只是几个负责人简单地介绍一下活动的流程，服务技能方面的专业性指导十分缺乏，这是公益社团普遍存在的一个问题。开展公益服务的技能培训，是提高大学生社会公益实践水平的必由之路。

大学生社会公益实践除了要继续致力于服务弱势群体外，还要注意拓宽服务领域，提供多样化、创新型、科技含量高的公益服务。早在2007年，在蒲公英北京青少年生命教育基地举办的"公益2007"志愿者论坛，就大学生公益社团的发展提出了一个新的理念——"社会工作专业携手志愿者组织"。当时就有专家指出："国内的志愿者活动非常缺乏专业技能方面的培训，一些志愿者活动没有明确的目标性。社工和志愿者组织的联合模式在国外和港澳台地区已经发展得比较成熟了，在志愿者组织中注入社工专业的血液，是个非常不错的尝试。"①

此外，还应该注重公益服务的专业品牌建设。经过近五年的发展，2012年11月，由中山大学学生发起建立的"蓝信封留守儿童关爱组织"正式在广州市海珠区民政局注册为"海珠区蓝信封留守儿童关爱中心"。②"蓝信封"除了筹划申请培育专项资金，还通过申请NGO培育基金会的扶植，获得制度

---

① 黄雯：《大学生公益社团：助人需先"助己"》，载《中国青年报》2007年7月5日。
② "蓝信封留守儿童关爱组织"致力于为留守儿童建立一个与大学生通信交流的平台，曾获评2012年广东省"五四青年奖章"集体奖。

和组织专业化建设的指导。"蓝信封"的发展之路表明，发展成熟的校园公益组织通过走出校园转型为社会组织，去更好地争取社会资源、承接社会服务、推动组织运作往专业化发展，是可以形成一定的公益品牌的。大学生社会公益实践要根据组织的自身优势，找到与社会需求的黄金结合点，用优质服务寻求认同和支持，形成良好的社会效益和较高的社会关注度，树立自身形象。

三、全面提升素质

首先，要立足服务对象的需求来提升大学生公益实践活动参与人员的素质。公益实践活动的服务对象多种多样，如孤寡老人、留守儿童、失业人员、残障人士、外来务工人员等。在提供帮助时，应充分了解服务对象，尊重他们的个性，公益行为应该从服务对象的立场和需求出发。其次，要从公益实践活动的内容出发，培养学生严谨细致的态度。在公益行动之前，一定要先进行详细严谨的调查和研究，在此基础上，有针对性地设计公益服务项目。最后，要以法律法规为准绳，提升学生在公益服务中的法律意识。公益服务涉及的领域十分广泛，包括疾病、犯罪等比较复杂的问题，这类活动带有一定的危险性。大学生参与公益实践活动要具备一定的自我保护意识，一要慎重选择公益团体，选择合法、规范的组织；二要量力而行，不参与超出自身能力和素质、难度太大的活动；三要有自救的意识和技能；四是视实际情况购买保险。

除了以上几个方面的素质外，还要注意培养大学生追求卓越的"成功素质",包括观念、品格、方法、能力、知识等五大体系。① 在公益服务中注重成功素质的培养,要求大学生把做公益作为一种社会资本的投资、一种塑造自身优秀素质的途径,把正向价值观投射到公益服务中。具有成功素质的服务者能愉快、轻松、积极地服务社会和他人,通过服务获得满足感,继而激励服务者更积极地生活、工作。帮助服务者培养现代成功素质是非常重要的,是形成个人和他人良性互动、建立积极关系的基础。

第三节 扎根大学校园参与公益实践

大学生社会公益实践的困境在于:一方面,许多大学生觉得无公益可做;另一方面,许多社会人士认为大学生所开展的公益活动比较单一,经常呈现扎堆的倾向。现实状况表明,大学生做公益应该立足校园,以校园公益为基础辐射周边社区,进而服务整个社会。

一、扎根校园

每当提到公益活动,大多数高校学生都把目光投向校园以外的地方,而对大学校园里的众多公益机会视而不见。这不仅不利于大学生公益项目的持续开展,也使大学生社会公益实践的效率问题凸显出来。毕竟,开展公益活动是需要付出时间、

---

① 参见赵作斌《成功素质教育》,载《中国高教研究》2006年第3期。

经费和精力的，扎根校园开展公益活动可以为大学生节省不少成本，有利于提升大学生社会公益实践的效率。

校园公益指的是在校园内举办的以服务师生、促进学校发展的相关公益活动，如关爱老教师、校园环境美化、节能减排、帮困助学、校园建设等。校园公益与校外公益相比，具有几大优势：第一，教育优势。校园公益活动以培养学生为目的，得到学校的重视。第二，环境优势。在高校内有开展校园公益服务的实际需要和良好的发展环境。不少学生组织的公益项目大多还停留在追求形式效应上，"热热闹闹搞形式，轰轰烈烈走过场"。开展校园公益服务最直接的效益是极大地降低了管理和教育成本。第三，管理优势。高校严密的组织管理体系有效地保证了公益服务在校园内的可持续发展。第四，资金保障优势。校园公益服务活动以校内为主，大学本身是直接的受益者，因而把校园公益服务所需经费纳入学校常规财政预算就成为可能。校园公益服务本身可降低学校的管理成本，学校可以把节省下来的资金用于大学生志愿者的招募、培训、管理等环节，这样就使校园志愿服务的资金有了持续性保障。第五，时间和费用优势。校园公益服务在校内进行，时间可以根据学生的课程弹性安排，也不存在交通、饮食和安全等问题，极大地方便了大学生，使校园公益服务的生命力更持久。

校园公益的开展有赖于学校层面的大力倡导。例如，南昌大学抚州医学分院自2003年来在校园内发掘出9大类50种具有教育意义的志愿服务岗位，覆盖图书馆、实验室、绿化、环保、保安、班导、学生帮扶等，首创性地建立了校园志愿服务体系和相关的课程培训体系。这种模式将公益服务的视野聚焦到大学校园内，较好地解决了大学生社会实践平台不足和校园公共服务缺失两大问题。此外，大学生公益类社团也应发挥自身在推动校园公益方面的重要作用。教育部、共青团中央于2005年1月13日颁布的《关于加强和改进大学生社团工作的意见》指出："在学生社团发展过程中，要加强工作指导，把握正确方向。大力扶持理论学习型社团，热情鼓励学术科技型社团，正确引导兴趣爱好社团，积极倡导社会公益型社团。"在文件精神指引下，高校公益性学生社团的建设发展迅速，涌现了"爱心社""爱心协会""青年志愿者协会"等学生公益社团，这些学生公益社团举办了丰富多彩的校园公益活动。

二、辐射社区

我国社区公益活动是随着社区服务和社区建设的发展而产生的。参与社区公益服务是一种普遍可行的大学生社会公益实践模式。不同的社区都有可能存在自身独特的问题，都有赖于通过各方力量协同解决。

大学生参与社区公益活动应从社区居民的服务需求出发，提供诸如助老、助残、美化社区环境、倡导社区文明等公益服务项目。除了开展"一助一"长期结对服务计划这类经常性、基础性的公益服务项目外，大学生社会公益实践组织还可以探索出更多内容丰富、形式多样的社区公益服务项目。大学生到社区开展公益活动，在服务内容方面应尽量结合所学专业，为有需要的社区居民提供服务。以中山大学物理科学与工程技术学院家电义务维修小组为例，它是中山大学持续时间最长的公益性学生社团之一，也是广东高校唯一被纳入高校后勤服务系统的学生公益服务团队。1996年3月，该家电义务维修小组和广州市东山区团委联合开展了义务维修暨家电科普宣传活动，迈出了家电义务维修小组走进社区公益服务的第一步。从那时起，家电义务维修小组与珠海和广州的多个社区建立服务联系，帮助解决普通居民和外来务工人员的日常家电故障，同时开展安全用电知识宣传，普及家电安全常识，宣传节约用电理念。

三、服务社会

大学生社会公益实践可大致分为救济型公益活动、保障型公益活动和发展型公益活动。其中，救济型公益活动又分为救济贫困、救助灾害、帮扶弱小、扶助病残等方面，保障型公益活动又分为环境保护、公共设施建设、基础教育、医疗卫生等方面，发展型公益活动又分为文化、科学、体育、社会倡导等方面。① 近年来，大学生在扶贫开发、环境保护、大型赛事等方面积极参与社会公益服务，向社会展现了当代大学生良好的精神风貌。

（一）扶贫开发

为促进我国偏远山区和贫困地区早日脱贫，"中国青年志

---

① 参见钟一彪《大学生社会公益实践导论》，中山大学出版社2012年版，第9页。

愿者扶贫接力计划"是在扶贫开发领域长期实施的一项重点公益活动。该计划采取公开招募和定期轮换的方式，动员和组织大学生以志愿服务的方式到贫困地区开展为期半年至两年的教育、农业科技推广、医疗卫生、乡镇企业发展等方面的服务工作，服务期满后，由下一批志愿者接替其工作，从而形成接力机制。团中央、教育部、中国青年志愿者协会于1998年开始，组建"中国青年志愿者扶贫接力计划"研究生支教团。每年从国内部分知名高等院校中选拔优秀的已考取研究生的应届本科毕业生和在读研究生组成研究生支教团，前往国家级贫困县从事支教志愿服务一年，期满返校后继续攻读硕士研究生学位。医疗扶贫一直是中国青年志愿者扶贫的一个重要内容，特别是我国实施西部大开发战略以来，中国青年志愿者协会在卫生部、团中央等有关部门的大力支持下，计划在全国范围内广泛实施"中国青年卫生志愿者扶贫接力计划"。

（二）环境保护

围绕植树造林、治沙、治理污染、美化环境等环保领域，大学生志愿者们开展了大量卓有成效的公益服务。如保护母亲河"中国青年志愿者绿色行动营计划"、森林环保青年志愿者行动、首都大学生绿桥活动等。这些社会公益服务活动对传播环保意识、保护生态环境、促进人与自然的和谐发展起到了积极的作用。环境保护的服务活动从最初的防范工业污染、保护林木资源等，扩大到空调调至26℃以上、不用塑料袋、响应低碳经济等方面。

(三) 大型赛事

为大型赛事提供志愿服务已成为很多大学生做公益的路径之一。2008年北京奥运会、2010年上海世博会和广州亚运会等，大学生提供了热情、周到、高效的志愿服务，得到了社会各界的广泛认同。奥运会期间，大学生志愿者用专业的知识和技能服务奥运。首都国际机场有2000多名大学生志愿者，用8种语言为奥运会游客服务；此外，来自信息技术、新闻传播、物流、法律等多个专业领域的大学生志愿者分布在不同工作岗位上，发挥他们的专业特长，做好奥运志愿服务工作。在广州亚运会期间，大学生志愿服务团队是2010年广州亚运会的六大志愿服务力量之一，展示了中国大学生的良好形象。

第四节 经由日常生活参与公益实践

只要怀有一颗公益之心，身边就尽是实践公益理想的机会。大学生应该努力发掘身边的公益机会，让公益理念在心中生长，让公益行动在眼前展开，让公益成果惠及近邻。

一、善于发现机会

过去，作为个体，很多大学生只能选择参与现成的公益项目，处于比较被动的地位。但是在公益模式不断革新的时代，人人都可以扮演变革家的角色，践行公益创新。每个人都可以立足于自己的能力，找到合适的平台，将个人的善意汇入更强大的社会洪流，进而产生改变社会的作用。越来越多的人开始明白购物、学习、上网、聊天这些生活中最小的细节都能产生有益的力量，让周围的社会受到感染。① 例如，每年"春运"，不少城市出现了专门为农民工订火车票的大学生志愿者团队，其中有一个典型人物叫裴济洋。裴济洋，北京大学哲学系学生，"春运"期间几乎每天花10个小时在售票窗口卖票、提早考完试帮同学打电话购票、免费发放"春运"购票须知6000余份。为了满足北京大学留学生的出行需求，裴济洋还将自己写的购票须知翻译成英语、日语、法语、德语等8种语言贴在公告栏上。到2012年初，裴济洋已经义务帮助他人订了十几万张车票，"春运"期间日均帮助数百人。

二、善用名人效应

公益活动若能善用名人效应，可以产生意想不到的效果，"我学网"就是其中的典型案例。"我学网"原名"开复学生网"，是2004年7月由谷歌前中国区总裁、现任创新工场董事长兼首席执行官李开复创办的一个帮助青年学生成长，解决求职、留学、情感和学习等方面问题的互助平台公益网站，注册用户以在校大学生为主。网站的运行是基于义务服务的，所有支持网站运行的人，包括李开复和众多专家顾问，都是义务工作者。这个公益平台以个人能力为基础，以知识、经验分享为

---

① 参见张兵武《公益之痒——商业社会中如何做公益》，北京大学出版社2011年版，第141页。

实行公益的手段,以跨国公司高管、大学教授、知名企业家为主的网站顾问基本是利用业余时间给青年学子解答难题。在整个"我学网"项目中,支持项目发展的都是志愿者,很多创意是由他们来设计并执行的。这个网站的创新就是建立一个双向互利的良性机制,任何人都有帮助他人的能力。例如,作为专家助理的志愿者本身也是网站知识的获利者;帮助解答青年疑问的专家们也更深入地了解了自己专业领域的问题,发展了个人品牌;等等。①

三、巧用新媒体

很多公益活动发端于新媒体,像百度的"爱心包裹网友接力行"、新浪的"扬帆计划"以及腾讯的"衣加衣"等,成功地引发了网友的广泛关注和参与。这些活动都依托于新媒体发起,并且得到了普通民众的广泛参与。在网络时代,出现了一些新的公益方式,由互联网快捷的传递互动功能将小物换成大物,如铅笔换校舍等项目。铅笔换校舍是由微博名人梁树新发起的,活动从一支贫困小学学生的铅笔开始,经过层层交换,并将交换的物品拍卖,最后为广西佛丁小学筹款近 16 万元,以建立新的校舍。活动的创意来源于澳大利亚的"一蛋一世界"行动。在这个行动中,三名大学生以一枚鸡蛋为起点,历经唱片、相机、汽车等物品后,15 个月后换来了价值

---

① 参见张兵武《公益之痒——商业社会中如何做公益》,北京大学出版社 2011 年版,第 134～135 页。

2200 澳元的慈善款，此后又继续向 100 万澳元的目标迈进。

四、实施"微公益"

"微公益"既指通过微博开展的公益，也是"微小"的公益，意指人人都可通过举手之劳达成的公益。近年来，"微公益"的理念得到了社会广泛的响应，微公益既指从微不足道的事情做起，也指积少成多、聚沙成塔的公益效果。2007 年 4 月，"李连杰壹基金计划"提出了"1 人 + 1 元 + 每 1 个月 = 1 个大家庭"的概念，即每人每月最少捐 1 元，集合每个人的力量让小捐款变成大善款，随时帮助大家庭中需要帮助的人。通过名人效应，人人参与的"微公益"变成了"大公益"。此外，"小题大作微公益"也是个成功的案例。该项目由美国加州大学伯克利分校学生王琛、孙博文、白浩天和香港大学学生黄海共同创立，借鉴了美国免费大米网的模式。2011 年 10 月 28 日，"小题大作微公益"网站正式上线。在这个平台，用户可以选择回答各类趣味百科题，回答正确的题目数目将转化为企业向公益机构捐赠的物资数。截至 2012 年 9 月，"小题大作微公益"网站已成功运作 8 个公益项目，吸引了 85100 人答题，网友们共同答对了 1053404 题，累计促成 25766 件物品的捐赠。①

---

① 参见陈径舟《小题大作微公益，青年当先》，载《中国青年报》2012 年 9 月 20 日。

五、结合兴奋点

在貌似平常的活动或个人爱好中添加公益的元素，做大活动的附加值，也是经由日常生活做公益的不错选择。就拿"多背一公斤"活动来说，发起人"安猪"谈到："做'多背一公斤'是有两个因素的，一个是我喜欢旅行，一个是我以前做过志愿者，'多背一公斤'其实是把这两者相互结合起来了，成了我的事业。""多背一公斤"公益旅游倡导旅游者在出行前准备少量书籍和文具，带给沿途的贫困学校和孩子，并强调通过旅游者与孩子们面对面的交流，传播知识和能力，开阔孩子们的视野，激发孩子们的信心和想象力，最后，通过1KG网站（www.1kg.org）将活动的信息和经验分享出来，让学校和孩子得到更多的关注和帮助，同时让更多的旅游者受益。这个活动是在"希望工程"让乡村小学的硬件得到较大改善而师资及图书、文具等存在较大缺口的背景下出现的。这个完全从个人兴趣出发建立的项目成为旅游的一部分，旅游的持久性及其与个人生活的高度相关性保证了公益的可持续性。①

第五节　通过团队合作参与公益实践

大学生参加公益活动不仅需要热情，需要技术专长，还要

---

① 参见张兵武《公益之痒——商业社会中如何做公益》，北京大学出版社2011年版，第139页。

有组织，开展团队合作。以团队为单位，凝聚分散的公益力量，有组织、有目的、有计划地开展公益实践活动，走专业化和持续性道路，是全面提升大学生社会公益实践质量的有效途径。

一、树立团队精神

美国组织行为学大师、著名的管理学教授斯蒂芬·罗宾斯提出，团队是为了实现某一目标而由相互协作的个体所组成的正式群体。团队和群体是不一样的概念，这两者最主要的区别在于：群体是成员进行一项明确的工作；团队则可以互相借助优势，分担工作责任。简单地说，团队精神就是大局意识、合作精神和服务精神的集中体现。团队精神的基础是尊重个人的兴趣和成就，核心是协同合作，最高境界是全体成员的向心力、凝聚力，反映的是个体利益和集体利益的统一，进而保证组织的高效率运转。[①] 团队精神实际上是团队凝聚力问题，团队凝聚力指的是团队成员在观念与行为方面表现出来的一致性，这种一致性往往是团队目标实现的前提。团队凝聚力的产生来自内外两个方面，内在因素来自成员与团体，外在因素来自环境的压力。具体地说，团队凝聚力可以是团队成员关于情境的理解与反应趋向一致的过程，也可以是成员对他人行动的

---

① 参见刘红燕、马玲《团队合作在学校管理中的应用》，载《内蒙古科技与经济》2009年第6期。

附和，还可以是成员共同持有一种特定的价值观。①

信息时代的社会高速运转，独自作业的情况越来越少，更多强调的是人与人之间的沟通和协作。建立团队的优势在于将一群富有热情的个人集中起来，将分散的人力资源统筹安排，其重要意义包括：①优势互补。良好的团队合作可以促进事情的顺利进行，推动其往预期方向发展，从而实现预期目标。团队合作不仅仅是成员能力的简单叠加，而是对团队进行重新组合，通过发挥不同成员的长处，大大提高效率的一个过程。②减少矛盾。团队合作可以加强人与人之间的沟通和交流，相应地减少冲突和矛盾的产生。③集思广益。团队合作中的思想碰撞可以激发每一位成员的积极性和创造性，为问题的解决开辟新思路，提供不同的视角，避免墨守成规。④认识职责。团队合作中的明确分工让各成员都清晰地了解到自身的职责，以及其对整个工作的重要性，有利于责任感的培养。

二、激励团队成员

弗兰克·拉夫斯托和卡尔·拉森指出，优秀团队成员应具备两类特定素质，即工作知识要素和协力要素。工作知识要素包括工作经验和解决问题的能力，协力要素包括开放的心态、互助精神、积极的行事风格和较强的行为能力。②

---

① 参见范克新、肖萍《团体社会工作》，社会科学文献出版社2001年版，第146～148页。

② 参见［美］弗兰克·拉夫斯托、卡尔·拉森《最卓越的团队合作》，上海财经大学出版社2004年版，第7页。

对于很多大学生来说，在大学之前并不经常参与公益，或者说他们并不具有系统性的参与经验，并不可能使每一个大学生都在公益参与上有着丰富的经验。但只要持续地参与，公益经验也会慢慢丰富起来。因而，在公益活动中如何激励团队成员就成为一个重要的议题。首先，要通过引导团队成员直面问题来激发他们参与的积极性。解决问题的前提是积极面对问题，进而参与到对问题的讨论中并提出建设性意见。这就需要营造一种开放的氛围，让团队成员可以畅所欲言，增进交流。其次，要通过互助来培养团队成员的组织忠诚。互助精神是指愿意帮助其他成员取得成功的态度。具有互助精神的成员往往将团队的目标置于个人目标之上，乐于与他人一起工作并帮助其取得成功。这样的成员往往会关心、关注他人，建立深厚的友谊。最后，要通过团队契约激发成员积极行事的风格。积极的行事风格指具有活力、自信，善于与人相处，在工作中表现出积极的态度，喜爱所选择的公益活动。团队要通过讨论和研究，形成团队契约并在公益活动中努力遵循，将有助于形成公益团队较强的行为能力，能够积极面对挑战，主动采取行动。

三、形成团队合作

大学生公益团队要通过合作来增强自身的核心竞争力。开展团队合作需要采取一定的措施，组建具有战斗力的团队，以系统的培训凝练团队合作，以明确的目标引领团队合作，以明晰的角色细化团队合作，以完善的流程提升团队效率，以顺畅的沟通协调团队合作。

（一）以系统的培训凝练团队合作

培训是有计划、连续的系统学习过程，目的是使团队成员能持续胜任工作任务，既要根据不同的职责要求成员掌握相关技能，又要利于发挥成员的潜在能力。聘请合适的专业导师是保持团队发展的重要基础。导师可以指导团队建立合理的目标、制定完善的培训发展计划，将团队目标阶段化和步骤化。完善的培训是全程化的，既要重视新成员的培训，也要重视常规培训。

（二）以明确的目标引领团队合作

目标是指导行动的纲领。当人们为了共同的目标聚在一起时，信任和承诺会随之而来。拥有强烈集体使命感的团队将作为一个整体，为了团队的利益而共同承担责任。因此，一个团队只有树立明确的目标，才能有前进的方向，提高成员的积极性和主动性。制定团队目标应包括五个步骤：①团队内外环境分析；②明确制定团队的远景规划；③制定团队的宗旨使命；④确定总体目标方案并具体化；⑤团队目标优化。

（三）以明晰的角色细化团队合作

根据自身的特点来制定团队成员的角色和职责，做到分工不分家，提高团队运作效率。团队成员的角色职责制定要坚持以人为本的原则，关注每一个成员的素质和能力，根据每个人的能力、特点和水平，将其放置到最合适的位置上，分配合适的工作量。对于成员个人来说，要将团队的使命和目标个人化，"填写"自己的职责表，了解队友希望自己达到的标准，保持与队友的联系。

（四）以完善的流程提升团队效率

系统流程指的是完成一项任务、一个事件或一项活动的全过程。这一过程由一系列子系统、工作环节或步骤组成，相互之间有先后的顺序，有一定的指向。系统流程能够帮助团队进行有效的分工，并使分工一体化，有利于责任明确化，有助于提高团队的运作效率。完善的系统流程包括以下七方面的内容：①以原则为基础的决策系统；②确保绩效的计划、跟踪、控制系统；③高效的会议流程；④持续的学习机制；⑤团队激励及奖惩机制；⑥解决问题及创新机制；⑦团队自身评估及提高机制。[①]

（五）以顺畅的沟通协调团队合作

协调就是为了取得一致意见而共同商量和平衡不同意见后的和解，协调依靠的就是有效的沟通，交换信息和交流感情。良好的沟通让成员可以感到团队成员对自己的尊重和信任，从而产生极大的认同感、归属感和责任感，促进团队的合作。相反，缺乏沟通协调，不仅容易出现行动偏差进而影响目标实

[①] 参见彭小海、李欣《钥匙：打造高效团队秘笈》，机械工业出版社2008年版，第195～199页。

现，更容易出现成员冲突，导致团队凝聚力下降。为了获得顺畅的协调沟通，成员要积极倾听，获取信息；避免沟通障碍，如知识经验等差异引起的障碍等；开放性地回应，避免用简单的"好"或"坏"等价值性判断来评论对方的意见。

第五讲　大学生社会公益实践的项目设计

项目设计是在项目计划开始前，由项目团队以外的人或由项目团队及项目利益相关者共同参与的一个管理流程。这个管理流程的主要活动是理解组织战略和项目管理环境，并在此基础上制定项目策略，以此指导项目活动的界定工作。项目设计的工作可以由项目团队以外的人来完成，也可以由项目团队成员来完成。在项目设计过程中，不仅要考虑项目设计者对项目基本要素的把握，也要考虑执行者对这些要素的理解和掌握并运用到项目运行过程中。① 大学生开展社会公益实践活动之前，首先要做好社会公益实践项目的设计工作，也就是要为社会公益实践活动"画好蓝图"。

---

① 参见杨侃等《项目设计与范围管理》，电子工业出版社2011年版，第24页。

第一节　社会公益实践项目及其类型

一、社会公益实践项目的界定

关于项目,有三种较具代表性的定义。美国项目管理协会(Project Management Institute,PMI)指出,"项目是一种被承办的旨在创造某种特殊产品或服务的临时性努力";世界银行(World Bank)对项目的定义是,"在规定的期限内,为完成一项(或一组)开发目标而规划的投资、政策、机构以及其他各方面的综合体";英国项目管理协会(Association of Project Management,APM)则认为,"项目是为了在规定的时间、费用和性能参数下满足特定目标而由一个人或组织所进行的具有规定的开始和结束日期、相互协调的独特的活动集合"。[1] 概而言之,项目是为了特定的目标所设定的、有组织的若干行动的集合。项目不是一些随机行为的集合,而是有组织的行动;项目是为了解决特定问题采取的一系列有计划的行为,如果没有问题,程序化的干预行为就没有必要。[2]

大学生社会公益实践项目是针对社会中存在的特定问题,由大学生组织开展的、以社会公共利益为目标,并对服务对象产生一定影响的干预或服务。

---

[1] 参见卢长宝《项目策划》,电子工业出版社2011年版,第3页。
[2] 参见[美]戴维·罗伊斯等《公共项目评估导论》,中国人民大学出版社2007年版,第5页。

二、社会公益实践项目的特点和类型

大学生社会公益实践项目具有多方面特点,并可根据不同的标准进行类型划分。根据项目的不同属性,大学生社会公益实践项目可分为定点社会公益实践项目、定时社会公益实践项目、定类社会公益实践项目以及定向社会公益实践项目等四种类型。

(一) 大学生社会公益实践项目的特点

所有项目都具有目的性、独特性、时限性、不确定、制约性等特征。[①] 除此之外,大学生社会公益实践项目还具有自身的特性,这与大学生社会实践活动的特性有关,主要是源于大学生群体的自身特点以及高等教育的办学特征。概括起来,主要体现为以下几个方面:

1. 社会公益实践项目的目标导向性

大学生社会公益实践项目的目标主要体现为大学生社会公益实践项目,为了改善社会状况,针对特定的社会问题而为有需要的人群提供力所能及的服务。

2. 社会公益实践项目的学习实践性

大学生社会公益实践项目也是大学生学习实践活动,是接触社会、了解社会的机会,是通过"做公益"而进行的学习活动。

---

① 参见戚安邦《项目评估学》,南开大学出版社2006年版,第3页。

3. 社会公益实践项目的时间限制性

任何项目都有起始时间，大学生社会公益实践项目也是如此。此外，大学生社会公益实践项目的时间限制性还体现为大学生只能在课余时间进行社会公益实践活动。大学生的主要任务还是学习，做公益只是业余活动，是在假期或在课外进行的，这比其他社会人士开展公益活动的时令性特征更为明显。通常，暑假、寒假是大学生社会公益实践项目开展的"旺季"。

4. 社会公益实践项目的资源制约性

项目的开展需要具有多方面的资源，大学生在人力资源方面具有较好的储备，但在募集资金、对社会现实的了解等方面却存在不足，因而大学生社会公益实践项目的开展面临许多实际方面的限制。

5. 社会公益实践项目的不确定性

任何项目都有不确定性，大学生社会公益实践项目更是如此。这缘于大学生群体本身的学习活动具有不确定性，老师布置给学生的学习内容和课业作业等一般情况下是不太确定的，所以学生完成学业任务后有多少时间和精力分配给社会公益实践项目也不好确定。另外，大学生自身学习实践的方式多种多样，导致了大学生社会公益实践团队成员的流动率也比较高，这在一定程度上加大了项目的不确定性。

在上述特性的基础上，大学生社会公益实践项目还有开放性、风险性等特点，这些特性增加了大学生社会公益实践项目的难度。

（二）大学生社会公益实践项目的类型

大学生社会公益实践项目按照不同的标准来设计和实施，可形成不同特质的社会公益实践项目类型。如果以场域为标准，可形成定点社会公益实践项目；如果以时间为参照，则形成定时社会公益实践项目；如果以服务群体的类别为基础，可以形成定类社会公益实践项目；如果以专业方向为依据，就可设计并实施定向社会公益实践项目。但就一个大学生社会公益项目而言，并不是只属于其中一种类型，有可能是几个类型的综合体。对大学生社会公益实践项目的类型进行分析，是为了在项目设计过程中更有利于把握其中的核心要素。

1. 定点社会公益实践项目

定点社会公益实践项目是指根据特定的地点，结合当地的风土人情和社会环境而进行的社会公益实践项目。"定点"是指固定的地点，强调这种类型的大学生公益实践项目不是移动式的，也不是做一次服务就换一个地方，而是扎根在一个地方，深入细致地开展社会公益实践活动。定点社会公益实践项目需要具体问题具体分析，结合当地的实际情况，有恒心和毅力来长久坚持。在定点社会公益实践项目中，大学生要在这个固定的地点长期开展社会公益服务，对取得服务对象的信任具有较好的作用。由于定点社会公益实践项目具有较强的针对性，因而能够结合当地实际关注服务对象的需求，并在相对固定的区域开展社会公益实践活动，便于有需要的群体得到及时有效的帮助。定点社会公益实践项目针对具体的服务对象或服务地点也有利于长期一对一的结对服务。同时，通过对定点地区的深入了解，可以在社会公益实践团队成员和服务对象之间建立起长期稳定的关系。定点多次提供服务使大学生能通过长期服务为特殊群体开展针对性的公益实践行动，使其成为大学生深入基层、深入社会实际的一项经常性工作。

2. 定时社会公益实践项目

定时社会公益实践项目是指在特定时间开展的社会公益实践项目。由于大学生社会公益实践活动的阶段性特征，高校学生参与社会公益实践最常见的时段为暑假和寒假，以及周末或其他课余时间。在设计定时社会公益实践项目时，要把握好时间点，把项目团队能提供服务的有效时间与服务对象能够接受服务的时间统筹考虑，只有这样，才不会出现双方的时间不对接的现象。由于定时社会公益实践项目在服务时间方面是较为固定的，所以，一方面，在招募团队成员时，由于报名的学生都已经清楚要开展社会公益实践活动的时间，可以根据个人情况作好安排，以免出现报了名并参与了团队，最后却因时间问题无法成行的情况；另一方面，对于服务对象而言，他们可以在一个相对固定的时段去寻求所需的帮助，也有利于服务与受助的衔接。

定时社会公益实践项目的第一种情形是按服务团队的时间进行定时，就是在服务团队有时间时，该项服务才能进行。这类定时社会公益实践项目的典型代表是大学生志愿者暑期文化、科技、卫生"三下乡"活动。定时社会公益实践项目的第二种情形是按服务开展的时间进行定时，也就是说，服务必须在此规定时间内进行。大型活动和重大赛事的志愿服务活动是这类项目的典型代表。如2008年奥运会的赛事志愿者活动，就是定时的社会公益实践，自2008年8月8日开始到8月24日结束，这个时间是无法更改的，大学生们只能在此期间参与活动、提供服务。目前，组织大学生为大型活动提供志愿服务已经逐步成为比较通行的做法，这种社会公益实践项目时间紧、要求高、任务重，对大学生是一种很好的锻炼，吸引了大学生的广泛参与。同时，许多高校也非常重视大型活动的志愿者工作，认为这是展示学校学子风采的平台，又有政府的支持和重视，所以会通过积极举办培训班等形式对大学生进行教育培训，并为其提供必要的场地、师资、经费，有效地推动了定点社会公益实践项目的开展。

3. 定类社会公益实践项目

定类社会公益实践项目是指依据服务对象的不同需求，有针对性地开展的分类别的社会公益实践项目。就服务对象来讲，由于年龄、性别、文化程度、生活状况以及当地经济社会发展水平等差异，会导致不同的服务需求，其范围涵盖经济、文化、社会、自然以及教育、卫生、医疗等各个方面。为此，大学生进行社会公益实践活动时，应针对服务对象的不同需求，在实践项目初期策划时进行"小众化""分众化"考虑，找到活动项目与服务对象最佳的结合点，以达到社会公益实践活动效果的最大化与最优化。大学生进行定类社会公益实践活动的设计时应着重把握好以下几点：一是注重差异性。即根据服务对象的不同需求，设计和开展不同内容的公益实践活动。

二是坚持多样性。即在社会公益实践活动中,尽可能做到内容丰富、形式多样、范围广泛,使大学生公益实践活动覆盖比较多的服务对象,避免内容单一、形式僵化,以及照抄、照搬旁人形式等现象。三是保持持续性。即大学生社会公益实践活动在一定的时段内应当保持连续性,不可蜻蜓点水、浅尝辄止,否则,既无法得到服务对象的认可,也不能促进大学生自身素质的提高,更不能使社会公益实践活动达到预期的效果。

4. 定向社会公益实践项目

定向社会公益实践项目是指根据大学生自身的知识结构、学科类别和专业特长而组织开展的社会公益实践项目。目前的高等教育涵盖文、理、工、农、医、艺、体等多个学科,而在每个学科中又细化为若干专业方向。根据大学生的专业特长制定社会公益实践项目,既可以使大学生将理论知识运用于实践,又可以检验大学生的理论学习成效,在服务社会的同时,还可以进一步完善大学生的知识结构,使大学生社会公益实践活动的内涵得到延伸、外延得到拓展,增强大学生社会公益实践活动的针对性和实效性。因此,大学生在社会公益实践活动中可针对不同专业的学生,合理配置资源,精心选择主题公益实践项目,组建不同类型的服务团队,把大学生的专业优势应用到公益实践活动中,为服务对象提供专业化服务。定向社会公益实践项目可以避免大学生社会公益实践中的形式主义,克服大学生在社会公益实践中的畏难情绪,在增强其自信心的同时扩大活动影响力,使大学生社会公益实践活动成为大学生奉献社会、服务社会、完善自我的良性互动过程。

(三) 优秀社会公益实践项目的特征

一般来说,项目具有一些特殊的、可以帮助我们验证其效果的特征和属性①,优秀的大学生社会公益实践项目要在这些特征和属性方面下功夫,包括以下几点。

1. 团队成员

大学生社会公益实践项目需要有团队及其组成人员,这些团队成员要抽出一定的时间投入到项目当中,为项目的顺利进行贡献力量。

2. 经费预算

通常每个大学生社会公益实践项目都需要有其独特的预算和支出方式。因为团队项目需要一定资金来支撑,有时候可以通过考察项目的预算来验证一个项目。然而,有些好的社会公益实践项目也可以用最小的预算来完成,因为这些项目主要依靠大学生志愿者进行。但是,项目很难在没有经费预算的情况下顺利开展。

3. 稳固的资助

资金对多数社会公益实践项目的成功都非常重要。大学生社会公益实践项目在策划初期通常会经历比较大的调整和较高比率的人员变动,直到获得稳定的资助后才能逐渐稳固下来。

4. 被认可的身份

大学生社会公益实践项目需要有自身的身份。简而言之,

---

① 参见 [美] 戴维·罗伊斯等《公共项目评估导论》,中国人民大学出版社 2007 年版,第 5~11 页。

它们要通过多种方式让学校和公众认可自己。在有些社会公益实践团体中，一个项目可能是因为它在某地实行多年而被认可，或者因为它的口号、标志、信封抬头、代言人等而被认可。

5. 服务哲学

服务哲学将指明大学生社会公益实践项目的服务对象，也可能明确地告诉服务对象他们将被怎样对待，接受什么样的服务。

6. 以证据为依据的研究基础

在所有可能的情况下，在科学化、可靠的证据的基础上，每一项公用事业项目都可以稳固地建立起来。也就是说，在介入社会问题之前，对测试不同方法的有用性及其潜在功能进行评估研究时，社会公益实践项目的设计者应保持严肃性。如果在对文献进行仔细搜索，对现象的成果研究进行严谨回顾之后，发现一个或更多的干预模型有可靠的、有效的证据，并且如果就现存的服务提供者、成本—效益以及伦理道德等的实践而言，这些方法是"服服帖帖"的，就意味着该服务项目是以证据为基础的服务，与缺乏充分的实证研究基础的干预行为有所区别。

7. 概念或理论基础

理论模型对理解一个社会公益实践项目如何运作以及人们应该在哪里寻找项目成果的标志是非常重要的。在一定程度上，当项目不仅仅基于理论而且基于受研究和评估支持的实践方法时，项目设计者和执行者将会受到保护，也会避免易误导人的和错误的理论所伴随的问题。

8. 对实证的评估服务所做的系统化努力

项目评估是一项应用型研究，也是管理过程的一部分。项目评估是一个有逻辑、有顺序的过程，是以任务为中心的过程或解决问题的过程。执行评估是为了辅助决策者的正确决策。决策者需要知道一个项目是否达到目标，是否值得实施，或者是否有达到同样效果的、花费更少的项目。

第二节 社会公益实践项目设计原则

研究表明，在获取知识并形成设计理念进行项目设计阶段，其项目管理的影响指数是最高的。这意味着项目设计阶段的管理决策对整个服务提供和服务效果的影响是最大及最有效的。因此，项目管理者应该把管理中心放在这个阶段。[1] 鉴于该阶段工作的重要性，社会公益实践项目设计应遵循一定的准则进行科学设计，这将决定大学生社会公益实践活动的进程。

一、参与活动的目标取向原则

参与活动的目标取向是指大学生进行社会公益实践活动所要实现的目标和价值追求。大学生参与社会公益实践活动，需要明确为什么进行社会公益实践活动，希望达到什么样的目的、取得什么样的收获，从而确立自己参与活动的目标取向。

---

[1] 参见杨侃等《项目设计与范围管理》，电子工业出版社2011年版，第24～25页。

这是大学生进行社会公益实践活动的前提。大学生社会公益实践活动是通过组织大学生积极参与社会公益实践活动，以达到教育和锻炼大学生的目的，使大学生牢固树立正确的世界观、人生观和价值观，增强社会责任感，在服务社会的过程中更加深入地了解社会、积累实践经验、提高自我素质、塑造健全人格，从而为国家和社会培养优秀的建设者。公益事业是社会文明的一个标尺，培育大学生的公益理念对推动全社会的公益实践、构建社会主义和谐社会具有十分重要的意义。高等院校培养大学生的公益实践意识，应以树立大学生社会责任感、建设大学生社会公益实践团队、拓展大学生社会公益实践途径等为重点，积极开展大学生社会公益教育，支持大学生社会公益创业，为大学生社会公益实践活动营造良好的环境，使青年大学生担负起历史的重任。同时，通过开展社会公益实践活动，培养大学生的集体主义观念和团队精神，增强大学生关爱社会、关爱集体、关爱他人的理念，促进大学生社会公益教育的健康发展。

二、服务对象的需求取向原则

服务对象的需求取向原则是指大学生在进行社会公益实践活动中，要对服务对象的需求进行充分、深入的了解，在此基础上有针对性地设计社会公益实践项目，开展社会公益实践活动，尽可能使大学生社会公益实践活动得到服务对象的认同。从不同的学科维度出发，"认同"这一概念分别有着不同的解释。从心理学上讲，认同是一个人将其他个体或群体的行为方式和态度观念、价值标准等，经过模仿、内化而使本人与其他个体或群体趋于一致的心理过程；从社会学的维度讲，认同包括自我认同和社会认同。认同代表着一种同化和内化的心理过程，将他人或群体的价值、标准、期望与社会角色内化于个人的行为和自我概念之中。据此分析，服务对象对大学生社会公益实践活动的认同，可以归结为大学生社会公益实践活动本身对服务对象的行为和认知的影响或作用。所以，要根据服务对象的需求，精心策划社会公益实践活动项目，有针对性地做好团队成员的招聘、培训等前期准备工作，必要时，还要借助社会力量，请求社会团体的支持和帮助。在社会公益实践活动过程中，要依据项目策划和服务对象的需求，帮助服务对象解决他们最关心、最直接、最现实的问题，使服务对象体会到大学生社会公益实践活动的重要价值，使大学生社会公益实践活动的社会效益最大化。在社会公益实践活动之后，需要对服务对象的需求进行跟踪了解，经常与服务对象保持联系，及时给予帮助，巩固公益服务的成果。

三、服务提供的量力而行原则

服务提供的量力而行原则是指大学生在社会公益实践活动中，要依据自己的学科类别、专业特长、知识结构以及社会阅历、身体状况等，实事求是地策划社会公益实践项目，量力而行地为服务对象提供服务。量力而行原则要求大学生在进行社会公益实践活动时，不仅要有良好的愿望，而且要考虑自身的服务能力，力所能及地进行社会公益实践活动。为了使更多的大学生参与社会公益实践活动，并能量力而行地开展社会公益实践活动，高等院校应切实加强对大学生社会公益实践活动的组织领导工作，加大对服务团队的教育培训；同时，要教育引导大学生，尤其是刚刚从事社会公益实践活动的大学生，使他们对自我状况和服务对象有一个正确的了解、认识和把握，体认自身的专业能力和服务水平，明确服务方向和工作目标，从而提高大学生的社会公益实践能力。

四、项目执行的团队合作原则

所谓团队精神，就是建立在正确的世界观、人生观、价值观基础上的一种协同工作精神。在社会公益实践活动中，每个团队成员应充分发挥自己的特长和优势，形成合力，通过团队的力量，为服务对象提供高质量的服务。大学生作为学生公益服务团队的主体，只有取长补短、形成合力，才能使大学生社会公益实践活动顺利进行。为此，应对大学生进行团队精神教育，以此培养大学生的集体主义观念，增强大学生的集体荣誉感，提高大学生的团队合作意识和团队协作能力；同时，鼓励大学生在参与社会公益实践活动中学习新知识，真正融入社会，更好地将理论与实践结合起来。团队合作精神是每一个大学生社会公益团队综合实力的基础，如果缺乏与人合作的精神，缺乏责任心，没有集体荣誉感，将严重制约社会公益实践活动的开展。在实践过程中培养大学生的团队合作精神，在项目进行中锻炼学生的合作意识，不仅关系到整个公益实践项目的效果，更关系到每一个大学生的综合素质的提高和未来职业的发展。加强大学生的团队精神教育，培养其大局意识和集体主义观念，是高等院校开展大学生社会公益实践活动的一个重要目标。

五、项目进程的安全可靠原则

项目进程的安全可靠原则是指大学生在完成社会公益实践项目过程中，要将自身安全和服务对象的安全摆在重要位置，确保大学生公益实践活动安全可靠、有序地进行。大学生在社会公益实践服务过程中，要认真分析研判不可抗力等因素或意外事件，提前制定应对突发事件的预案，尤其要避免团队成员人身伤害和财产损失情况的发生。在环境保护、抢险救灾、维护治安等危险系数相对比较大的公益志愿服务活动中，大学生面临着诸多挑战，如果单凭热情，没有任何保障措施，将会使大学生处于被动的境地。为此，高等院校在组织大学生参与社会公益实践活动时，要将"安全第一"的观念贯穿于学生社会公益实践活动的始终，建立健全大学生参与社会公益实践活动的安全保障机制。

首先，要构建良好的权益保障环境，积极争取政府相关部门的支持，为大学生进行社会公益实践活动提供多方面的保障措施；要加大对公益实践活动的宣传和推广工作，借助新闻媒体的力量，促使全社会对大学生社会公益实践中的权益保障给予理解、支持和帮助，在全社会营造重视和支持大学生社会公益实践活动的良好氛围。其次，要加强对有关大学生公益服务团队的法律法规和政策的研究。推动相关部门研究出台保护大学生社会公益实践活动的法律法规和政策，为大学生进行社会公益实践活动提供法律保护和政策保障。最后，强化大学生的安全意识，提高大学生的自我保护能力。高等院校要加强对大学生的安全知识教育，支持和鼓励大学生多方面了解安全常识，不断增强安全意识，提高安全技能。大学生在参与社会公益实践服务时，要明确自己的权利和义务，主动捍卫自己的合法权益。

六、项目模式的可持续发展原则

项目模式的可持续发展原则是指大学生开展的社会公益实践项目应当具有长期性、发展性和创造性。大学生社会公益实践团队的成立顺应社会发展，适应时代要求，创新了高校德育教育模式，得到大多数高校的积极响应，受到社会各界的普遍关注。保持大学生社会公益实践项目的可持续发展，应把握好以下几个方面：一是精心选题，要依据服务对象的需求，结合自己的兴趣爱好，科学制定社会公益服务项目；二是认真策划，从可持续发展的角度对社会公益服务项目作好规划工作，为项目的顺利开展打下扎实基础；三是分步实施，要本着先易后难、先急后缓的原则，有步骤、分阶段地实施项目，以推动大学生社会公益实践活动向纵深迈进；四是推陈出新，坚持与时俱进的工作思路，及时总结社会公益实践活动的成功经验，宣传推广社会公益实践活动的先进典型，始终保持社会公益实践活动的生机与活力。

第三节 社会公益实践项目设计实操

在设计大学生社会公益实践项目时,应掌握其基本操作流程,在充分掌握事实、占有材料和全面考察的前提下进行项目方案的撰写。

一、社会公益实践项目设计的基本流程

社会公益实践项目设计的主要流程包括:确保项目的组合和选择符合组织的战略目标;对项目的环境进行分析,确定项目的成功因素并分析项目的利益相关者;对服务对象的需求进行识别和定义;对项目的价值进行定义和评估;确定项目的逻辑框架指标;理解项目的目标,定义项目可交付的成果;设计项目评估的框架。[1] 这些流程有可能是交叉存在和重复的,要按照具体情况和实际需要来执行。

(一)认识社会公益实践项目的环境

许多社会公益实践项目往往经历了一个从无到有的过程,这样一个创新的过程必定会触动和改变已有的环境,引起一系列变化。项目设计者应该清晰和全面地认识影响项目成功的因素有哪些、哪些人支持项目、哪些人反对项目等等。[2] 概括地

---

[1] 参见杨侃等《项目设计与范围管理》,电子工业出版社2011年版,第24页。
[2] 参见杨侃等《项目设计与范围管理》,电子工业出版社2011年版,第58页。

讲，项目环境包括项目的政策环境、自然环境、社会环境和社区环境等。任何项目的开始，都应该在项目的设计阶段对项目所处的客观环境有一个正确的认识，然后用科学的方法对其进行管理。认识项目环境是对促使项目成功的客观因素进行解和分析。就项目管理而言，成功的社会公益实践项目至少包括两个方面的含义：项目本身的成功程度和项目利益相关者的满意度。应该注意到，影响项目成功的因素是多方面的，主要包括合理的项目组织、高效的项目团队、科学的项目管理方法和成功的变更管理等。为了提高项目利益相关者的满意度，从项目环境的角度看，要理清项目相关者涉及哪些个人和组织，摸查并明确他们的相互关系是一项重要的工作。[1]

（二）分析社会公益实践项目服务对象的需求

服务对象的需求是产生社会公益实践项目最主要的原因和驱动因素。随着社会发展，服务对象的需求日益呈现多样化、不确定和个性化等特点。[2] 项目设计者要想准确把握服务对象的需求，就要增强与服务对象的沟通，定义服务对象的需求，即通过双方在项目设计阶段的沟通，对服务对象所期望的产品和服务所具有的用途、功能或潜在需求进行发掘，将服务对象对需求的模糊认识予以精确的描述并展示出来。[3] 在收集、分析和定义服务对象的需求时，应全面了解服务对象所处的环

---

[1] 参见杨侃等《项目设计与范围管理》，电子工业出版社2011年版，第74页。
[2] 参见杨侃等《项目设计与范围管理》，电子工业出版社2011年版，第75页。
[3] 参见杨侃等《项目设计与范围管理》，电子工业出版社2011年版，第76页。

境，在此基础上进行需求分析。在与服务对象沟通时，要注意抓住重点，以便和服务对象进行深入交流。应确保项目设计所定义的需求与服务对象的真实需求相一致，在这个层面，最好的解决办法是在确认服务对象的需求后，再向其描述一下项目设计者所理解的服务对象提出的需求，最后由服务对象确认这种理解是否正确。[1]

（三）界定社会公益实践项目的范围

社会公益实践项目的范围是描述项目工作边界的方法。项目范围包括项目产品范围和项目工作范围，即包括项目的最终产品或服务，以及实现该产品或服务所需要开展的各项具体工作。项目的范围要求能确保该项目所覆盖的单项工作和整体工作的全部要求，从而促使项目工作成功完成。社会公益实践项目产品范围应根据服务对象的需求进行衡量和界定，而项目工作的完成则以计划的执行来衡量。两种类型的范围管理相结合，才能确保项目获得良好的效果。[2]

（四）确立社会公益实践项目的目标

社会公益实践项目的目标是目的或使命的具体化，是一个社会公益实践组织或团队奋力争取达到的未来状况。从管理学

---

[1] 参见杨侃等《项目设计与范围管理》，电子工业出版社2011年版，第82～83页。

[2] 参见杨侃等《项目设计与范围管理》，电子工业出版社2011年版，第120～121页。

的角度看，组织或团队的目标具有独特的属性，因而在确立项目目标时，必须把握好项目目标的属性。① 在项目管理中，没有良好的目标定义和目标管理，项目就很难获得成功。项目实施的过程实际上就是一个追求项目目标实现的过程。项目目标反映的是组织优化考虑的事情，如果能够恰当地予以设定，将有助于团队力量的整合，从而产生协同效应。一个没有目标的项目就是一个没有具体方向的活动集合体，项目的结束将是无法预期的。项目目标的表达在项目管理中可以分为三个层面：一是项目的战略目标，就是项目的使命或目的，用来说明为什么要实施这个项目，实施该项目的意义是什么；二是项目的策略目标，是组织期望完成项目后所实现的效益；三是具体的项目目标，说明项目应该达到什么样的成果，具体的项目目标实际上就是成本目标、进度目标和质量目标。②

（五）搭建社会公益实践的项目团队

项目团队是为了适应项目管理而建立的。建设一个团结、和谐、士气高昂、工作高效的项目团队，对最终实现项目目标具有至关重要的意义。③ 社会公益实践项目的团队要采取分工合作的原则，项目团队的搭建首先要确定项目总负责人和各子项目负责人，然后招募普通成员。项目团队选择成员要考虑成

---

① 参见杨侃等《项目设计与范围管理》，电子工业出版社2011年版，第104页。
② 参见杨侃等《项目设计与范围管理》，电子工业出版社2011年版，第105～106页。
③ 参见卢长宝《项目策划》，电子工业出版社2011年版，第166页。

员的技术水平、政治敏锐度、团队合作精神以及解决实际问题的能力。创建项目团队应遵循一些基本原则：①每个成员应具备社会公益服务所必需的基本知识和技能；②每个成员都应具备主人翁的精神和合作态度；③选择合适且管理能力较强的项目负责人或子项目负责人；④在项目策划阶段，要花时间进行团队建设；⑤明确项目目标并促使团队成员对项目目标有共同的认知；⑥充分沟通并选择简捷有效的沟通模式；⑦责任明确，建立合作型的项目团队。①

（六）寻求社会公益实践项目所需的资源

资源既包括满足服务对象需求所必需的财力、物力、场地等条件，也包括项目团队运作所必需的各方面的条件。许多项目之所以无法正常进行或达成目标，一个重要原因就是在资源方面没有得到足够的支撑。因而，在项目设计阶段，要充分注意寻求项目的可得资源，有多少资源就做多少事，否则有可能造成团队内部的分裂，也将失去服务对象的信任。

（七）制定社会公益实践项目的风险预案

风险是指由于当事者不能预见或控制某事物的一些影响因素，使事物的最终结果与当事者的期望出现较大背离，从而使当事者存在蒙受损失的可能性。② 制定风险预案的前提是进行

---

① 参见卢长宝《项目策划》，电子工业出版社2011年版，第166页。
② 参见杨侃等《项目设计与范围管理》，电子工业出版社2011年版，第153～154页。

风险识别。项目风险识别是指识别和确定项目存在哪些风险，这些风险可能影响项目的程度，以及可能带来的后果的一项项目风险管理过程。项目风险识别的主要任务是找出项目风险，识别引起项目风险的主要因素，并对项目风险后果作出定性的估计。项目风险识别中最重要的原则是通过分析和因素分解，把比较复杂的事物分解成一系列因素，并找出它们给事物带来的影响、风险。①

二、社会公益实践项目方案的内容结构

在掌握社会公益实践项目设计的基本流程并掌握相关情况的基础上，就要进行社会公益实践项目方案的撰写了。在方案撰写时，要注意形式和内容的有机结合。

（一）社会公益实践项目方案的格式要求

项目方案没有一成不变的格式，应依据项目或具体活动的不同要求，在项目方案的内容和形式上有所变化。项目方案的基本格式②为：

1. 封面设计

封面一方面是文本的外层保护，另一方面还具有吸引读者的功能。应注意针对不同阅读人群进行封面格式设计和色彩选择。封面应为阅读者提供方案名称、项目发起人或团队名称、

---

① 参见杨侃等《项目设计与范围管理》，电子工业出版社2011年版，第154页。
② 参见卢长宝《项目策划》，电子工业出版社2011年版，第214～215页。

提交方案的时间、联系人及其联系方式等信息。

2. 目录设计

目录是对正文内容的简要概述。通过阅读目录，读者能迅速领会项目方案的逻辑顺序和内容结构。目录要注意文字的大小、缩进和页码对齐。

3. 正文编排

正文是项目方案的核心部分，其制作应符合读者的阅读习惯。正文一般都以前沿（引言）、第×部分（第×章）、附录的顺序排列，其中，前言主要介绍项目的背景、目的和宗旨等；第×部分（第×章）介绍具体方案内容；附录一般是特殊材料或文件资料及其说明；此外，还可以附上相关参考书目或参考文献等。正文应注意章节目的清晰，还要有页码，标注的格式应前后一致，图或表的编排要讲究规范。正文行文应分段、逻辑清楚、结构有序，不要无序排列，让人难以理出头绪。最好不要采用自动编码的形式进行编号。

4. 格式要求

项目方案的标题一般采用黑体，正文一般采用宋体。字号大小一般视内容而定，页眉、页脚一般用五号或小五号宋体字，同一份项目方案不要使用超过三种字体。从中文的编排习惯看，段落前要缩进两个字，每行之间的行间距，以及标题和段落之间的行间距设计，要以美观大方为宜。

（二）项目方案的主要内容

1. 封面和标题

封面的内容在格式部分已有涉及，这里主要谈一下标题的拟定。一个好的项目方案的标题是很重要的。好的标题能够描绘出一幅简要的图画来帮助读者抓住项目的中心思想。标题应尽量只用一个句子,把不需要的词汇从标题中删除。①

2. 导言或引言

简要介绍项目的背景和构思,并把读者最感兴趣的问题与项目对资金的需求联系起来。但应该明确,一个好的引言或导言应该是"我们的项目能够为社会或服务对象做些什么,而不是组织的资金能为我们做什么"②。

3. 针对的问题及情况描述

对问题的描述主要用来说明项目团队所建议的项目确实能满足服务对象需求。项目方案应该明确指出项目提出的解决方法如何满足服务对象的需求。项目方案的读者将会通过获取他们所关心的信息来评价项目团队的计划,这些信息通常包括:现在服务对象所面临的问题是什么,这些问题产生的影响或后果是什么,项目团队的建议是什么,项目团队计划怎么实现这个建议,项目团队什么时候实现这个建议,项目团队将花费多少钱,项目团队如何筹集这些资金,等等。③

4. 解决方案

项目的解决方案应该具备这些特征:①对项目所要开展的技术路线和管理流程的论述和陈述;②应该使读者理解项目开

---

① 参见杨侃等《项目设计与范围管理》,电子工业出版社2011年版,第110页。
② 杨侃等:《项目设计与范围管理》,电子工业出版社2011年版,第110~111页。
③ 参见杨侃等《项目设计与范围管理》,电子工业出版社2011年版,第111页。

展后所应遵循的逻辑框架结构和流程；③要让资源提供者意识到整个项目的所有工作都是从解决项目服务对象的需求或问题来开展的。①

5. 成本—效益分析

分析项目开展后将给服务对象带来什么帮助，将给社会公益实践项目团队成员带来哪些改变，将对社会状况带来什么改善，等等。

6. 风险评估及其应对

对风险进行识别和评估，对存在的相关问题进行梳理并有针对性地准备预案，让读者感觉到项目团队对各方面情况有了全面而深入的了解。同时，认识问题、识别风险，也是为了寻找更多的机会，最好能从化"危"为"机"的角度来陈述问题或风险。

7. 小结

对方案的整体情况进行简要而概括的总结，加深读者对社会公益实践项目的总体印象，进一步加深读者对项目主要议题的认知。

总之，项目方案应该表达准确、立场客观、陈述有力、行文规范、版面清晰、内容有效。只有这样，才能真正得到阅读者或评审专家的好评。

---

① 参见杨侃等《项目设计与范围管理》，电子工业出版社2011年版，第111～112页。

第六讲　大学生社会公益实践的组织建设

大学生社会公益实践组织是以大学生为主体并以提供公益服务为主要目标的组织。与改革开放的进程及经济社会的飞速发展相一致，我国大学生社会公益实践组织在 21 世纪初得到了蓬勃发展，在服务青年自身成长、服务社会发展建设等方面发挥了积极作用。

第一节　大学生社会公益实践组织的基本状况

我国大学生社会公益实践组织主要立足大学校园，在学校相关部门的指导下开展力所能及的服务活动。大学生社会公益实践组织主要包括校办型、注册型及自组织等。政治导向、学生主体、进退自主是大学生社会公益实践组织在管理方面的主要特征，这在一定程度上发挥了服务学习、支持网络和自我实现的功能。

一、大学生社会公益实践组织的类型

从属性和产生方式来看，大学生社会公益实践组织主要可

分为校办型大学生社会公益实践组织、注册型大学生社会公益实践组织及大学生社会公益实践自组织等三种类型。

（一）校办型大学生社会公益实践组织

校办型大学生社会公益实践组织，顾名思义，是具有学校的"官方"背景、以对接上级任务为主、以学校学生工作部门（如团委、学生工作部、研究生工作部等）为主导、学生志愿者参与的公益服务组织。这种类型的大学生社会公益实践组织由于具备正式的"官方"背景，因而具有较强的合法性，也能够得到国家的政策保障、学校的资金支持和老师较为有力的指导。目前在全国高校广为流行的大学生青年志愿者团队，就是在共青团中央的领导下，依托各高校进行青年志愿者组织动员、教育培训、开展公益服务行动的有效载体。许多高校除了组建校级层面的青年志愿者组织外，还在院（系）建立起青年志愿者组织，使青年志愿者组织成为大学校园中规模最大的公益服务社团。此外，如西部志愿者支教队是在共青团中央、教育部等部门的倡导下，由各高校负责实施的服务西部教育发展的公益服务团队，在青年大学生中也有很大的影响力。

（二）注册型大学生社会公益实践组织

注册型大学生社会公益实践组织是通过在学校学生组织管理部门或政府民间组织管理部门注册，以此获得合法性的大学生社会公益实践社团。注册型大学生社会公益实践组织根据组织的服务目标和自身能力，可以在校内或在社会上开展公益服务活动。如中山大学"有爱慈善商店",是大学生出于公益服务的愿望,向学校申请以创业的形式来开展公益活动,在学校提供场地等前期基础性支持下,以回收废旧物品的形式营利,将获利投入扶贫济困项目,以此寻求公益服务的可持续发展之路;又如中山大学"蓝信封"团队,在经过多年公益服务实践的基础上,于2012年11月成功注册为民办非企业单位。这为大学生社会公益实践团队真正走向社会开展公益服务提供了有益的探索。

(三) 大学生社会公益实践自组织

在我国,"青年自组织"概念由上海共青团组织于2006年首先提出,是指通过自愿组成,为实现成员共同意愿,按照其章程(成文或不成文)开展活动,由青年自发成立、自主发展、自我运作的一种非正式的组织形式。青年自组织是社会组织发展的初级阶段,充分体现了青年的社会性、发展性,以及一个组织从无到有、从无序到有序的发展过程。[①] 无论是校办型大学生社会公益实践组织还是注册型大学生社会公益实践组织,它们的成立都需要具备一些较为完善的条件和正式的申报程序。严格的条件和要求往往打消了一些大学生成立正式公益组织的意愿,他们就以"自组织"的形式开展活动。大学生社会公益实践自组织开展的是以服务社会为内容的公益活

---

① 参见闫加伟《草芥:社会的自组织形象与青年自组织工作》,生活·读书·新知三联书店2010年版,第3页。

动,又能把兴趣爱好、专业知识与社会服务结合起来,在不出问题时,学校对此也不会有太多的干预。所以,大学生社会公益实践自组织在高校是非常普遍的。

二、大学生社会公益实践组织的管理

高校对大学生社会公益实践组织的管理主要体现在政治方向的把握、活动内容的引导等方面。学生在公益服务组织中具有很强的自主性,大学生社会公益实践组织的成员在进入或退出团队方面均有很大的自由度。

(一)政治导向

在大学生社会公益实践组织的管理方面,"政治正确"是前提。就学校管理者层面而言,安全和稳定是对大学生社会公益实践组织的基本要求。在我国现行的高校管理体制机制范围内,高校对学生负有诸多方面的责任,高校管理者不希望学生发生任何问题,特别是政治方面的问题。但是,当前社会的开放度、信息透明度又是空前的,学生不可能只生活在学校范围内,他们有很多机会与校内外各方面人士接触。在这里,不可避免有不同政见的渗透,甚至宗教方面的活动往往也会介入大学生社会公益实践组织。因此,高校对学生的思想政治教育是常抓不懈的,往往也会为大学生社会公益实践组织配备指导老师,加强对公益服务参与者政治和业务方面的指导。

（二）学生主体

在公益服务组织管理中，除了在政治方面提出较高要求外，在其余方面，学生拥有很大的自主权。在机构设置上，从负责人、各部部长直至成员都是学生；组织的决策、项目的设计、活动的开展等，都由学生自己"说了算"；学生通常只有在需要学校审批、需要学校资金支持的时候，才会去找学校相关部门。在这种情况下，指导老师就显得尤为重要。如果指导老师经常参与学生公益服务组织的活动，就会对组织有较为深入的了解，能够提供有针对性的指导。当然，指导老师的作用只是相对的，大学生社会公益实践组织的负责人实际上扮演了更为重要的角色，负责人的素质将直接影响着这个组织的走向。因此，在以学生为主体的大学生社会公益实践组织管理中，建立起民主决策和科学管理机制是非常重要的。

（三）进退自主

具体到大学生社会公益实践组织的成员，他们参与到组织中往往是出于个人的兴趣、爱好，或是受学长、朋友等的影响，组织对成员基本上只有"软约束"，他们进退自由，参与活动也以自觉自愿为前提。在此背景下，如果公益服务组织能够开发出具有吸引力的服务项目，能够在活动中促成志愿者的成长，形成组织的凝聚力，提升组织的美誉度，则能增强成员对组织的认同，使其乐于参与到公益服务中。

三、大学生社会公益实践组织的功能

大学生社会公益实践组织为参与者提供了服务学习的机会,也为团队成员提供了很好的支持网络以及自我实现的机会。因此,在功能方面,大学生社会公益实践组织是集服务学习、支持网络和自我实现于一身的。

(一)服务学习

服务学习是一种以学生为中心、将社区服务与课堂教学结合起来的教育手段与学习方式,让学生在服务场景中运用知识,并从经验的反省中获得未来生活所需要的知识,进而提供进一步获取知识的动机,同时形成公民的责任意识。[①] 大学生社会公益实践组织在组织大学生开展公益服务学习方面具有一定的优越性,具体表现为:首先,加入公益服务组织的大学生绝大部分是出于自愿的,他们本身对公益服务就有热情,是一群志同道合的人组成的服务团队,具有共同的价值追求,为服务学习的开展提供了很好的前提;其次,大多数公益服务组织会定期或不定期开展服务活动,为学生们的服务学习提供了很好的平台;最后,在公益服务组织里,成员来自不同年级、不同专业、不同家庭和不同地域等,这些差异性正好有利于成员之间的互相学习、取长补短,也有利于服务活动的开展。

---

① 参见高文兴《服务学习让年轻人学会解决社会问题》,载《公益时报》2013年10月29日。

（二）支持网络

人们嵌入的关系网络对其所开展的活动的成败有着极其重要的影响。事实证明，人们在自己周围构建的网络的类型会影响到各个方面，包括健康状况、职业生涯的成就、个人的特定身份等。[①] 大学生来到高校，除了学习知识外，开拓自己的视野、拓展人际交往也是不可或缺的内容。在大学时期结交的朋友，往往对其未来的事业发展产生很大的影响。大学生社会公益实践组织的非功利性特征，可以为青年大学生的理想追求和人生志向的探索提供很好的机会。而在这种非功利的组织氛围中，成员之间的相互支持和帮助更为纯粹，有利于建构稳固的情感支持网络。

（三）自我实现

马斯洛的需要层次理论认为，人类有生理、安全、归属与爱、尊重、自我实现等方面的需求。作为成长中的青年大学生，在学习之余，他们还有大量的业余时间，如何在这些时间里有所作为，将在很大程度上影响大学生活的丰富程度。通过公益服务组织参加一些力所能及的公益实践活动，尤其是在参与中把所学的专业知识用于帮助有需要的人，这将提升大学生学习的效能感，进而激发学习的积极性和主动性。此外，公益

---

① 参见［英］马汀·奇达夫、蔡文彬《社会网络与组织》，中国人民大学出版社2007年版，第2页。

服务组织如果能够开发出人人都能参与的"微公益"项目，让每一个成员都有机会参与服务、提供服务，并为组织的运作贡献自己的智慧和力量，也将在一定程度上满足组织成员自我实现的需求。

第二节 大学生社会公益实践组织的战略建构

面对国家发展的新形势及社会治理创新的新要求，大学生社会公益实践组织有必要结合经济社会的发展进行定位，结合时代需求进行战略建构，推进组织的专门化、专业化和社会化建设。

一、专门化战略

专门化战略要在三个方面进行定位：一是要确定组织专一的服务目标，二是要明确组织所要服务的特定目标人群，三是要在实践摸索中建立起较为固定的服务场域。

（一）确定的组织使命

在公益服务日益发达的当代社会，如果一个组织没有确定自身的使命、目标和愿景，就很容易在碰到不确定的社会环境时迷失发展方向。大学生社会公益实践组织确实具有自身的潜在优势，但也存在资源不多、经验不足等方面的问题。一个组织不可能解决社会上所有的问题，所以对组织进行正确定位，明确组织的使命和任务，使组织的发展具有较为明确的方向和目标，这也将有利于凝聚组织成员的力量和智慧。

(二) 特定的服务人群

组织使命一旦确定，服务的目标人群也应随之纳入考虑的范畴。通常而言，只要与组织的使命相一致，不管何种服务对象都是可以接受的。但是，鉴于大学生社会公益实践组织所具备的实力和能力，还是要有选择地去提供力所能及的服务。对于那些较为危险、需要较强专业技能、涉及关系较为复杂的服务项目，大学生志愿者不一定能够完全胜任，还是由专业的社会服务机构来承担较为妥当。因此，大学生社会公益实践组织在专业人士的指导下，选择与组织实力相匹配的特定服务目标人群，才能有效开展公益服务活动。

(三) 固定的服务场域

无论是对于大学生志愿者还是对于服务对象来说，固定的服务场域都非常重要。如果有了固定的场所，公益服务的开展就有了稳定的平台，也就不至于每一次开展服务活动都要费时费力地去选择场地。同样，这也可以让服务对象能够较为便利地得到所需的服务。如果不知道在哪里可以得到所需的服务，这对服务对象而言，只是潜在的资源，而不是现实的服务。因而，服务的"易得性"也是大学生社会公益实践所要考虑的问题，而固定的场域常常可以避免问题的产生。

二、专业化战略

专门化战略确定了组织的使命、服务对象以及服务场域，但并没有解决如何服务的问题，因而，还需要推进公益服务的专业化建设战略。对于大学生社会公益实践组织来说，专业化战略可以从倡导成员把专业嵌入服务当中、学习专业的助人方法、掌握助人的专业伦理等方面入手。

（一）把专业嵌入服务当中

大学生社会公益实践组织最大的优势之一是人力资源，因为组织中的每个大学生都有一定的专业技能。如果每个组织成员都能把在学校学到的专业知识应用到公益服务中去，不仅能够从不同层面去帮助服务对象解决所面临的问题，而且能够通过学以致用的方式促进自身的专业学习。在这种共同解决问题的过程中，志愿者还可以通过平等的沟通和交流，取长补短、互相学习，真正产生一边服务一边学习的效果。

（二）学习专业的助人方法

社会工作、心理学、社会福利等专业知识可以在公益服务中发挥重要作用；更进一步，诸如个案工作、团体工作及社区工作等专业服务方法，以及专业的实务技巧，对开展公益服务具有很好的指导作用。尤为重要的是，通过学习专业的助人方法，能够使公益服务真正达成助人自助的目标。实际上，无论是专业干预还是公益服务，最终都应以实现服务对象的自助、提升服务对象的能力为目标，促成服务对象自己去解决所面临的问题。

（三）掌握助人的专业伦理

无论是社会伦理还是专业伦理，都强调平等原则，但是专业伦理把当事人的利益摆在高于所有其他人的利益的位置上，优先予以考虑。也就是说，一般伦理原则是所有人都应当受到平等尊重；而专业伦理的原则是虽然所有人应当受到平等尊重，但优先权应当以当事人的利益为重。[1] 通常而言，西方社会工作伦理研究者都把保护生命放在最高优先位置，其次强调培养人的独立能力和自主意识、尊重服务对象自我决定的重要性，然后依次强调平等、尊重服务对象隐私、保密、诚信等原则。他们还提出，个人福利的权利优先于法律、法规和组织的规定，防止伤害的义务及提升公共利益的义务优先于个人财产所有权的权利。[2] 这些专业伦理规范尽管植根于西方社会背景，但对大学生社会公益实践有一定的启示和借鉴意义。

三、社会化战略

专门化和专业化战略主要是组织自身建设层面的问题，但一个组织最终需要通过服务社会来获得认同，在服务他人中才能彰显自身价值。因而，大学生社会公益实践组织还需要有社

---

[1] 参见［美］拉尔夫·多戈夫等《社会工作伦理》，中国人民大学出版社2005年版，第20页。
[2] 参见顾东辉《社会工作概论》，上海译文出版社2005年版，第55页。

会化的发展战略。实际上,服务社会的过程也是充实和发展组织的过程,服务社会的过程也是关系网络拓展、组织成员成长的过程。

(一) 面向社会需求

社会化战略首先要面向社会需求,因为社会的需求是组织存在的根本。如果一个组织只能满足内部成员的需求,最多只能是互益组织,与公益还存在一定的差距。面向社会需求,一是要顺应社会发展的需求,与时俱进地搞好组织建设,提供与时代要求相适应的公益产品,开发出与社会发展相契合的公益模式,而不能老是用单一而传统的方式提供服务;二是组织的发展建设要与目标群体的需求相契合,要在充分了解目标群体的基础上提供合适的产品和服务,并用现代专业方法为目标群体提供适当的服务和帮助。

(二) 整合社会资源

社会化战略表明,大学生社会公益实践组织不能只在学校或熟人的圈子内来统筹资源,而是要把资源拓展的范围延伸到整个社会领域。在有条件的情况下,可以考虑参与政府的购买服务,向基金会申请项目经费,或向企业以及普通民众筹募资金,这些都是整合社会资源的方法。大学生社会公益实践组织主要在人力资源、专业力量等方面存在一定优势,但是,在物质、资金、人脉、经验等方面相对欠缺。如果能够通过一定的方式使组织与社会方面的资源连接起来,就能实现人力资源、专业力量与社会资源、社会需求的无缝对接，从而真正为有需要的人群提供服务。

(三) 开展社区服务

立足社区有利于深入了解服务对象的需求，从而提供有深度的服务。大学生社会公益实践组织在开展社区服务时，初始阶段可以立足学校为校内师生提供服务，在取得一定经验的基础上慢慢向学校周边社区拓展。为学校周边社区提供服务，既有利于缩短服务输送的距离，减少在此过程中的时间成本，便于开展服务活动，也有利于建构和谐的学校及其周边地区的关系，为学校教育教学的开展创造良好的环境。当然，在条件具备的情况下，大学生社会公益实践组织还要积极向其他有需要的社区提供公益服务，以体现大学生热爱集体、奉献社会、实现自我的精神风貌。

第三节 大学生社会公益实践组织的行动方略

大学生社会公益实践组织在明确自身定位和完善战略建构的基础上，可以从打造非营利模式、人性化订制服务及大力倡导"微公益"等方面入手，采取相应的行动策略以实现组织使命，达成组织愿景。

一、打造非营利模式

与国家治理体系和治理能力现代化建设的目标相一致，大学生社会公益实践组织可以打造成具有非营利组织功能的社会服务组织。

(一) 强调使命

"非营利"是从目标方面对组织进行的界定，强调组织的宗旨。根据组织的结构和运作方式，萨拉蒙等学者认为，非营利组织具有组织性、民间性、非营利性、自治性和志愿性等五个特征。"非营利组织"强调组织生存与发展的主要目的不是获取利润，而是追求一种社会价值或社会使命，指向的是组织运行的目标、宗旨等结果而非实际的营利性经营运行过程。① 非营利组织在社会运行中可以扮演先驱者、改革与倡导者、价值维护者、服务提供者和社会教育者等角色，并发挥与之相应的功能（见表6-1）。当然，就大学生社会公益实践组织来讲，如果要完全承担起非营利组织的角色并发挥这些功能，从目前的情况来看，条件并不成熟。但可以参照非营利组织的建设模式来开展工作，在此过程中强调自身使命，以凝聚更多的资源和力量推动公益服务的发展。

---

① 参见康晓强《公益组织与灾害治理》，商务印书馆2011年版，第31～32页。

表6-1 非营利组织的角色与功能①

角色	功能
先驱者	非营利组织能敏感地体验社会的需求,以组织的多样化和弹性等特质,发展具有创新性的构想,适时地传递给政府
改革与倡导者	非营利组织深入社会各层面,实际了解政府的偏失,运用舆论或游说等具体行动,促成社会变迁,并寻求政府改善或建立合乎需求的价值体系
价值维护者	以倡导、参与、改革的精神来改善社会,主动关怀少数族群及弱势群体
服务提供者	能发挥弥补(gap-filling)的角色,经常选择政府未做、不想做或不愿意、不方便直接去做的,但却符合大众需要的服务来做
社会教育者	利用刊物、举办活动,通过媒体的宣传等方式,负起传递特定人群需求等信息的责任,借此尝试提供新的观念,改革社会大众或决策者的刻板印象或漠视的态度,并补充正规学校教育体系的不足

(二) 形成共益

现代社会的公益活动应当努力寻求一种全体公益参与者(包括服务提供者和接受者)共同受益的公益模式,这种共同受益的公益模式可以实现公益能力的双向传输,有利于公益活动的可持续。大学生社会公益实践组织在努力为有需要的个人或群体提供服务的同时,也要让公益服务的提供者自身得到收

---

① 参见彭小兵《公益慈善事业管理》,南京大学出版社2012年版,第5页。

获,赢得发展。如果大学生社会公益实践组织所开展的活动只有单向的受益方——无论是服务提供者还是服务接受者——都是不可持续的。尤其是参与大学生社会公益实践组织的青年大学生志愿者,都面临着推动自身发展的任务。从组织层面来说,应该积极推动志愿者本身的成长进步,这其实也是组织自身建设的重要一环,是提升公益服务能力的重要举措。

(三) 关注成果

开展公益不能不计成本,要将传统慈善的无偿观念与现代公益的非营利观念正确区分开来,实现从无偿慈善向非营利公益的转变。支持非营利的公益观,意味着不以营利为目的,不追求利润,但是可以获得成本和劳动的回报,如发放服装,给予交通、工作津贴,等等。宣传、推广非营利的公益观念,可以突破人们关于公益服务动机争论的羁绊,夯实公益事业的物质基础,鼓励人们更多地从事公益服务,通过众多个体的小善的积累,最后达到整个社会大善的实现。[①] 大学生社会公益实践组织既要强调对公益价值的坚持,也要注重对公益服务理念的践行,更要注意为服务对象带来实实在在的成果。只有形成价值—行动—成果三位一体的公益模式,才能真正为服务对象和整个社会带来福祉。

[①] 参见陶倩《大学生志愿精神培养的理论思考》,载《高校德育创新与发展成果选编(上海大学卷)》,人民出版社2012年版,第26页。

二、人性化订制服务

人性化订制服务是指服务的人性化和个性化。通常而言，人性化与个性化是相互联系的，个性化的服务需要有人文的关怀，而人性化的服务也需要有个性化的考量。人性化订制服务可以从三个方面着手，即订制式公益服务、上门式公益服务及互动式公益服务。

（一）订制式公益服务

如果一项公益服务是为特定的个人或群体量身打造的，可称之为订制式公益服务。订制式公益服务针对特定情况采取相应措施，是问题取向和需求导向的。订制式公益服务首先要充分了解服务对象的情况，然后针对服务对象的需求和问题循序渐进地开展工作。订制式公益服务对大学生社会公益实践组织提出了精细化服务的要求，对组织的管理水平及大学生志愿者提供专业服务的能力也是一个很大的挑战。

（二）上门式公益服务

上门式公益服务针对的是公益服务的"可达性"问题，如果一项服务无法成功送达有需要的人手中，要么是前期工作做得不够到位，要么是服务流程有瑕疵。因而，正式实施公益服务项目之前就应该考虑服务送达问题。上门式公益服务应该至少包含三个方面的内容：一是在服务信息方面，要及时送达目标群体；二是服务内容和服务项目可以直接推送到目标群体能够获取的地方；三是对服务的传送流程和传输结果进行跟踪。

（三）互动式公益服务

服务不能是一成不变或冰冷僵化的，大学生社会公益实践组织应努力提供有"温度"的服务。在开展公益服务的过程中，应引导志愿者与服务对象开展多方面的互动，根据服务对象的反应调整服务策略和服务内容。互动式公益服务也意味着，志愿者不能把自己摆在"强势"的位置，而是要把服务对象作为有尊严、有价值、有潜能的一方来看待，努力从服务对象的优势出发，要发自内心地向服务对象学习。这样，志愿者与服务对象之间的互助、互益就将形成，浓厚的公益氛围也将随之产生。

三、大力倡导"微公益"

"微公益"既指借助微博、微信等新媒体开展的公益活动，也指立足日常生活，从微小的公益做起。"微公益"符合大学生的实际情况，大学生社会公益实践组织可以充分利用自身优势，推行富有创意的"微公益"活动。

（一）借助新媒体

青年群体是使用新媒体的主体力量，他们对基于新兴技术的现代通讯具有"天然"的亲近感。现代新兴媒体通常具有传播的快捷性、私密性和发散性等特征。快捷性是不言而喻的，手机与互联网的力量整合，使使用者能够随时随地地进行信息的处理和传播；新兴媒体的私密性体现为信息在"圈内"或"群内"的共享功能；新兴媒体的发散性使信息一旦发出，便具备了无限次重复转发的可能。因而，大学生社会公益实践组织若能较好地借助新媒体开展"微公益"，不仅可以减少开展公益活动的成本，提高公益服务的效率，还能使公益理念在更大范围进行传播，获得更多人的支持。

（二）吸纳新创意

大学生社会公益实践组织要善于利用青年人思想活跃的特征，征集大学生关于公益方面的创意，对于那些确实有可行性的创意，就可以付诸实践。只要能够充分调动大学生的积极性，发挥大学生的主体性，大学生社会公益实践组织开展的活动必将有声有色、丰富多彩。这就要求打造开放型的大学生社会公益实践组织，进行公益服务的"协同创新"。这种协同创新要把不同类型的学生联合起来，把老师和学生联系起来，把校内和校外资源整合起来，形成既能发挥各自优势、又能齐心协力共同推进公益服务的整体性力量。

（三）善做"小清新"

大学生社会公益实践组织要摒弃那种只愿做"大事"、不愿做"小事"的想法，要从善做"小清新"的公益服务开始，不断积累起外界对组织的认同度。也通过不断把小事做成，磨合组织成员的协调能力，提升组织成员的信心。事实上，如果能够把小的公益服务做深、做实、做精致,就会变成大善事。而且,大的公益服务也需要转化成许多小的环节、小的任务才能逐步完成。当然,做小事与做大事是辩证统一的,在公益服务中,无论是小事还是大事,对于公益服务提供者来说都应该当作"大事"来做。

第七讲 大学生社会公益实践的资源拓展

实践可以看成行动者为自我发展和适应场域所表现出的包含个性、情感、智慧、创造、知识、技能等综合复杂的生存方式。实践产生于惯习和场域的交互作用。① 社会实践活动成就了"人"自身,并确定了个体在社会场域中的精神定位和趋向,是人作为行动者在社会网络中发现自己的独特个性和适应社会需要的过程。社会实践的进行包含了一系列"被行动者所控制的并能够使其自身需要和利益获得满足的物品、非物品、事件"② 等要素,这些实践运作所必需的质料统称为资源。

第一节 大学生社会公益实践资源的内涵

资源对大学生社会公益实践而言具有决定性的作用,资源

---

① 参见宫留记《资本:社会实践的工具——布尔迪尔的资本理论》,河南大学出版社2010年版,第190页。

② [美]詹姆斯·科尔曼:《社会理论的基础(上)》,邓方译,社会科学文献出版社1999年版,第34~41页。

的获取是社会公益项目运作的重要前提。要获取资源,或者说动员资源,首先应当考虑实践所发生的场域的特性,以及进行实践的行动者惯习,前者反映了一定的社会关系,后者则反映了行动者的历史积累和倾向性。当我们谈及如何对大学生社会公益实践进行资源拓展,将那些实际的或潜在的资源集合体转化为社会实践活动的实际工具时,应当结合社会公益实践的特点进行必要的分析。

一、资源的界定

什么是资源,古往今来不同学科背景的研究人员莫衷一是。随着人类改造自然的能力的增强,改造对象范围不断扩大,对资源的认识大致经历了"自然资源—社会资源、经济资源—知识资源、信息资源"的扩展,逐渐形成"大资源"的观念,认为资源是"主体用以实现其特定目标的凭借"①。这个定义有两层含义:①资源是依附于或相对于一定主体而言的;②资源可被其所依附的主体用于实现一定的现实性或预期性目的。

在布尔迪厄的社会资本理论中,资源"往往是同某种持久性的网络的占有密不可分的,这一网络是大家共同熟悉的、得到公认的,而且是一种体制化关系的网络"②。林南用关系

---

① 李维华、韩红梅:《资源观的演化及全面资源论下的资源定义》,载《管理科学文摘》2013年第2期。
② [法]皮埃尔·布尔迪厄:《布尔迪厄访谈录:文化资本与社会炼金术》,包亚明译,上海人民出版社1997年版,第202页。

网络来解释资源的获得，他认为资源是在一个社会或群体中被认为有价值的东西，包括物质或符号物品，如果这些东西被占有，会增加占有者的生存机遇，进而将资源划分为个人资源和社会资源。① 其中，社会资源是个人通过社会联系所获取的资源，是那些嵌入社会关系网络中的资源，如权力、财富、声望等，不为个人所直接占有，而存在于人与人的关系之中，必须通过与人交往来获得。②

由此可见，"资源"是指涉任何能用来帮助行动者从事某一活动，以达到一定目的的一切要素和有利条件的总和。③ 它尤其与行动者的地位、权力、社会关系、资源动员能力密不可分，并且相互作用。

二、社会公益的资源提供主体

从内容方面来看，社会公益可分为四种类型，即公共物品型公益、慈善型公益、维权型公益、价值型公益。④ 公共物品型公益主要在提供公共物品中体现，形式如广播电视、社区学校、医疗服务机构、公共图书馆等；慈善型公益可以看成公共物品型公益的一种特殊形式，公益提供主体利用自己的资源为

---

① 参见［美］林南《社会资本：关于社会结构与行动的理论》，张磊译，上海人民出版社 2005 年版，第 40~44 页。
② 参见张志祥《网络草根组织资源动员研究——以多背一公斤为例》，上海大学 2009 年博士学位论文，第 33~35 页。
③ 参见张志祥《网络草根组织资源动员研究——以多背一公斤为例》，上海大学 2009 年博士学位论文，第 36 页。
④ 参见陶传进《社会公益供给——NPO、公共部门与市场》，清华大学出版社 2005 年版，第 137~143 页。

全社会所有人解除某种疾苦，即使有这种疾苦的人只占社会的一部分；维权型公益是慈善型公益的扩展，由物质需求上升到权益维护，牵涉社会、政府、市场三者之间的力量平衡；价值型公益是为社会提供特定的价值观，影响人们的价值判断，如社会公德，另外，也指满足人们那些市场机制无法满足的价值，如艺术审美需要、认同需要等。① 获取足够的资源以保障以上四种类型的社会公益的正常供给，实际上即满足了整个社会不同层次的需要。

按照马斯洛需求层次理论中生理需求、安全需求、社交需求、尊重需求和自我实现需求这五类由较低层次到较高层次排列的需求类型，社会公益的资源供应也可以按这样的层次排列成一个系列：

- 满足基本生存需求的资源。
- 保障基本权利不受侵害的资源。
- 提供人类共同拥有的价值物（公共物品）、自然与生态环境、社会秩序、治安、生活基础设施等资源。
- 构建良好的关系资源：从社会道德的角度构建良好的关系资源。
- 超越性价值的资源：其作用有时仅在于自身的存在，如艺术与美；有时兼具其他工具性作用，如信仰能改善社会道德、促进合作、增加人们生存信心等。

---

① 参见陶传进《社会公益供给——NPO、公共部门与市场》，清华大学出版社2005年版，第143页。

这表明，社会公益的类型决定了其资源的配备不仅包括物质基础，而且逐渐涵盖了如公共关系、信息、知识等更宽广的范围。

从来源方面看，社会公益主要有三个提供主体，分别可对应三种不同的资源筹集方式：

（1）公共组织——政府财政供给。政府的设置为的是公共利益，其掌握的公共权力是以追求公正和有序为目标的。政府公共组织可以弥补市场的缺陷，提供诸如国防、基础教育、公共安全、社会保障等公共物品，而这些公共物品的提供带有明显的"公益性"。政府在提供社会公共服务方面占据着主导地位，这与公共组织的资源来源于整个社会的财政税收紧密相关。在中国，提供社会公益的政府公共组织有事业单位[①]、行政部门和国有企业单位[②]，他们提供的社会公益也往往在政府职能的范围内。

（2）营利性组织——市场资本供给。市场被认为是提供物质产品与社会服务的有效场所，某些公共组织里执行公益功能的事业单位已经开始了自筹自支的方式运作。各种营利性组织都可能进入社会公益领域，以营利的或非营利的目的，在客观上进行社会公益的供给，属于一种"客观公益"。这类组织

[①] 1998年中国政府颁布了中华人民共和国成立以来第一部关于事业单位的法规《事业单位登记管理暂行条例》，对事业单位作了如下描述："事业单位"是指国家为了社会公益目的，由国家机关举办或者其他组织利用国有资产举办的，从事教育、科技、文化、卫生等活动的组织。

[②] 参见陶传进《社会公益供给——NPO、公共部门与市场》，清华大学出版社2005年版，第4～6页。

进行社会公益供给的资源主要来源于市场的资本运作。

（3）民间非营利组织（NPO）——政府、市场和社会的资源筹募。市场讲究利润，计算成本与收益，在提供公共物品时会产生市场失灵；政府在"弥补市场失灵"时，决策结果往往有一种"中位取向"，而不能很好地满足弱势群体和其他特殊群体的需要，也会出现政府失灵现象。① 这为民间非营利组织（简称 NPO，又称"第三部门"）提供了发展空间。NPO 是不以营利为目的而向社会提供服务的组织，介于公共组织和营利性组织之间。它最具特征的一个属性是志愿公益性或互益性，它的内在驱动力不是利润动机，也不是权力原则，而是以志愿精神为背景的利他主义和互助主义。② 按 ICNPO（International Classification of Non Profit Organization）国际分类体系的分类方法，非营利组织可分为文化和娱乐，教育和研究，卫生保健，社会服务，环境，发展和住宅，法律、倡导和政治，慈善中介和志愿促进，国际，宗教，商业、专业协会、工会，其他组织等十二大类。③

三、大学生是社会公益活动的重要资源

无论资源来源于公共组织、民间非营利组织还是营利性组织，社会公益实践始终是基于人、为了人。从这个角度而言，

---

① 参见陈滢《非营利组织战略管理问题研究》，黑龙江人民出版社 2003 年版，第 239 页。
② 参见王名《社会组织概论》，中国社会出版社 2010 年版，第 14 页。
③ 参见［美］莱斯特·M. 萨拉蒙《全球公民社会：非营利部门视界》，贾西津等译，社会科学文献出版社 2002 年版，第 498～499 页。

第七讲 大学生社会公益实践的资源拓展

大学生本身就是社会公益实践的重要资源，同时，他们是具有主体性、创造性的资源，还可以带来很多其他方面的资源。马克思在《黑格尔法哲学批判》一文中指出："'特殊的人格'的本质不是人的胡子、血液、抽象的肉体的本性，而是人的社会特质。"他在《关于费尔巴哈的提纲》一文中又说："人的本质并不是单个人所固有的抽象物，实际上它是一切社会关系的总和。"世界是一个"有人"的世界，作为社会中生命个体的人，只有在一定的社会生活与社会实践中才能认识自己的社会性或社会本质，认识和发展自己的社会性才能实现自身的社会价值，成为真正意义上的社会的人。①

显然，大学生作为社会公益实践的行动者之一，是大学生的社会属性使然，是大学生逐步融入社会公共生活的需要。大学生处在接受高等教育的阶段，这一阶段对社会财富的贡献有限，接触社会相对较少，帮扶的对象范围具有局限性，但这并不影响大学生参与社会公益实践的"助人"内涵。相反，大学生是社会人群中的知识密集群体，具备较高的综合素养和一定的专业积累，其身份包含了诸如青春、智力、知识、行动力、信息化等象征性元素，更容易获得来自社会不同层面的认可。在一定程度上，大学生更容易动员不同的资源主体，并将其连接成一个关系网络。除了个体的性格特征和文化因素，大学生的家庭、就读高校、所处地域等，尤其是高校的社会地位和影响力，均会对社会公益实践的资源动员产生一定的影响。

---

① 参见孙杰远《论学生社会性发展》，载《教育研究》2003年第7期。

从高等教育场域观察，大学生参与社会公益实践是高等教育人才培养的重要方式。现代大学的使命在于科学研究、人才培养、社会服务和文化传承创新，而科学研究、人才培养、文化传承也可以归于服务人类社会。大学生在校期间参与社会公益实践，是服务社会的一种直接的表现形式和创新形式，有助于大学生更好地接触社会，实现自身理论知识和实践能力的有机结合。美国教育家杜威主张"在做中学"，我国著名教育家陶行知主张"社会即学校"，"知与行合一，即理论与实践相结合"，都表达了类似的含义。在服务学生成长上，高校的教育资源会向大学生社会实践领域倾斜，尤其是公益活动领域。这为大学生的未来事业搭建平台，帮助他们找到精神定位和自我价值，更是大学生接受教育的理想课堂，并给社会带来积极效应。①

从社会文化场域观察，公益行为背后最可能存在的根源之一是非特异性的爱，同人类传统的慈善思想一脉相承，具有广泛的社会基础。出于同情心、热心、爱心的动机容易获得社会大众的响应，符合社会价值观。这在中华历史文化传统中可见一斑。儒学的道德核心若归总为一个字，那便是"仁"，"仁者爱人"简略地道出了其中的精髓；道教认为"道"是天地万物之源，不可名状，亦无法察知，却可赏罚应时，使善人得福、恶人遭祸，以此劝善祛恶，"善者吾善之，不善者吾亦善

---

① 参见邹军娥《大学生是社会公益的主体力量》，载《学习月刊》2011年第3期。

之,德善";佛家文化中的"善恶"是心性论的一对范畴,因缘业报的说法渗透到社会伦理生活中,唤醒道德自觉与自律,具有一种威慑力。

与爱和善相类似的是责任的承担,即肩负对他人、对社会的责任感。中国传统文化教导人们"以天下为己任","先天下之忧而忧,后天下之乐而乐",即表现出一个进入社会公益性的方向。慈善往往基于爱心而为,更宏大的公益服务与社会价值供给则常常与责任相对。中国知识分子的理想人格,即"内圣外王",或者是"正心修身治国平天下"。这是中国传统价值的延续,也可以看成大学生在社会公益实践中的一种内在价值取向。

第二节 大学生社会公益实践资源的形态

伴随着社会主义市场经济的发展,公共组织的部分社会公益事务从政府中转移出来,民间非营利组织的合法性和活动空间因此得到扩展,公益性的志愿服务活动应运而生。其中蕴含的公益精神塑造了社会取向的价值观,具有社会教化功能;聚合了各种资源,具有社会整合功能;同时具有社会动员功能和导向功能。[①] 大学生是践行社会公益的主体之一,在社会公益实践服务中发挥了举足轻重的作用。

---

① 参见沈杰《志愿行动——中国社会的探索与践行》,人民出版社2009年版,第70页。

一、大学生社会公益实践资源的分类

与大学生社会公益实践的灵活性和多样性相对应，其资源的类型和来源都十分广泛。从"任何能用来帮助行动者从事某一活动、以达到一定目的的一切要素和有利条件的总和"这个"资源的界定"出发，大学生社会公益实践的资源似乎难以用列举的方式穷尽。这里通过对大学生社会公益实践资源进行分类，展示大学生社会公益实践所需要的一些最重要的资源。这种分类可以为分析资源的获取奠定基础。

（一）物质资源

美国社会学家帕森斯发展了一个明确的模型，用以具体解释系统生存必须满足的四个基本功能需求，即适应（获取充足的资源）、达标（确定和实施的目标）、整合（系统子部门的协调）和维模（保持独特的文化价值观）。作为实践运作的基础要素，社会公益实践项目团队组织必须动员和获取足够的资源以满足持续运作的需要。物质资源应是最基础的资源，包括资金、场所、设备等，这是大学生公益性社团和项目型团队发展的必要条件，尤其是资金的筹集和募捐，往往是开展实践活动的前提。资金主要用于团队内部的日常运作，以及社会公益实践过程中的设备、物资采购和公共产品的提供。社会公益实践总是发生在一定时空中的，因此场域也是必不可少的物质资源。总之，物质资源可以看成各种有形资源的集合。

(二) 人力资源

人力资源是至关重要的资源，因为在各种资源的筹募过程中，参与者的贡献是取得各种无限多样性的资源的最终手段。[①] 人力资源的一般性质表现为多个维度：①生成过程的时代性与时间性；②高增值性；③能动性；④时效性；⑤开发过程的持续性；⑥闲置过程的消耗性；⑦特殊资本性。[②] 大学生公益团队（包括公益性社团和项目型团队）内部的人力资源不仅提供了实践的"劳动力"，还提供了智力支持。出于公益团队的宗旨和目标，除了人力资源的一般性之外，大学生社会公益实践的人力资源还具有政治性和道德性、文化性、专业性、公民性、志愿性；[③] 而组织外部的人力资源和智力系统则是一个更宽广的范围，包括潜在的参与者、支持者、团队顾问、进行培训的专业教师、具有相关专业背景的著名学者、公益项目竞赛的评委等等。

(三) 政策资源

对大学生社会公益实践而言，政策资源主要指各种制度保障和政策优惠。按照现行的《社会团体登记管理条例》，高校

[①] 参见［美］理查德·斯科特《组织理论》，华夏出版社2002年版，第161页。
[②] 参见孙柏瑛《公共部门人力资源管理》，中国人民大学出版社2002年版，第2～3页。
[③] 参见陈漭《非营利组织战略管理问题研究》，黑龙江人民出版社2003年版，第205页。

公益性社团应当属于三类免于登记的社会团体的第三种，即"机关、团体、企业事业单位内部经本单位批准成立、在本单位内部活动的团体"①。高校公益性社团作为高校共青团系统的重要组织部分，更多地体现"官方性"，缺乏完整意义上的"自治性"。但从社会发展趋势来看，转型期的中国正在建设具有中国特色的公民社会，民间组织的力量将会逐渐扩充，成为建设和谐社会和"善治"的基础。用合法民间组织的视角看待高校公益性社团的发展，不但具有实效性，更具有一定的前瞻性。我国政府部门或各类群众团体以及高等学校在推动社会公益的政策制定及发展方面起了重要作用。例如，1999年，《广东省青年志愿服务管理条例》开始实施，这是我国首部关于青年志愿服务的地方性法规，一方面保障社会公众参与志愿服务的权利；另一方面保障志愿者在服务过程中的合法权益，也要求志愿者在参与社会公益服务的过程中履行相应的义务。团中央的"中国青年志愿者扶贫接力计划""大学生志愿服务西部计划"等公益性实践活动，给志愿者在求学深造、求职就业、人事聘任等方面提供了一定的优惠政策。各高校在学生社团在校注册成立方面，都有较为完善的申请、审批、成立流程；学生工作部门在鼓励大学生积极参与社会公益实践的基础上，也出台了诸如综合测评加分、奖学金、助学金评选条件等相关规定。

---

① 参见关信平《社会工作法规与政策（中级）》，中国社会出版社2007年版，第233页。

（四）象征资源

象征资源是行动者的声誉以及威信的累积，有助于加强行动者的社会公信力。在教育场域中，大学生群体是经过严格高考选拔形成的。高考制度越严格，大学生群体的准入门槛就越高，象征资源的意涵就越大。而高校毕业生在政治、经济、文化、科技以及其他专业领域的成功，能够加强学校的象征资源，进而提升这所高校的大学生的社会声誉。这种象征资源一方面可以依赖大学生个人或团队所嵌入的学校和社会环境，另一方面可以依靠大学生个人或团队在公共关系或公共信息上的策略。这是一种在良好的公共信息下对未来做评估和准备的过程，是个人或团队决定要塑造何种形象以及如何塑造的过程。[①] 这一过程往往将媒体纳入其中，树立良好的个人和团队形象，搭建与团队外部环境的沟通桥梁，成为一种强大的无形资源。

（五）社会资源

这里所说的"社会资源"是一种社会网络关系，也就是所谓的社会资本。这种社会网络关系相对个人而言可能是一种资源，但它却不为个人所决定，其价值也有赖于一定的互动关系才能实现。在各种社会实践的互动中，网络成为各种互动关系的载体，如果规范和社会网络能实现频繁的互动，对资源的

---

① 参见 [美] 詹姆斯·P. 盖拉特《21世纪非营利组织管理》，邓国胜译，中国人民大学出版社 2003 年版，第 69 页。

动员将会有事半功倍的效果。高校大学生的公益性社团或公益项目团队恰恰是为了某一种或某些特定的公共利益而组建起来的，组织的各种活动都富有强烈的社会使命，这些使命的达成则依赖于组织内部和外部各种社会价值的发挥。公益团队从外界获得集体行动的资源支持，并利用其所拥有的这种共同资源直接影响组织成员的集体行动，进而最大限度地发挥团队的社会动员优势。

二、大学生社会公益实践资源的获得

大学生社会公益实践资源可以分为有形的物质资源和其他无形资源。在此基础上，又可以将两大类资源按一定标准进行细分。归类既可以避免冗长罗列的弊病，又可以较为清晰地辨识两大类型资源的不同获取途径。

（一）物质资源的获得

讨论大学生社会公益实践最基础的物质资源的来源，实际是以资金为中心的。一般来说，学校经费资助、社会（企业、基金会、个人等）捐赠和商业经营收入是大学生社会公益实践资金的主要获取方式。下面对这三种筹资方式逐一进行分析。

1. 学校经费资助

学校经费资助是大学生社会公益实践最主要的资金来源。学校经费资助又可以细分为政府财政和社会捐赠两种。政府财政体现为学校获得预算范围内的财政收入、专项性的上级拨款以及其他公共部门的项目委托。学校会设立专门的学生活动经费、学生德育经费、专项使用资金、委托项目资金等，定向用于资助大学生开展形式多样的社会实践、特定的志愿行动或项目。

目前，除了学校各部门、各院（系）直接组织学生开展社会公益实践外，比较流行的学校经费资助模式是项目申请制。即使是高校公益性社团，也极少采用直接拨款的方式资助实践运作，而是由学生团队提出立项申请，学校主管部门进行评估，经确认后予以部分经费资助。有时会采用项目竞赛的方式，对学生团队的公益实践效果进行评估后决定资助的数额。以中山大学亚德客公益实践活动为例。从 2007 年至今，浙江亚德客国际集团每年都会向中山大学捐赠 20 万元的经费（分寒假、暑假两期进行），专门用于资助大学生开展社会公益实践活动，鼓励学生积极投身于社会公益事业。

2. 社会捐赠

捐赠被认为是公益性非营利组织天然的收入来源，捐赠者一般有企业、基金会、个人。社会捐赠体现为企业、民间组织（慈善机构、基金会等）以赞助的形式向学校提供专项经费，委托学校相关部门组织学生开展社会公益实践，是一种"高校搭台—社会赞助—学生行动—社会受益"的公益模式。在大学生募集社会公益实践的资源时，企业、基金会、个人的捐资也是重要的资金来源。

企业属于营利机构，其捐款动机在于获得税收的减免，树立良好的企业形象，实现社会的责任，等等；还有的可能是出于开拓隐性市场和挖掘潜力人才的需要，其最终目的是提高企业的利润。企业捐助的方式有直接捐资，针对某一主题捐资，提供项目经费，与大学生社会公益实践团队形成战略合作伙伴关系，等等。① 大学生社会公益实践团队与企业之间是互惠互利的关系，需要明确社会公益实践团队能给企业带来什么样的收益，要选择合适的企业进行合作，一般选择与高校有地缘关系的企业、与高校关系较好的企业、有业务关系并形象良好的企业等。② 其中，校友企业往往是最重要的捐赠者。

基金会以及一些专门的捐赠机构在法律地位上是社团法人。基金会资助也是大学生社会公益实践资源获取的重要途径。需要注意的是，几乎所有的基金会都有明确的目标和资助领域，因此，大学生社会公益实践项目团队还需要根据基金会的兴趣和运作模式找到与自身匹配的基金会进行募捐。在学校设立了奖学金、助学金并与高校保持良好联系和长期合作的基金会，往往是大学生社会公益实践的有力支持者。

个人捐赠大多出于价值观方面的原因。同情心、报答甚至恐惧等，都可以使个人作出捐赠举动，这与个人道德修养和经济情况相关。从个人处获取捐赠应以满足捐赠者的需要和动机为前提，将筹资的目的和使用与捐赠者的个人利益诉求相联系，通过信息沟通、文化传播、参与机会、联谊活动等形式，

---

① 参见沈杰《志愿行动——中国社会的探索与践行》，人民出版社2009年版，第334～335页。
② 参见北京志愿者协会《志愿组织建设与管理》，中国国际广播出版社2006年版，第107页。

灵活机动地动员个人捐款。① 进行募捐的方式灵活多样，如向团队成员募捐，电话、邮件或信函募捐，劝募广告，放置募捐箱，各种义卖活动，举行大型公益活动募捐，等等。

3. 商业经营收入

对公益团队而言，用营利精神和商业管理手段经营，与其初衷并不相悖，而是为了使效率和效用最大化，对提高服务质量大有裨益。如果公益团队的经费单纯依赖财政拨款或者捐赠，资金有限且时间不定，往往会因为力不从心而难以开展活动。自谋财源，开发营利项目以弥补公益支出，虽然在目前的大学生社会公益实践中比例不大，但已成为一种普遍趋势。

（1）开发设计合理的公益创业项目，使市场运作成为可能。在目前的大学生创业实践中，不少是与公益事业相结合的，如中山大学"有爱慈善商店"。在学校提供场地等前期基础性支援下，"有爱慈善商店"以一种回收、转让废旧物品的形式营利，又将获利投入扶贫救济项目，成为公益团队可持续发展的有效途径。倘若公益团队的活动更具有商业化基础，与企业达成默契，就有了长期合作的可能性，如此，资金也就有了保障。此外，如果大学生社会公益实践团队发展到可以向社会提供服务时，就能够真正实现自治性，成为社会团体，可以参与到政府采购中了。这样，政府将自己向社会提供服务的权利让渡给公益团体，与公益团体签订合同，由政府提供资金，

---

① 参见北京志愿者协会《志愿组织建设与管理》，中国国际广播出版社2006年版，第107页。

公益团体提供服务；或者企业将慈善投资和服务计划移交给公益团体并以企业品牌冠名的形式开展。这或许是大学生社会公益实践团队未来的一种发展方向。

（2）公益创业竞赛的模拟商业运作，孵化具有潜力的社会公益项目。近年来，谷歌公司、零点集团、联想集团等企业先后支持中国大学生参加公益创意大赛或创业大赛，一些海外基金也在中国多所高校开展类似"公益创业项目孵化"的竞赛活动。通过经费支持，大学生公益团队将自己设计的商业项目运作起来，以资本运作效果、市场反应来评价公益项目的成效。这为大学生公益创业开辟了积极探索的平台，也有利于孵化一批具有潜力的商业项目。

（二）其他无形资源来源

1. 人力资源

大学生社会公益实践的人力资源主要依托高校，包括团队的领导者、主要骨干和志愿者。由于公益团队不以获取利润为目的，目标具有公益性和多元化，以及较高的理想性等特点，决定了在人力资源管理的过程中，对志愿者素质要求的特殊性、培训过程的特殊性、激励方式的特殊性、绩效评估的特殊性和管理策略的特殊性。[①] 在岗位设计、招募、录用、培训等一系列过程中，更强调人力资源管理和责信度管理相结合。其

---

① 参见马庆钰《社会组织能力建设》，中国社会出版社2011年版，第156～157页。

伦理守则包括无私的社会承诺、恪守法令规章、道德承诺、公益使命优先、尊重个人的价值和尊严、包容社会的多元化并维护社会公平、开诚布公的做法、慎用社会资源等。① 大学生社会公益实践的人力资源主要有三大来源：①依托具有一定稳定性的院（系）、班级组织、公益社团、学生团体，在日常交往的过程中吸纳具有共同价值目标和行动力的志愿者；也可以通过信息动员，开展全校性的宣传，吸引更多大学生的参与。②公益性社团的往届成员，往往是这个团队重要的人力资源。③在团队外部的人力资源方面，主要依靠高校的专业教师资源以及行政干部，对公益团队的项目设计、组织实施、效果评估的整个过程进行技术性指导和行政性支持。

2. 政策资源

政策资源更多地来自政府、学校和院（系），大学生社会公益团队在政策上一般都能获得相应的保障。

3. 公共信息

从外部环境说，大学生公益团队的象征资源来自高校的社会影响力、地缘关系、大学生的社会信誉；从内部环境说，这种象征资源来自团队领导、团队成员的荣誉和校园影响力，来自公益团队的历史业绩，以往的成功经验大大加强了其进行资源拓展的能力。同时，公共关系的建立还可以采用信息动员（传媒动员）的方式。② 主要方式为运用新闻、广播、电视、

---

① 参见马庆钰《社会组织能力建设》，中国社会出版社2011年版，第157页。
② 参见陈滢《非营利组织战略管理问题研究》，黑龙江人民出版社2003年版，第148～149页。

录音、多媒体以及互联网等传播媒介进行动员，可以达到引导舆论、达成目标共识、建立起协调行动的机制、增进团队合作等目的。

4. 社会资源

大学生社会公益实践的社会关系可以用"个人—团队—学校—社会"的嵌入式视角来考虑。个人拥有的社会资源和关系可以嵌入整个团队，诸如家庭、家族、地缘关系等。而学校—社会的嵌入关系为大学生社会公益实践创造了更多的资源渠道：一是资金的获得，如校友提供的直接捐赠和间接支持、学校与地方的合作框架、学校间的合作等；二是实践机会的获得，如其他公共部门委托高校组织的志愿者行动、其他社会组织通过高校招募的志愿者等。

第三节 大学生社会公益实践资源的获取

在分析了大学生社会公益实践的资源类型及其来源的基础上，以下所述的资源获取主要从参与行动者的角度，在技术层面对大学生社会公益实践的资源拓展进行分析。资源的获取实际上就是团队对资源进行筹集的过程，包括经费的筹集和募捐、项目的筹划、人员的组织，以及整个活动运作的筹备。一般来说，资源筹集的过程可分为资源筹集的能力定位、筹集资源的目标策略、筹集资源的组织实施等三个相互连接的阶段。

一、资源筹集的能力定位

资源的稀缺性决定了在筹集资源的过程中充满了竞争，在决定实施一种筹集计划前，良好的自我定位往往能使筹集行动更具有针对性，有助于资源的获取。在这里主要有两个因素要考虑：一是团队的外部环境，二是团队内部的行为能力。

（一）资源筹集的外部环境分析

高校公益性社团在学校共青团组织或其他部门的指导下，容易获得好的外部环境，尤其是具有一些优势的传统项目较易得到青睐。项目型的公益团队一般是在项目竞争中获胜后，获得经费资助和参与机会，环境分析对这类型团队而言更为关键。企业环境分析中的宏观环境分析（PEST）模型可以作为借鉴。PEST模型认为，组织外部环境包括政治（P）、经济（E）、社会文化（S）、技术（T）等环境。[①] 大学生社会公益实践的政治环境主要是政策法规的保障和约束，具有直接性和不可逆转性。大学生的身份决定了学校要对大学生的行为做一定的技术指导、安全指导和责任分担，大学生社会公益实践必须合乎政策法规和校规校纪。一般来说，社会公益实践活动如果由高校倡导，政策环境将较为优越。经济环境包括信息因素、利润空间，实际上，筹集资源也是需要成本的，做好团队

[①] 参见陈潜《非营利组织战略管理问题研究》，黑龙江人民出版社2003年版，第93页。

的经济环境分析是必不可少的一环。社会文化的因素在大学生社会公益实践中是积极有利的，公益的利他性和志愿精神的发展有利于团队成员间的文化认同和融合，容易形成强大的凝聚力和向心力。技术环境是对项目在技术层面的可行性的研判，包含了科学技术和智力人才的因素。

（二）资源筹集的内部行为能力分析

大学生社会公益实践项目团队要进行资源的募集，需要具备一些筹集的基础条件，包括：①具有社会公信力。体现为学生团体的合法性、明确的公益使命和透明的信息机制，以及良好的形象。②规范的财务制度。这是赢得社会信任的重要方面，也是开展项目评估和监督约束的前提。③良好的公共关系。能够与媒体建立积极的伙伴关系，提高公众对公益团队和公益实践活动的认知，从而吸引更多的成员和捐助者。④筹集策略方法。团队要具备一套切实可行的操作程序，包含制定筹集策略、建立筹集团队、建立获取资金的渠道、设计募捐品牌、筹集活动组织、筹集舆论宣传、筹集过程管理、筹集的捐赠回馈等非常具体的环节。⑤团队身份合法。就募捐这种情形而言，身份的合法性至关重要。只有获得法律、行政法规认同的组织，才可以在其宗旨、业务范围内开展慈善募捐活动；其他组织则需要在取得慈善募捐活动许可证后，才可以在特定时间和地域范围内以规定形式开展募捐；那些为帮助特定对象在本单位或者本社区等特定范围内开展的互助性募捐活动，则不需要取得行政许可。①

(三) 资源筹集能力的 SWTO 分析技术

大学生公益团队在进行环境分析时，可借鉴企业管理中的 SWTO 模型，从内部和外部环境进行整体考虑，对团队的优势（Strengths）和劣势（Weaknesses）进行描述，从而寻找团队存在的威胁（Threats），发现团队发展的机会（Opportunities）。通过分析，试图把优势、劣势甚至威胁转化为机会。SWOT 分析很有启发性，不仅在筹集资源这一环节上作用明显，也常常为后继行为提供重要的洞察力。②

二、筹集资源的目标策略

筹集资源的目标必须充分反映社会公益实践项目服务的目标，资源筹集目标的设定包括筹募经费总额、时限、募资体系的主要成员以及筹资途径的可行性。在此过程中，必须兼顾两个看似矛盾的前提：大胆假设和实事求是。③

(一) 建立多元的筹资渠道

筹集资金的渠道是多元的，包括学校经费、社会捐赠、经

---

① 参见马庆钰《社会组织能力建设》，中国社会出版社2011年版，第90～92页。
② 参见［美］保罗·C. 纳特、罗伯特·W. 巴可夫《公共和第三部门组织的战略管理：领导手册》，中国人民大学出版社2001年版，第359～360页。
③ 参见［美］詹姆斯·P. 盖拉特《21世纪非营利组织管理》，邓国胜译，中国人民大学出版社2003年版，第103页。

营收入等。如果能拓宽资金来源,对学校资助的依赖程度就会降低,行动的自主性在一定程度上得以增强。树立多元渠道筹资的观念,除了可以尝试向学校学生工作部门申请资助外,还可以试着向院(系)、相关部门、研究中心等募集资源,向社会组织、企业、机构、个人募集资源,向政府部门寻求资源,向海内外正规基金会挖掘资源,以及尝试用经营的方式筹措经费。

(二) 研究筹资的可能对象

资助者的行为动机都具有一定的逻辑性,研究筹资的可能对象,有针对性地了解资助者,避免不当行为,建立相互信任的关系,需要注意以下几点:①需要研究捐赠者的关注点,通过了解他们过去资助的项目和活动,了解他们感兴趣的资助领域;②研究捐赠的可能方式,除了资金上的支持,可能还有专业技能培训、心理咨询、管理咨询等,可能提供的各种物资,如场地、二手家具、电脑、办公设备等,还有可能成为团队的志愿者;③研究捐赠者的资助能力。

(三) 与潜在的捐赠者建立联系

捐赠者包括目标劝捐者和通过他人介绍认识的潜在募捐者。第一,尽可能地发掘潜在捐赠者。可以主动接近那些曾经捐助过大学生公益实践活动的部门、企业、机构和个人。如果是陌生关系,可以借助熟悉的第三者予以引荐。第二,要保持耐心,并做好被拒绝的心理准备。一次成功的劝捐往往要经过很多次的见面和沟通，不能因为一次拒绝就断绝来往，而是应当具备长远眼光，建立良好的外部关系。第三，有计划的接触。可以通过建议书、劝说、邀请参与活动等方式，展示组织的能力和竞争力。

三、筹集资源的组织实施

筹集资源只有通过具体的行动才能真正实现，而行动的方式要根据资源的类型和社会公益实践的特点来进行。

（一）申请项目经费

为了成功获得立项支持或项目经费，需要作诸如成立专门的筹资团队、制定筹募计划、制作项目申请书等前期准备工作，必要时，还需要通过竞赛竞争的方式获得项目经费。

1. 成立筹集团队

为项目宣传、开展市场资源调研、策划设计筹集方案，以及筹募人力资源等做必要的基础性工作。

2. 制定筹募计划

制定筹募计划包括：考虑活动需要的资金和物资，综合考虑组织内部优势、劣势及组织外部的机遇、挑战来决定采用何种方式实现目标，团队人员的协调分工，筹募的成本预算，培训参与筹募的人员，等等。

3. 制作项目申请书

在项目申请书中，一般包括团队介绍、实践活动概要、活动目标、具体内容、项目预算、预期目标等内容，项目申请书要陈述公益团队的具体行动设计,让捐赠者一目了然,以评估方案的可行性。可以通过以下几种方法来加强项目申请书的说服力:①将团队对资金的需求与该项目如何服务社会建立起有效的联系;②证明需求是真实的,并创造一种需要立即行动的紧迫感;③打动阅读对象,使其认为值得为相关社群的福祉而行动;④解释如何使用资金;⑤语言简洁,并具有说服力,保持积极的态度;⑥有效地使用数字和图表,满足不同捐助者的阅读习惯,使项目申请书更有表现力。

(二) 筹募社会捐赠资源

募集社会捐赠的资金、物资等,与申请项目经费一样需要大量的前期工作。对个人募款的方式主要有私人请求、网上筹款、项目筹款、电视或电话筹款等,对企业募款的方式主要有直接募款、针对某一主题募款、争取企业提供的项目经费等。如果与企业形成战略合作伙伴,大学生则可从企业获得长期捐资、产品、公司专门技术和知识等支持;企业从合作中可以更有效地利用企业资源,提高企业声誉,改善企业形象,这将是一个"沟通、协商、说服、互惠与合作"的过程。

(三) 建设人力资源

建设人力资源首先要对现有人力资源的数量与质量进行统计分析,找出与目标的差距,进而有计划地进行人员招募或人员培训工作。

1. 整合团队内部资源

大学生社会公益实践团队有发起者和参与者。发起者主要指项目组织的骨干成员；参与者是指针对活动实施的情况，通过招新面试自愿参加实践活动者。根据成员的工作表现和个人意愿，团队组织者应该按实际情况作出相应调整，保证团队成员得到最大限度的锻炼和培养。团队纳新不仅追求规模，也要注重效率，应重视新成员的项目参与经历、项目开发和管理方面的经验。各部门根据制定的招新计划，包括需求人数、具体工作能力要求、综合素质等，组建面试小组；通过面试的新成员，应享有团队成员的各项权利并承担相应的义务。

2. 动员外部人力资源

应重视对大学教师的动员，可以邀请具有校园和社会影响力的专业教师担任社团顾问，在一些常规项目中，也可以通过邀请担任评委、邀请进行培训指导、邀请为团队出版物作序等形式获取学者及行政人员的支持。

3. 团队成员激励

对团队成员的激励可以是物质性的激励，即有形的物质奖励；可以是团结性的激励，如在联合行动中得到的社交机会、社会地位、身份认同等；也可以是目的性激励，如通过为立场与自己相似的候选人的当选而工作，并由此获得的满足感。大学生社会公益实践项目团队采用的主要是无形的激励，追求成员之间的平等、和谐、团结友爱、互相尊重。团队成员的相互激励也是增强团队凝聚力的必要条件，是促进团队建设和实践的动力。

(四) 处理外部关系

象征资源、政策资源、社会关系资源的获得,归根结底是通过处理好各种外部关系实现的。大学生社会公益实践应该学会与学校各部门、各院(系)合作,与企业合作,与社会团体合作,与媒体合作,寻求更广阔的资源拓展空间。

1. 处理好与学校各部门的关系

与学校各部门、各院(系)建立良好的关系,是大学生社会公益实践的重要关系资源。一是因为学校各部门、各院(系)提供了大量的项目经费和参与性的实践机会;二是因为学校部门能网罗更宽广的诸如校友、专业教师、行政人员等资源。首先,大学生社会公益实践项目团队在项目计划书中要详细说明项目与学校工作重点的密切程度,可能收获怎样的正面效益。其次,要采取积极措施和学校相关部门保持良好的沟通,关注部门发布的信息,与相关负责老师保持联络,并熟知申请资助的相关程序。团队领袖或成员如果能在学校的其他学生组织中担任主要干部,将有助于信息的获取和保持良好的沟通。

2. 处理好与校友企业的关系

企业资助大学生开展社会公益实践,可能是出于免税、企业形象、社会责任、销售增加、内部关系改善等各种目的,也可以是出于对大学生成长的无私关怀。这在校友企业对大学生的资助中尤为常见。保持与校友企业的良好关系,有助于借助校友的社会资源,为大学生社会公益团队谋求更多的支持。无论是学校的社会关系还是大学生个人的社会关系，经常性地开展邮件交流、寻访行动，保持良好的沟通，校友企业则可成为社会公益实践有力的支持者。

3. 处理好与其他社会团体的关系

大学生社会公益实践团队还应该与基金会、慈善机构结成良好的合作关系，也有可能从基金会争取到项目资金支持。随着《基金会管理条例》的颁布和实施，中国基金会的数量也在不断地增长。另外，一些海外国际资助机构也应被纳入考虑范围，但应注意避免国外势力在政治方面的介入。除了社会团体，也应与校内其他学生团体、其他高校的学生团体等加强联系，实现资源的整合。大学生社会公益实践团队在申请公益实践的项目资金时进行强强联合或优势互补，将会大大增强获得经费资助的成功率。

4. 处理好与宣传、研究机构的关系

大学生社会公益实践团队还应该与新闻媒体、研究机构建立良好的合作关系，这对树立团队良好形象，提高团队执行力和服务能力具有重要意义。"广州青年志愿者行动发展状况"调查显示，志愿者现在主要通过报刊、互联网、电视等新闻媒体了解志愿服务信息[1]，新闻媒体已成为发布志愿服务信息的主要渠道。高校是智力集中的场域，大学生在运用新媒体资源方面一直引领社会潮流，这有利于大学生社会公益实践团队扩大影响力，募集到更多的资源。

---

[1] 参见李自根等《志愿服务二十年》，广州出版社2007年版，第40页。

四、资源获取的瓶颈与突破

对于大学生社会公益实践来说,资源始终是制约其发展的瓶颈。大学生社会公益实践的资源获取,目前来看,在资源渠道上对"体制内"资源的依赖性比较强;此外,由于供需信息不对称,大学生公益实践在项目设计上还不能与地方、社会很好地结合,这也在一定程度上制约了资源的获取,项目类型的过度集中,使资源更稀缺、竞争更激烈。

对此,大学生社会公益实践一方面要拓展稳定的资源渠道,如市场运作的模式,将使大学生公益团队成为大学生创业就业的一种创新,未来也可能参与到政府采购中,向政府提供服务;另一方面,政府应该搭建枢纽型的公共平台,使社会公益的供需双方得到更好的交流,这或许能进一步提升大学生社会公益实践的运作能力及其实效性,拓宽资源获取的渠道。

第八讲 大学生社会公益创业的基础知识

随着社会主义市场经济的发展,公益创业一改传统公益的面貌,雨后春笋般地在中华大地上涌现。公益创业作为一种新的公益模式,受到了社会人士的好评。首先,它让有意参与公益事业的捐赠者没有捐款的经济压力,可以物尽其用;其次,整个过程轻松有趣,能够激发民众的参与兴趣,并且让施予者在助人时达成自己的愿望,在传递爱心时实现互利;最后,集腋成裘,聚沙成塔,将个人有限的闲散物品通过各种简便的方式整合成巨大的公益力量。公益创业不仅契合新时代的互动精神,更激发大家参与、传播公益的能力,创造出最佳的效果,还让我们看到了普通民众参与公益活动的潜力和热情。①

第一节 社会公益创业的含义

社会公益创业(Social Entrepreneurship)被认为是解决社

---

① 参见张兵武《公益之痒——商业社会中如何做公益》,北京大学出版社 2011 年版,第 45~46 页。

会问题的一种新方法，也是对公益事业的一种新型操作形式。国际著名高校，如哈佛大学和斯坦福大学等，都纷纷致力于公益创业领域的研究和实践，世界银行也开始在发展中国家以及发达国家推动公益创业的发展。

一、社会公益创业的概念

《现代汉语词典》把创业解释为"创办事业"，与此类似，《辞海》把创业解释为"创立基业"。创业的本质是创新，其核心在于超越既有的资源限制，以及对机会的追求。德鲁克认为，创业行为的本质在于识别机会并将有用的创业付诸实践。① 创业不仅是创办新组织或者开展新业务，更是一个创新的过程，在这个过程中，新产品或者新服务的机会被确认、被创造，最后被开发出来，产生新的财富。如今，创业的含义已经从传统意义上的企业创造范畴拓展到非营利组织创业等多个层面。② 广义的创业概念是"创造新事业的过程"。按照这种定义，所有创造新事业的过程都是创业，既包括营利性组织，也包括非营利性组织；既包括大型的事业，也包括小规模的事业，甚至"家业"；既包括创办各类组织、创办各类组织混合体，也包括创办过程的各种活动。

公益创业最早在 1998 年被学者狄兹（J. Gregory Dees）定义为"非盈利领域的创新"，多年来，它被用若干方法进行了

---

① 参见唐亚阳等《创业学概论》，湖南大学出版社 2009 年版，第 56～66 页。
② 参见赵淑雯《论高校创业教育》，载《教育科学》2009 年第 4 期。

界定,但是迄今为止,还未形成一个清晰的标准化表述。一般认为,公益创业是一项持续产生社会价值的事业,以不断发掘新的机会来达到社会目的,是一个不断创新、适应和学习的过程,并以产生社会价值为目标。在以市场经济为主的社会中,公益创业利用公共利益作为导向,弥补着市场经济的不足。同时,随着社会组织的演进,公益创业已逐步成为可持续发展的企业发展趋势。学者 Alter(2007)提出的社会组织演进趋势图(图8-1)表明,企业想要可持续性的发展,必须兼顾经济利益和社会利益。① 传统非营利组织与传统营利组织分别通过追求社会目标和商业经济目标来达到企业标准。追求经济利益的同时兼顾社会责任,这就需要整个企业追求新的发展并挑战传统结构,使其具有发展的可持续性。

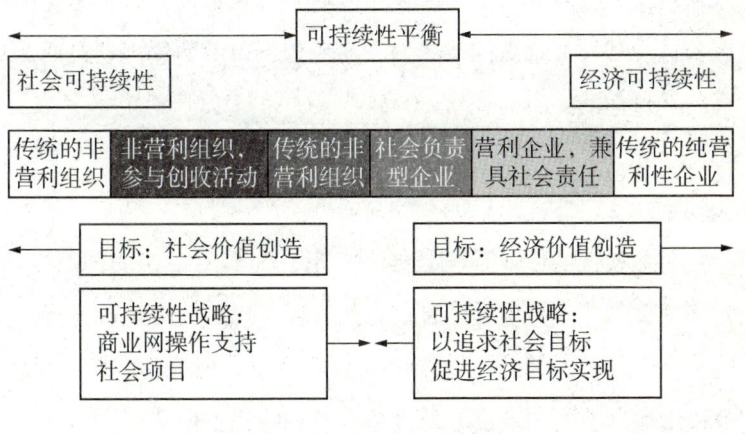

图8-1 社会组织演进趋势

---

① 参见常建坤、李时椿《创业教程》,清华大学出版社2006年版,第58页。

二、社会公益创业的属性

社会公益创业是"以效率求公益",通过市场的途径和企业的方法来做公益,具有公益性、创新性、过程性以及价值性等特征。

(一)公益性

公益创业区别于传统创业的最明显之处是其公益性。公益创业的目标是服务社会大众的共同利益,不单纯以营利为目的,也不将经济利益的最大化作为其成长的根本目标。公益创业的"创业"是手段,"公益"是其目标。公益创业中的"创业"要遵循市场经济原则,要考虑市场需求和经济效益,但效益最终要投入到公益事业中。因而,公益创业要特别注意把握公益性和商业性之间的张力,避免为了单纯的经济利益而放弃公益目标。

(二)创新性

公益模式的创业是新兴的创业形式,具有一定的创新性。实际上,创业本身就是一种创新的过程,思路的进化、过程的改革都是创新的部分。创新性是创业思想和模式建立的基础。公益创业创造的新产品、新服务、新思路都是创新的体现。

(三)过程性

公益创业是一个过程,具有过程性。公益创业所形成的组织存在一个从创立、成长、壮大到衰退甚至消亡的过程。公益创业也包含着创业团队的成长以及社会资本的成长，创造出有利于社会发展的公益产品。

（四）价值性

公益产品的生产、公益服务形式和内容的创新都是创造性的过程。公益创业针对传统的竞争市场，进一步拓宽了"市场"的概念，超越了新自由主义的私有市场交换价值，嵌入了公益性和社会性，在物质资本的基础上形成了社会资本。公益创业是资源整合创造价值的过程，最终的社会效益远大于单纯的物质方面的价值。①

第二节 社会公益创业的要素

社会公益创业要素是指对公益创业过程产生影响的各种因素，包括创业商机、资源、团队、领导者素质等。学者 Timmons 在《21 世纪的创业学》中提出创业要素模型（图 8 - 2），认为创业是商机、资源、创业团队三方相互作用的成果，三者的匹配和差距影响着创业的结果。②

---

① 参见唐亚阳《公益创业学概论》，湖南大学出版社 2009 年版，第 18～20 页。
② 参见唐亚阳《公益创业学概论》，湖南大学出版社 2009 年版，第 46 页。

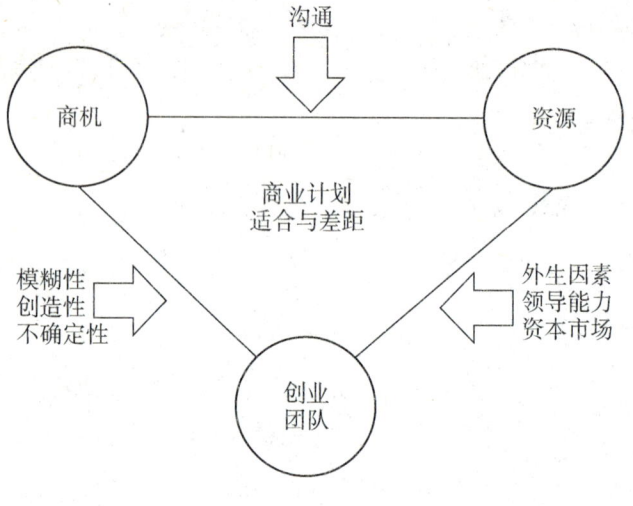

图 8-2 创业的要素

一、社会公益创业的机会

发现公益创业机会首先要求创业者了解行业动态,能从中发现公益创业的可能空间并抓住机会开创新的事业。公益创业机会的发现考验着创业者的个人心理素质和行为特质。发掘公益创业机会需要开展市场研究、环境分析和产品分析。

(一) 市场研究

从广义上讲,市场研究就是对相关产品或服务的市场信息、潜在市场规模等进行研究,进而确定进入市场的可行性。即明确自己的创业创意,再对已有数据或一手、二手资料中收集的信息进行汇总。收集方式包括报纸、杂志、图书馆、政府机构、专门的咨询机构、网络、访谈、小组问卷或实验等,通过对所获信息的综合评估，可以初步判断进入该领域后所遇到的问题和风险。

（二）环境分析

公益创业与一般意义上的企业创办的最大不同是不以经济利益为中心，更多的是讲求社会利益。公益创业的环境分析包括技术环境分析、市场环境分析和政策环境分析。技术环境分析中，公益创业者需要对所涉及的创业环境的技术变化趋势有所了解和掌握，需要考虑政府投入可能带来的技术发展；市场分析中，公益创业者可以根据波特的五力竞争模型，对行业新进入者威胁、现有竞争者抗衡、替代品的竞争压力、购买者和供应者的议价能力、其他利益相关者影响等进行全面思考；政策环境分析中，创业者需要对政府的政策规定、法律法规对行业的直接或间接影响进行分析。国家支持大学生创新创业的政策以及各级政府出台的创业优惠政策等，对打算进行公益创业的大学生来说是必须了解的。

（三）产品分析

产品分析或服务分析是对公益创业所提供的产品或服务进行评判，确定公益创业所生成的产品或服务在某一行业中的地位和作用。可以通过对产品和服务的分析来进行产品创新。产品分析或服务分析对发现市场机会、增加产品的附加值以及增强企业的竞争力都具有重要作用。

二、社会公益创业的条件

社会公益创业所需的条件可分为内部条件和外部条件。内部条件主要包括创业者的知识技能、所占有的生产资料等；外部条件主要包括市场环境、创业融资、政府政策等，对于大学生公益创业而言，应着重关注的创业资源包括知识技能、市场环境和创业资本。

（一）知识技能

公益创业者进行公益创业应具备基本的创业知识和人际交往能力，还要提升创新能力和自我发展能力。因此，公益创业者应注重培养以下几方面的知识技能：①专业技能。现代社会影响社会经济发展的主要因素越来越表现为高新技术的创新。高新技术具有综合、交叉的特点。在此情况下，公益创业者需要具有较为宽厚的自然、社会以及人文方面的知识基础。在此基础上，扎实的专业知识可以为立业、创业奠定良好的基础。②决策能力。一个创业者首先要成为一个决策者。决策能力是公益创业者根据主客观条件，因地制宜，正确制定创业的发展目标、方向、战略以及选择实施公益创业方案的能力。③组织领导能力。组织领导能力是基于领导行为或领导活动所表现出来的心理特征。这些心理特征在解决群体问题时，能在群体中发挥组织作用，表现出稳定的状态。④社会交往能力。交往能力是在交往过程中顺利完成交往任务并运用交往技能达到某种工作目的的心理特征，包括沟通能力、社会活动能力、亲和力、协调力等。公益创业者在一个不断变化的社会环境中开展公益创业活动,要想取得成功,必须与各行各业的人员沟通交流,要树立合作共赢的意识和团队互助的精神。①

(二) 市场环境

针对市场环境资源,公益创业首先要进行市场调查,这不仅是为了了解行业发展的现状,更是为了公益创业后组织的发展壮大。市场调查包括市场营销调研、营销机会分析两方面。市场营销调研方法有材料分析、市场调查、市场试验;营销机会分析主要是分析环境对创业的威胁并尽可能地避开,同时努力使环境威胁转化为市场机会,常用的方法为环境威胁矩阵分析、市场机会矩阵分析和机会威胁矩阵分析法。其次,要在市场调查的基础上制定市场竞争策略,明确自身在同行业竞争中所处的位置,进而结合自己的目标、资源和环境,以及在目标市场上的定位,等等,来制定市场竞争战略。组织在市场上的竞争地位可以分为四种类型,即市场主导者、市场挑战者、市场跟随者和市场补缺者,公益创业者可以根据自身情况进行定位。最后,选定目标市场并制定营销策略,根据目标市场的需求特点,营销策略可以分为无差异、差异性以及集中性目标市场营销策略。营销策略则包括产品策略、价格策略、渠道策略和促销策略等四个方面。②

---

① 参见唐亚阳《公益创业——高校创业教育的新天地》,载《人民日报(理论版)》2009年6月17日。
② 参见唐亚阳《公益创业学概论》,湖南大学出版社2009年版,第56~57页。

（三）创业资本

创业资本是公益创业的血液，有了组织所需的资源，创办的公益组织才能正常运转下去，公益服务才能持续。公益创业资金的来源，一是自筹资金，即公益创业者自身或团队自筹经费；二是社会筹资，包括政府的资金支持、银行信贷、非银行金融机构融资、民间借贷、商业信用等。按照现行政策，对于高校毕业生创业，国家有一定的优惠政策，公益创业团队可以积极利用这种途径获取一些创业资金。

三、社会公益创业的团队

创业团队的成员是一群拥有共同目标的群体，能力互补、责任共担，有着明确的角色分工，并有明确的创业计划。创业团队的核心是创业组织的带头人，一个喜欢独立奋斗的创业者固然可以谋生，然而一个团队却拥有更为强大的力量。创业团队的凝聚力、合作精神、立足长远目标的敬业精神会帮助新创公益组织度过困难时期，加快成长步伐。[1]

公益创业团队的组建是一个相当复杂的过程，不同的公益创业项目所需的步骤是不一样的。总体而言，主要包括明确目标、制定计划、招募人员、划分权责、团队融合等五个方面。

---

[1] 参见李晓兰《创业教育论》，西北工业大学出版社2004年版，第39页。

（一）明确目标

公益创业目标的确定对团队的招募、培训、发展有着指引性的意义。团队的构建围绕着公益创业过程中不同阶段所需的市场、技术、战略、组织、管理等多方面工作。对公益创业总目标进行分解，设定若干可以达成的子项目目标，是公益创业团队建立的前提。

（二）制定计划

在目标明确之后，紧接着就是为公益创业的目标制定可实施的方案。公益创业计划以公益创业目标为依据，以团队合作为基础进行综合考量。公益创业计划应明确公益创业过程中所要进行的阶段性任务，在明确阶段性任务的基础上形成整个计划的实施方案。

（三）招募人员

公益创业团队成员的招募在整个公益创业团队的构建中是至关重要的。招募团队人员需要考虑团队成员的互补性，即考虑其是否能在技术方面或能力方面形成互补，强化团队成员的相互合作。

（四）划分权责

为了顺利实现公益创业目标，在完成人员招募后，应对每个团队成员的权责进行划分，避免职责的重叠和交叉，更要避免责任无人承担的状况。

(五) 团队融合

公益创业团队的成员需要在不断的调整和融合中实现和谐共处,而且,团队成员的融合是一个动态持续过程,是渐进发展的。团队的负责人要以包容和耐心促进团队成员的融合,实现"1+1>2"的团队效应。

第三节 社会公益创业的流程

社会公益创业是一个复杂的创业过程,包括新公益产品或公益服务的开发、产业化经营、资源的整合和利用等。公益创业的基本流程主要包含评估创业机会、构建运作模式、组建创业团队、管理创业组织等方面。① (图8-3)

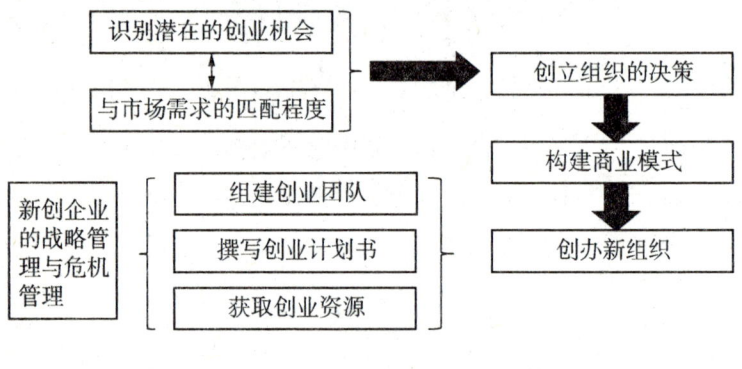

图8-3 社会公益创业的一般流程

---

① 参见唐亚阳《公益创业学概论》,湖南大学出版社2009年版,第53页。

一、评估创业机会

公益创业者根据公益服务市场的机会进行评估,并结合服务对象的需求进行匹配。识别公益创业机会是公益创业的关键步骤,收益和风险是评估创业机会的重要指标。

二、构建运作模式

公益创业者在把握公益创业机会的基础上,要进一步构建与之相适应的运作模式。公益创业机会的把握只是公益创业的前奏,而运作模式的建立则是公益创业的重点。适宜的运作模式才能使公益创业持续发展,如果模式偏离了公益创业的初始目标,公益创业者需要尽快调整战略、明确方向。[1]

三、组建创业团队

公益创业者在完成了公益创业机会的摸查,明确了公益创业模式后,则需要根据公益创业的目标组建公益创业团队。在组建公益创业团队的基础上,群策群力地形成公益创业计划书、筹措相应的公益创业资源等。

四、管理创业组织

公益创业组织在创立后,需要就其战略方向定位、人力资

---

[1] 参见唐亚阳《公益创业学概论》,湖南大学出版社2009年版,第38～40页。

源、营销方向、资源等进行管理。公益创业团队要建立一套行之有效的管理方法，对整个新创组织的各环节进行有效监控。新创公益组织的战略管理是组织发展的方向性定位。公益创业者要具有危机意识，对组织的技术、人力、财务、市场等多环节进行管理，为组织的后续发展做好基础工作。①

第四节　大学生社会公益创业

随着创新创业和公益理念的广泛传播，人们开始关注公益领域的创业活动，公益企业在我国应运而生。特别是近年来社会组织登记放开之后，创立公益组织的门槛随之降低，催生了公益创业的热潮，越来越多的年轻人也积极投身其中。

一、大学生公益创业的缘起：为何而生

公益创业不仅仅是对社会问题的关注和对社会弱势群体的关怀，更是致力于让世界更加美好的一种投资。在经济学意义上，资本是期望在市场中获得回报的资源，是在以追求利润为目标的行动中被投资和动员的资源。② 人们关于资本概念的探讨，从最早关注物质资本（自然资源，如土地、矿产等），到后来看重技术资本（技术资源，即技术的改造和创新），再到

---

① 参见唐亚阳《公益创业学概论》，湖南大学出版社2009年版，第41～42页。

② 参见［美］林南《社会资本：关于社会结构与行动的理论》，张磊译，上海人民出版社2005年版，第3页。

后来关注人力资本（人力资源，即劳动力的管理与开发），直到近年来又将目光聚焦于社会资本（社会关系资源，即社会结构和人与人的社会关系网络），这反映了人们对促成社会发展的资本要素之认识越来越全面、深刻。① 从资本的投入与运营角度看，公益创业实际上是一种能够将物质资本、人力资本和技术资本转化为社会资本的活动。根据社会学家林南的理论，公益创业中所投入的"资本"是经过两次处理的资源。在第一个过程中，物质资本、技术资本和人力资本作为投资所需的资源得以"生产"；在第二个过程中，将生产或改变后的资源投放到"市场"（投送给服务对象）从而转化为社会资本（实现利润）。社会资本的增加又反过来优化物质资本、技术资本和人力资本的生产环境，促成各种资本之间的良性循环，最终推动整个社会向前发展。由此可见，商业运营在此循环过程中起的是杠杆作用。在金融业界，杠杆作用指的是通过借贷来提高投资的潜在好处。在公益慈善中，杠杆作用意味着将钱用在它能产生不成比例效应的地方，提高投资的回报，从而让更多的钱产生重要的乘数效应。② 概而言之，公益创业针对的主要是公益服务中的效率问题，以创新创业的精神去发现和满足那些未得到满足的社会需求，推动社会问题的解决，实现物质资本、技术资本和人力资本向社会资本的转化。也就是说，

---

① 参见燕继荣《投资社会资本：政治发展的一种新维度》，北京大学出版社2006年版，第35页。
② 参见［美］马修·比索普、迈克尔·格林《慈善资本主义》，丁开杰、苟天来、朱晓红等译，社会科学文献出版社2011年版，第78页。

社会资本的增值是公益创业的基本目标。

当前,我国大学生公益创业方兴未艾主要是基于三个方面的原因:

第一,社会有需求。首先,随着全面建成小康社会、全面深化改革、全面依法治国、全面从严治党的深入推进,以往没有触及的问题或没有注意到的问题逐步得到关注,需要采取创新的方法予以解决,这在很大程度上激发了大学生公益创业的热情。其次,社会的发展以及由此带来的人们生活水平的提高,促进了人民群众对美好生活的追求,民众对诸如环境、养老、医疗、卫生、教育等方面状况的改善有了更高的期待。而公共服务的供给,单靠政府、市场或公民个人都无法得到满足,必须采用创新的方法推进问题的解决。青年作为最为活跃、最具创意、最有激情的群体,参与到公益创业大潮中,既是时代使然,也是社会的召唤。

第二,国家有倡导。党和政府倡导青年特别是青年大学生积极参与创新创业,鼓励青年通过创业实现就业。党的十八大报告指出:"就业是民生之本。推动实现更高质量的就业,必须做好以高校毕业生为重点的青年就业工作,引导高校毕业生转变就业观念,鼓励其多渠道、多形式就业,促进创业带动就业。"李克强总理在2015年政府工作报告中提出,要大力推进"大众创业、万众创新"。随后,《国务院关于进一步做好新形势下就业创业工作的意见》要求大力培育大众创业、万众创新的新引擎,实施更加积极的就业政策,把创业与就业结合起来,以创业带动就业,加强就业创业服务和职业培训。此外,政府还通过完善政策法规、开放社会组织登记、加大政府购买力度等方式,引领公益创业,推动非营利组织的发展,为大学生公益创业营造了良好的氛围。

第三,青年有意愿。首份《中国青年公益创业调查报告》的统计数据表明,在校大学生是我国开展公益创业活动最为活跃的群体。公益创业组织领导人或创始人的年龄集中在18～30岁,占受访者的88%。其中,65%的大学生公益创业者是为了"挑战自我",59%为"回报社会",33%想"学以致用",30%是为了"解决就业"。[①] 调查结果显示,尽管公益创业的动机不尽相同,但与其他社会群体相比,青年参与公益创业的热情最高,是当前公益创业的主体力量。

二、大学生公益创业的现状:问题与挑战

虽然大学生公益创业总体上处于社会有需求、国家有倡导、青年有意愿的良好发展态势之中,但公益创业毕竟还是新生事物,还面临许多问题和挑战。与商业创业相比而言,当前的大学生公益创业还面临诸多问题与挑战,主要表现在自身能力弱、社会认可度低、政策不到位等方面。

(一)自身能力弱

现代公益是个人出于自愿并以服务的方式来调节人与人之

[①] 参见王梦影《八成公益创业青年期待资金支持》,载《中国青年报》2015年1月20日。

间的社会利益关系，通常是通过做好事、行善举向社会提供公共产品，进而达成人与人之间关系的改善。① 从根本上说，大学生公益创业是对社会资本的投资与运营。但是，由于青年群体的特殊性，他们创建的多为中小微企业，这些企业大多资产规模较小、抗风险能力较弱。进行公益创业的年轻人多数在知识经验、社会阅历、社会关系等方面尚有不足，这就不可避免地使他们在公益企业的战略设计、资源筹措、日常运营、服务水准、市场开拓等方面具有一定的局限性。特别是许多在校或刚毕业的大学生在进行公益创业时，往往还是用志愿服务的模式来进行公益企业的运作，因而常常面临资金短缺等方面的问题。由于商业领域与公益领域存在着重大差别，导致社会经验还不是很充足的年轻人，常常会经历较为严峻的"文化冲击"。在此过程中，大学生公益创业者在工作态度和工作方法方面也将面临一系列挑战。当然，大学生公益创业者及其公益企业存在的"自身能力弱"问题，并不意味着大学生公益创业者及其公益企业没有发展前景。这种情况的存在，更表明对大学生公益创业者及其公益企业进行帮扶和支持的重要性和必要性。

（二）社会认可度低

公益创业最崇高的使命是让普通大众广泛地参与公益服

---

① 参见钟一彪《青年公益的实践维度》，载《当代青年研究》2015 年第 1 期。

务,这是艰巨而富有挑战的任务。尽管志愿服务的理念近年来渐渐深入人心,但由于当前公益慈善领域存在的种种不良现象,导致人们对公益慈善活动普遍不信任。社会对公益服务的这种不信任直接影响了公益企业的资源整合能力,使公益企业的筹资难以得到广大民众的有效反馈。加之我国传统慈善和社会道德都比较强调"无私奉献"的一面,公益创业由于与市场运营相结合,社会上还有许多人对公益创业有误解,往往认为从事公益服务的人不应该拿工资,或者索性把公益创业当成"伪公益"。从服务对象角度而言,公益企业所提供的服务又经常与商业活动相结合,或者服务项目本身就是收费的,这与传统的免费慈善大不相同,也在一定程度上影响了服务对象对公益创业的接纳。此外,公众经常质疑大学生公益创业者开展公益创业的动机。以上对大学生公益创业的种种误解表明,公益创业理念还远未深入人心。因此,不仅需要通过引入新技术和新模式来创新公益服务,更应通过社会普遍接受的新媒体等方式进行舆论引导,提升公众对大学生公益创业的认可度。

(三)政策不到位

政府政策是影响大学生公益创业的最大变量。政府对公益创业的倡导与支持既可以增加公益企业的启动资金规模,又可以有效激发青年的公益创业动机。在大学生公益创业的资金方面,政府资助是各国公益创业组织获得资金的主要来源。当今世界发达国家除了重视直接的资金投入,还善于加大对专项资金的扶持力度。① 从我国现行的政策来看，中央政府对大学生公益创业是重视的，但许多地方政府还停留在一般号召层面，缺乏操作性强的具体配套政策。我国对社会企业尚没有明确的税收优惠政策，非营利企业也存在重复收税的问题。形象地讲，政府对大学生公益创业只是给了"准生证"，但对确保其健康地"活下去"，还没有采取有效的支持。

三、大学生公益创业的未来：如何更好

上述情况表明，当前大学生公益创业既存在机遇，也面临诸多挑战。从总体上看，经济社会的向前发展必将吸纳越来越多的青年投身公益创业，而大学生公益创业水平的提升又将进一步推动经济社会的发展。在现阶段，最重要的是为大学生公益创业建构起必要的支撑。我们需要树立起这样的一种理念，即支持大学生公益创业实际上就是支持青年发展，也是在推动社会的发展。为此，可以借鉴青少年工作者和研究者们经过20多年努力所制定的青少年成长促进 SOPS 原则。② 具体而言，就是要引导大学生公益创业者着力于支持（support）、机会（opportunities）、项目（programs）及服务（services）等四个方面，形成支持、机会、项目、服务四位一体的行动模式（见图 8-4）。

---

① 参见汪忠、袁丹、郑晓芳《青年公益创业动机特征实证研究》，载《青年探索》2015 年第 5 期。
② 参见［美］彼得·A. 威特、琳达·L. 凯德威尔《娱乐与青少年发展》，刘慧梅、孙喆译，浙江大学出版社 2009 年版，第 4 页。

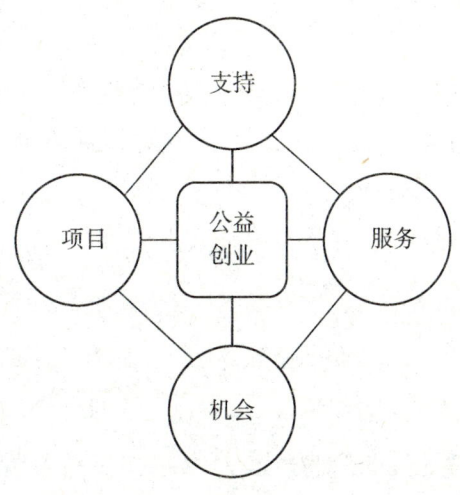

图8-4 大学生社会公益创业的 SOPS 行动模式

首先,大学生公益创业者要善于寻求市场支持。既然是公益创业,其核心就是通过商业和市场的力量来解决社会问题。公益创业与一般公益服务的目标是一致的,都致力于解决社会问题,两者的不同主要体现为是否使用商业方法来推动问题的解决。当前,广大大学生公益创业者普遍存在的问题是没有能够很好地运用市场力量,或者说大多数大学生公益创业者还无法娴熟地驾驭市场。今后的发展重点是加大对慈善市场的培育力度,建构起公益众筹和公益风投支持大学生公益创业的机制。

其次,大学生公益创业者要推动政策发展。大学生公益创业者不仅要扮演"争取政策、使用政策"的角色,还应该努力影响政策的变迁,参与政策的制定,长此以往,必将推动政府政策更加公平、更加人性化,也将更有利于形成多元共治的社会治理格局。① 作为有抱负、有理想的一代，大学生公益创业者要努力提升自身的政策素养，不应该被动等待社会的变迁和政策的变化，而应该主动作为，用更加进取的姿态、多种方式参与到国家相关政策的制定中，用专业的态度推动制度变迁。当然，这对大学生公益创业者提出了很高的能力要求，但对推动公益企业的可持续发展则是必需的举措。

再次，大学生公益创业者要更加注重项目遴选。项目是公益创业的载体。公益项目与一般企业的项目相比，具有三个显著区别：一般企业的项目侧重于工程类，公益项目侧重于服务类；一般企业的项目以内部立项为主，公益项目大多数向组织外部申请；一般企业的项目注重营利，公益项目的主要目的是实现其战略性目标和宗旨。② 公益创业项目则兼具公益项目和一般企业项目的特点，通过商业运作实现公益企业的战略目标和宗旨，这对项目遴选提出了更高的要求。在项目遴选过程中，大学生公益创业者要注意加强对投入产出的计算，以便让项目可操作、可测量、可问责，提供高质量的服务，从而赢得社会认同以及服务对象的悦纳。

复次，大学生公益创业者要着力提升服务水平。在公益创业领域，"生存下去"比纯粹的商业领域要艰难许多。通常而言，公益企业在创立的前三年都处于高风险期。公益企业如何

---

① 参见王义明《青年公益创业的困境与突破》，载《青年探索》2014年第3期。
② 参见王名《非营利组织管理概论》，中国人民大学出版社2002年版，第162页。

活下去？比较好的发展战略是以技术立品牌，以专业谋发展。这就意味着，大学生公益创业者要通过开发核心技术和培养专业能力来做大做强服务。对于一个公益企业来说，自身的核心技术是什么？这是大学生公益创业者在创业时就应思考的问题。没有核心技术，企业就无法立足，更无从发展。忠于自身使命、守护专业精神、提供专业服务是大学生公益创业者应秉持的基本伦理价值，在此基础上，应注意把专业社会工作（Social Work）的理念和技巧运用到公益服务中，不断提升公益企业服务社群、解决问题的能力。

最后，需要指出的是，尽管大学生公益创业是一个具有强大生命力和远大发展前途的新生事物，但不是所有的公益服务都可以或都需要采取商业运营的模式，也不是所有的年轻人都适合从事公益创业。但无论如何，我们期待大学生公益创业能够以资本为杠杆，实现公益服务从个人自发到集体自觉的范式转换；以成果为导向，实现从公益理念到公益行动的范式转换；以助人自助为目标，实现从单向输送到多方共赢的范式转换，最终促成中国公益慈善的转型升级。

第九讲　大学生社会公益实践的风险管理

环境的复杂性与不确定性，决定了公益活动不可避免地存在着风险因素。我国正处于民间公益活动的大发展时期，但公益活动的立法尚不完善，管理也不规范到位，服务对象和组织者之间的法律关系不明确，无论是公益活动的组织者、参与者还是服务对象，他们的权利义务关系不清晰，因而产生一些问题、面临一定风险的情况也就在所难免了。

第一节　公益实践风险管理的概念

大学生积极参与公益活动是文明社会的体现，在传播文明理念、助困帮困、缓解社会矛盾等方面起作用的同时，也有利于大学生的自身成长。但是，大学生参与公益活动也可能直接成为各种风险的承担者。研究大学生社会公益实践中潜在的各种风险，并通过制度建构来达到防范风险的目的，对于大学生社会公益实践的组织者和管理者来说，是一项非常重要的工作。公益风险管理强调对活动过程中可能碰到的风险和干扰因素做到最大程度的识别和预防，强调对公益活动进程的有效监控，做到防患于未然。

一、公益活动风险的产生

简而言之，公益活动风险就是公益活动的过程中对组织者、志愿者、服务对象及公益活动相关方产生危险或威胁的内部或外部因素。

一般来说，公益活动风险的产生主要包括以下几个方面的原因：①主观与客观相悖，主要是利益相关者认识的不一致；②事态发展中的偶然性，即活动进程中的不确定性因素；③外界的干扰，主要包括自然灾害等不可抗力，以及政治、经济、技术、资源等因素的影响；④为消除或者减轻风险而采取措施所付出的代价及风险本身带来的损失；⑤活动中利益相关者的非正常行为，例如，公益活动中大学生对服务对象造成的损失，或者是服务对象对大学生造成的伤害，等等。[①]

二、公益活动风险的类型

参照风险常用的分类方法，公益活动风险可以分为静态风险与动态风险、纯粹风险与投机风险、自然风险与人为风险等类型。

（一）静态风险与动态风险

静态风险指的是政治、经济、社会、技术等相对正常的情况

---

① 参见纪燕萍等《21世纪项目管理教程》，人民邮电出版社2002年版，第241页。

下，由于自然灾害等不可抗力和主观错误判断和错误行为导致的风险。动态风险则是政治、经济、社会、技术等因素变化导致活动组织方式、管理形式、活动目的变化发生的风险。

（二）纯粹风险与投机风险

纯粹风险是当风险发生时所造成损害的风险，可以细分为人的风险、财产风险、责任风险。投机风险是可能带来利益也可能带来损失的风险，可以分为市场风险、经营风险等。[①]

（三）自然风险与人为风险

自然风险是因自然力的不规则变化产生的现象所导致危害经济活动、物质生产或生命安全的风险，如地震、水灾、火灾、旱灾、冰冻等。人为风险是由于人的活动、人的主观因素而带来的风险，可分为经济、技术、政治和组织风险等。

当然，公益活动风险还可以按照其他标准分类，例如，根据风险的可控性程度，可分为可管理的风险和不可管理的风险；根据风险的范围，可分为总体风险和局部风险。此外，还可以根据风险承担对象不同进行公益活动的风险分类。

三、公益活动风险的管理

公益活动的风险管理是在识别和评估公益活动风险的基础

[①] 参见纪燕萍等《21世纪项目管理教程》，人民邮电出版社2002年版，第241页。

上,选择、确定风险解决方案并对各方面风险进行管理直至解决风险的组织过程。也就是利用科学的方法去识别公益活动的风险、评价公益活动风险,并设计、实施有效的方法去控制公益活动风险。公益活动风险管理不是孤立的项目,而是整个公益活动项目管理过程中的有机组成部分。[1] 正确的风险管理方法不仅能减少风险事件的发生,而且能减少处理危机对公益活动产生的负面影响。公益活动中的风险管理应该是预见式的,而不是反应式的。如果活动组织者能从风险防范的角度做好预案,就能在危机发生时从容应对。而反应式的活动组织者则要等到问题发生后才采取措施,此时,活动组织者需要付出更多的时间、精力、财力去应对已经出现的危机事件,比起事先做好风险预案,这将失去宝贵的时间和及时解决风险的机会。而且,预见式的防范措施可以将许多风险消除在萌芽状态。

公益活动的组织者和参与者要在充分推演公益活动整个活动流程的基础上,通过识别风险、分析风险、制定预案和监控风险四个环节来对公益活动的风险进行全流程管理。

(一) 识别风险

公益活动的风险管理首先要识别潜在的风险领域,这是风险规避中最重要的步骤。如果公益活动的组织者和参与者不能准确地识别活动将面临的潜在风险,这种情况本身就是一个巨大的潜在风险。

---

[1] 参见骆珣等《项目管理教程》,机械工业出版社2003年版,第282页。

风险识别包括确定风险的来源，分析风险产生的条件和特征，确定哪些风险会对整个公益活动产生影响，会产生什么样的影响，并对风险进行分类，对风险的危害程度进行等级排序。风险识别的参与者应包括公益活动的主要负责人、风险管理小组、研究公益活动的专家学者、具有丰富公益经验的人员等。风险识别并非一步到位的事情，应当贯穿于活动的始终。一旦风险被识别出来，通常就可以开发甚至实施简单而有效的应对危机和风险的措施了。①

识别风险是一项复杂的工作，主要方法有：①原始资料的有效整合。参考以前举办的公益活动，尤其是大型的或者有较大影响力的公益活动，查看这些公益活动中发生的风险，将其整理出来，对比活动的相似性，梳理出活动中可能存在的风险。②访谈法。风险管理负责人应该向活动利益的涉及者、专业技术人员、有丰富公益活动参与经验的人员等，广泛征询其对公益活动风险的看法及预防、应对措施。③头脑风暴法。可以采取座谈会方式，用"头脑风暴法"漫谈公益活动风险，全面记录下来，并加以冷静思考，剔除不合理成分，保留有用的部分。④流程图法。设计一个活动流程图，梳理出每一个环节可能会出现的风险。⑤现场观察法。风险管理者对活动现场的勘测非常重要，通过直接观察活动现场的各种设备和操作，

---

① 参见纪燕萍等《21世纪项目管理教程》，人民邮电出版社2002年版，第224页。

可以更加有效地识别潜在的风险。①

(二) 分析风险

风险分析就是研究风险的可能性、风险的危害大小以及风险的后果，包括定性分析和定量分析。定性分析的主要内容是确定风险发生的可能性以及后果的严重性，定量分析是确定风险出现时造成的损失。

(三) 制定预案

制定预案就是做好风险应对计划。风险应对计划是针对风险识别和量化的结果，为了实现公益活动目标、降低风险对利益方（包括大学生志愿者、服务对象以及活动组织者等）的威胁或者损失而制定风险应对策略。风险应对计划的制定应该与风险的大小、应对成本、操作性和现实性相适应，得到活动参与者的认同，并且由专人负责。

风险应对计划中有三类对风险的处理对策，即控制、转移以及自留。控制对策包括风险回避、风险规避、风险缓解、风险分离、风险分散；转移对策是将风险以付费或免费的方式转给第三方；自留对策是由公益活动组织者自己设置风险基金，将风险留给自己。②

---

① 参见纪燕萍等《21 世纪项目管理教程》，人民邮电出版社 2002 年版，第 249 页。
② 参见纪燕萍等《21 世纪项目管理教程》，人民邮电出版社 2002 年版，第 256 页。

（四）监控风险

监控风险的过程就是跟踪已经识别的风险，监测潜在风险并不断识别新的风险。在此过程中，需要根据实际情况修订风险规避计划并保证其切实执行，应及时评估这些计划对减低风险的效果。随着公益活动的深入开展，风险会不断变化，可能会有新的风险出现，而预期会出现的风险也有可能没有发生，风险监控可以为活动管理者提供信息，降低风险发生的可能性。

第二节 公益实践风险管理的体系

随着公益活动的发展，无论是组织单位、活动内容，还是组织形式和参与对象，都呈现出多元化状态。这对大学生社会公益实践的风险管理提出了更高要求，建立健全大学生社会公益实践风险管理体系已经成为推进公益活动顺利开展的重要课题。

一、树立公益活动风险防范意识

大学生组织或参与公益活动都有潜在的风险因素，但可以通过防控措施将风险降低，直至消灭风险。树立公益活动的风险防范意识是防控公益活动风险的前提。首先，公益活动的管理部门应加强风险防范意识。对于校外组织的公益活动，公益活动管理部门要督促公益活动组织者强化自身的风险防控能力建设。公益活动组织者要事先对整个公益活动过程中可能发生的风险进行预测,并在预测的基础上制定风险规避方案和应对计划。公益活动的管理部门不仅要督促公益活动的组织者在策划公益活动项目时对潜在的风险进行评估,并制定详细的风险防范预案,还要密切关注活动组织者在公益活动进程中的风险管控行为,督导并协助活动组织者和参与者有效规避风险。其次,公益活动的组织者必须学会和掌握识别风险、预测风险、转移风险的能力,对各类风险有组织、有计划、有措施地予以防范;要事先对公益活动的风险进行评估,特别是那些重大的、参与人数较多的公益活动,要聘请专业技术人员,对活动的每一个环节可能发生的风险作出评估,并制定有针对性的风险防范预案,最大限度地避免风险的爆发。最后,对于活动的参与者(志愿者、服务对象等),也要如实告知参与公益活动所潜在的风险,让他们在知情的情况下自愿提供或接受相应的服务。

二、制定公益活动风险管理计划

为了保证公益活动的顺利进行,在公益项目实施前要制定具有针对性的风险管理计划。最初的工作类似于风险识别,将大学生在服务过程中可能面临的风险尽数列出,针对每一种情况,考虑可能存在的风险因素,设计相应的风险防控方案。在实践中,风险源有可能是比较多的,识别潜在的风险因素也是一项复杂的工作。公益活动的组织者应设置一个专门的风险管理机构,开展公益活动的风险管理工作,尤其是组织参与人较多、社会影响大的公益活动。风险预案的制定需严谨、周全，根据公益活动的各个时间段和服务内容，采取完备而富有针对性的防范措施。

三、完善公益活动风险防控机制

公益活动的风险防控要建立风险管理制度，并在公益项目实施过程中予以执行。公益活动的风险防控机制首先要从建立公益活动的风险管理制度开始，最终通过公益活动管理者、组织者、参与者的良性互动，让制度和规范产生风险防范的功能。

（一）建立公益活动风险管理制度

公益活动风险管理制度的建立要立足于学生的成长成才，从组织保障、经费保障、权益保障和信息沟通等方面着手。

1. 组织保障机制

大学生社会公益实践既是大学生深入社会、了解社会，进行"服务学习"的有效途径，也是在新时期开展大学生思想政治教育的有效形式。当前，境内外政治势力、宗教势力也纷纷利用公益这个平台争取大学生、渗透大学生。鉴于此，高校管理者要从人才培养的战略高度来认识大学生社会公益实践，逐步完善大学生社会公益实践的相应政策。在组织保障方面，可以建立由学校党委统一领导，各职能部门积极参与、齐抓共管，学生工作部门具体落实的公益活动组织保障体系。可以考虑把公益活动作为人才培养的重要形式，纳入高等院校党建和教学评估体系。同时，各个职能部门的职责要明确，避免风险发生时彼此推诿，这样才能真正有效进行风险管控。

2. 经费保障机制

为了保证大学生社会公益实践的顺利开展，应当保障必要的经费投入。有条件的高校可以建立公益活动的专项经费，通过立项的方式引导学生参与学校倡导的公益活动，并在此过程中加强对学生公益活动的指导。公益活动的组织者还要注意为公益活动的志愿者购买保险，以此转移可能的潜在风险。

3. 权益保障机制

在公益活动中，要注意保障志愿者和服务对象的权益。首要的是让公益活动的志愿者和服务对象具有知情权，所有的活动或服务都应在参与者"知情同意"的基础上开展。在实施公益活动前，公益活动组织者应清晰而明确地告知公益活动可能存在的风险，让参与者以自愿的形式参与其中。公益活动组织者还要让每一个公益活动的参与者都签订"知情同意书"，让公益活动的参与者明确自身的权利和义务。

4. 信息沟通机制

良好的信息沟通是规避风险的必要条件，只有了解各方面的信息，才能有效地对公益活动中潜在的风险进行防控和处理。首先，学校的公益活动主管部门可以在官方网站上开辟专栏，发挥网络信息资源共享、传播迅速的优势，进行公益活动风险防控的案例分析和经验分享。其次，要建立信息员制度，及时、准确、有效地了解各方面信息，为公益活动的风险防控提供具有价值的信息。最后，要对公益活动开展现场的各方面情况保持实时跟进，通过随机访谈志愿者、服务对象等来进行信息收集等工作。

(二) 开展公益活动风险防范教育

开展公益活动的风险防范教育首先要抓好公益项目的指导老师建设，要求每一个公益服务团队至少要有一名指导老师。指导老师可以是专业课老师，也可以由班主任、辅导员担任。公益活动的组织者要注意引导学生积极与指导老师联系沟通，寻求指导老师的帮助。此外，要注意加强公益服务的教育和研究工作。有条件的学校可以将公益实践课程纳入教学体系，通过课程教学，使学生掌握公益服务的基本常识和通用技能，在教学过程中注意引导学生进行公益活动的风险防控，也可以让已经有实践经验的学生在课堂上进行经验分享，以此提升大学生在公益活动中的风险防控意识。此外，可以通过观看录像、案例分析、专题讲座、社会调查、专家访谈、实战模拟等形式多样的活动，来激发和培养大学生的学习兴趣，增强他们在公益活动中的自我保护意识与处理突发事件的能力。同时，可以组织志愿者学习相关法律法规，开展社会保障、医疗、环境保护等方面的专题讲座或专题讨论，把法律意识的培养和公益实践结合起来，做到知法、守法和用法。

(三) 建立公益活动实践基地

规范而又稳定的公益实践基地能够为公益项目的科学化、规范化、规模化和常态化提供良好的条件，有利于公益活动的可持续发展，有利于实践经验的总结和积累，有利于公益实践成果的应用和推广。就目前的情况而言，部分高校凭借自身的优势，利用校友的力量，已经建立了不少社会实践基地，方便学生在课余时间开展实践活动。但大多数高校并没有建立专门的公益实践基地，公益活动的开展经常变换地点，这不利于大学生社会公益实践学习活动安全有序地开展。因而，要在原有社会实践基地的基础上，继续寻找能够长期坚持、全面合作、双向受益、具有发展潜力的单位，逐渐形成高校学生公益实践活动的稳固基地，建立长期合作，深化服务活动。通过构建稳固的实践基地，确保大学生社会公益实践持续、稳定、健康发展，最大限度地降低风险。

第三节 公益实践的风险防范措施

　　风险防范措施指的是纯预防措施和保护性措施。纯预防措施主要是消除造成损失的因素，保护性措施是要对已经处于危险中的人予以保护。风险防范是公益活动风险管理的重要内容，是在风险发生前，根据风险分析及风险评价的结果来制定合理措施对风险进行控制，还要对控制机制本身进行监督以确保其成功的管理体系。

一、完善公益活动策划

　　公益活动的策划书不仅应包含公益项目实施的时间、地点、服务对象等基本信息，还应包含项目的意义、志愿者的招募计划、相关技能培训和风险防范方案等内容，还要对活动的可行性进行分析。公益活动策划方案应该提交学校公益活动的主管部门进行审批，高校公益活动的主管部门应评估公益项目的相关风险，协助公益活动的组织者和参与者降低潜在的风险，提升公益活动的安全性。即使有些公益项目无需向学校公益活动的主管部门提交活动策划方案，活动组织者也有必要深入细致地做好方案设计，把风险管理工作做在前头，以避免突发事件的发生。总之，要以严肃认真的态度做好公益活动方案策划工作，把公益活动的风险防控作为重大事项来抓好抓实。

二、严把志愿者招募关

志愿者招募工作是公益活动组织管理中的重要一环。负责任、有经验的志愿者是公益活动顺利推进的基本条件。做好大学生公益人员的招募工作，要注意做到科学优选，这是从"入口"开始抓防范风险的有效措施。在志愿者招募前，可尽早组建一支"先锋队"，并对他们进行严格培训，以顺利完成志愿者的招募等各项工作。在志愿者的招募方面，应尽可能地招收与活动相关的专业的大学生，这样可以节约培训成本，降低因为缺乏专业知识而导致的风险。

三、加强风险防范专题培训

重视风险防范的专题培训工作是提高大学生在公益活动中风险防控能力的有效途径。为了避免培训投入多、收效少的情形，公益活动的组织者要注意督导专门的培训部门拟定系统的培训方案，通过邀请有经验、有能力、有成绩的优秀志愿者介绍经验、交流方法，邀请专家对大学生进行培训，提高他们的业务能力，以及解决问题的能力、应对突发事件的能力、驾驭复杂局面的能力。在进行专题讲授的同时，也可以采用网络培训的方式对志愿者进行更多样化的培训。网络培训与传统的培训方式相比，有耗时短、成本低等优势。培训工作要把普及公益知识、提高大学生服务技能与风险防范有机结合起来，达到寓教于乐的效果。

四、进行公益活动风险转移

现代社会转移风险最主要的措施是完备的保险，因此，为参与社会公益实践的大学生购买合适的保险，是完善公益实践风险防范与救济机制的重要举措。

美国为了控制和防范志愿服务的风险，建立了一套"志愿服务风险控制体系"，通过一系列的程序，使服务期间双方的诚信、安全等要素达到可接受的水平，将志愿者和志愿组织在志愿服务期间的风险降至最低。这套系统最主要的内容是三类保险：一是普通责任险种，涉及第三方对志愿者的侵害；二是机动保险，主要针对在志愿服务期间发生的、由机动车辆事故导致的损害赔偿；三是专业责任保险，指对专业领域志愿服务期间出现事故的责任赔偿保险。[①] 此外还设有第三人责任保

---

① 参见 James D. DeWitt. A Legal Handbook For Nonprofit Corporation Volunteer Eighth Edition, (Rev. June 30, 2008) 1992, 1995 – 2008, Guess & Rudd P. C.

险，主要针对志愿者在服务过程中给他人造成的伤害，一般由志愿服务使用方在自身的经营范围内购买。①

目前，我国对公益活动参与者提供的保险主要是人身意外伤害险，这虽然基本上可以实现对公益活动中主要风险的防控，但是无法对服务过程中可能出现的服务对象遭受损失的情况进行弥补。因此，仅仅购买人身意外伤害险不足以充分保障公益活动参与者的权益，有必要在相关制度设计中明确各方的相关权利和义务，以最大限度地实现对公益活动参与者的保障。其中，公益活动的组织者有必要做好告知义务、提供保险和评价激励等工作。就告知而言，组织者应注意信息的完整、真实和透明，尤其在有特殊要求的公益服务项目中，应该准确公布年龄、身体状况、技能等方面的条件要求，并对报名者进行审核。在协议中对相关服务内容的边界界定清晰，不得安排志愿者从事超出约定范围的服务活动；也应该监督服务对象，防止出现对志愿者的滥用和不尊重。同时，公益活动的志愿者有从公益活动的组织者中获得合理评价的权利，组织有责任建立准确、连续的志愿服务记录，并为志愿者出具其所需的相应证明。当志愿者的权益受到侵害时，应向造成损害的责任主体主张赔偿责任，活动的组织者应当协助追究侵权人的法律责任，帮助志愿者维护合法权益。

---

① 参见曹艳春《雇主替代责任研究》，法律出版社 2008 年版，第 220 页。

第十讲 大学生社会公益实践的项目评估

项目是为特定目标所设定的、有组织的若干行动的集合，是有望对参与者产生某些类型影响的干预或者服务。① 为什么需要对社会公益服务进行评估？因为一般情况下都会有多种可供选择的方案，有时候可以找到解决问题的更好的方案。评估和服务对象的反馈，不仅对提供有效的服务有帮助，也是考察社会公益服务伦理所要求的。②

第一节 社会公益实践项目评估的基本方法

根据项目发展进程和评估所要解决的问题，可以把大学生社会公益实践项目评估分为项目实施前的服务需求评估、项目执行中的服务过程评估以及项目完成后的服务结果评估。需求评估要回答项目运行所需的社会条件、项目需求程度等问题；

---

① 参见［美］戴维·罗伊斯等《公共项目评估导论》，中国人民大学出版社2007年版，第5页。
② 参见［美］戴维·罗伊斯等《公共项目评估导论》，中国人民大学出版社2007年版，第2～3页。

过程评估要回答项目的操作、实施以及服务送达等问题；结果评估要回答项目产出和影响等问题。① 尽管项目评估既可以采用定性的方法，也可以采用定量的方法，但好的评估应该运用科学的评估方法，这些方法包括收集经验数据以验证暗含在项目或政策目的中的假设这个系统过程。经验数据是看得见的、能够测量的信息单元。在评估过程中，我们不能仅凭"感觉"来判断一个设计项目是否有效或可操作，而应该用数据来证明是或不是这样。②

一、项目实施前的服务需求评估

准确描述项目意图消减的社会问题的性质，对于项目评估而言非常重要。解答这些问题的评估活动通常被称为需求评估。需求评估通常被作为设计或规划新项目或重组既有项目的第一步，用来提供需要什么服务和怎样最有效地向需要服务的人送达服务的信息。③ 从项目评估的角度而言，需求评估也是一种手段，借此，评估者确定是否真的存在实施项目的需求，如果确实存在这种需求，那么什么样的项目服务最适合用来满足这种需求。这样的评估对新建项目的有效设计是重要的。因

---

① 参见［美］彼得·罗希等《评估：方法与技术》，重庆大学出版社2007年版，第39页。
② 参见［美］理查德·D. 宾厄姆等《项目与政策评估》，复旦大学出版社2008年版，第3页。
③ 参见［美］彼得·罗希等《评估：方法与技术》，重庆大学出版社2007年版，第40页。

而，需求评估就是用来系统地描述、诊断社会需求的程序。①大学生在着手开展社会公益服务项目之前，应该对潜在的服务对象进行需求评估，以确定是否存在服务需求，也以此证明实施该社会服务项目的合理性。

作为任何新项目的计划过程的第一步，需求评估是可靠计划的奠基石。它可以作为衡量项目实施与产出的一种手段。需求评估的目的是方便服务提供者使用，也就是为了辅助特定问题的决策而收集信息。作为数据收集的一部分，需求评估常常试图将一个团体中已有的服务和资源进行分类，目的是帮助决策者确定还需要什么以及应该如何应用稀缺资源。具体来说，实施需求评估的原因主要有：①确定一项干预行为是否已存在于一个群体之中；②确定是否有足够的服务对象存在某个特定问题，以证明创建一个新项目的合理性和正当性；③确定已有的干预行为是否被众人所知或者被潜在的服务对象所接受；④用文档记录现有的和正在日益恶化的社会问题的存在；⑤获得使项目适合特定的目标人群的信息。②

在项目实施前进行服务需求评估应遵循以下步骤：①清楚理解需求评估的目的、预算及资源和分配给项目的时间；②验证需要获取的特定信息；③判断信息是否已经存在或者可以从所拥有的资源中获得；④设计方法和使用的工具（如有必要

---

① 参见［美］彼得·罗希等《评估：方法与技术》，重庆大学出版社2007年版，第70～71页。
② 参见［美］戴维·罗伊斯等《公共项目评估导论》，中国人民大学出版社2007年版，第46～47页。

的话）；⑤收集和分析数据；⑥准备报告。①

对于参加社会公益实践项目的大学生而言，开展需求评估应重点把握以下五项任务。

（一）明确自身角色

大学生社会公益实践项目需求评估的参与者在大多数情况下应该是项目策划人，或者是由项目策划人委托进行评估的专业研究人员。无论是项目策划人还是受委托的专业研究人员，首要的是明确自身在需求评估中属于研究者角色。

作为研究者，评估人员应本着客观公正的态度、实事求是的科学精神来开展需求评估。所谓客观公正，就是要搁置自身的成见或习惯性思维，尽量按马克斯·韦伯"价值中立"（value free）的要求开展需求评估。也就是在需求评估过程中不受评估者个人的价值或偏好所影响，秉持无私人价值偏见的立场和观点。尽管个人的情感或情绪以及习惯性思维在需求评估中难以完全避免，但作为一个研究者，应时时予以警觉，避免产生与客观事实的重大偏差，避免因评估人员个人的原因得出与实际不符的结论。

在明确自身研究者角色的基础上，要为接下来进行的描述目标人群和描述需求做准备，因而需求评估者实际上也是服务对象需求以及所需社会条件的描述者。所谓需求评估，就是在

---

① 参见［美］戴维·罗伊斯等《公共项目评估导论》，中国人民大学出版社 2007 年版，第 51 页。

调查研究的基础上对潜在服务对象的需求状况及满足这些需求所应具备的条件进行描述；所谓描述，实际上就是对研究对象进行客观反映，把研究对象的情况和相关信息进行系统而明确的呈现。通常而言，研究对象的人口统计学特征、潜在服务需求的比例、服务需求满足中存在的障碍条件等，是需求评估描述的重要内容。

需要注意的是，在需求评估阶段，评估者应避免以倡导者的角色出现。因为在该阶段，研究对象的服务需求尚未明确，社会问题也未得到确认，在许多实际情况未定的情况下就以倡导者的角色开展工作，实际上已经采取了自身立场，并不符合客观公正的要求。实际上，只有在调查研究和统计描述的基础上，才能确认是否应承担倡导者角色，否则就会失去基本的事实支撑而发生误判。

（二）界定社会问题

在研究社会问题和设法消除它们的过程中，一个难点是理解有关社会问题的相互矛盾的定义和解决方法。有时社会会在较短时期内改变对社会问题的界定，从而要求人们克服自身的适应问题并调整自己的行为。而有时，对一个社会问题的"解决"又会产生新的问题。[1] 界定社会问题和找到满意的解决办法都是极为困难的任务。现存的社会结果和我们的价值标

---

[1] 参见［美］文森特·帕里罗等《当代社会问题》，华夏出版社2002年版，第4页。

准,对选择怎样的社会条件以及是否或如何将之界定为社会问题具有很大的影响。不同的解释产生不同的(甚至经常是矛盾的)解决办法,有时解决问题的尝试又产生另外的问题。社会问题的复杂性——关于其概念、现实和满意的解决方法——要求负责解决它们的人不仅要有良好的意愿,还要具有更多的能力。①

公认的社会问题一般具备四个要素:①它们对个人或社会造成物质或精神损害,必须考虑到人们当前所受的痛苦和将来机会的丧失。②它们触犯了社会里一些权力集团的价值或准则,只有当权力集团的成员认为这些问题会对他们产生某种影响,如对其地位带来威胁时,这些问题才能被定义为社会问题。因此,道德愤慨中的主观成分触发了社会问题的定义。界定一个社会问题在某种程度上来说是一个政治过程,而不仅仅是呈现社会中存在问题的内在特性。在这种意义上,社会成员以及卷入特定争论的各方将逐步建构出一个公认的社会问题的社会事实。③它们因为相互关联的社会机制间的因素,或是一些人从中获利及欲速则不达等因素,在时间上将有很长的持续性。④由于文化习俗和文化矛盾以及似是而非论导致社会问题具有过多的解决方案,因为它们掩饰和中和了那些可以彻底解决而不只是临时修补的社会矛盾。② 因而,在界定社会问题

---

① 参见〔美〕文森特·帕里罗等《当代社会问题》,华夏出版社 2002 年版,第 6 页。
② 参见〔美〕文森特·帕里罗等《当代社会问题》,华夏出版社 2002 年版,第 6~11 页。

时，应注意运用科学的研究方法，客观地研究问题，避免过度的价值卷入，从而加深对社会问题的理解。

首先，对于某些社会问题，既有研究和资料来源，如调查和人口普查数据，对评估某个社会问题的特定方面，能够提供高质量的有用信息。如果信息来源的有效性并不像人口普查资料那样被广泛认可，那么，在使用这些来源时，有必要仔细检查资料是如何被搜集起来的。如果单凭经验来进行推测，在任何问题上，不同的资料来源可能会提供截然不同的甚至相反的估计。① 其次，当有必要获得非常准确的关于问题严重程度和分类的信息而又没有现成的可靠数据可资利用时，评估者需要运用抽样调查或者普查的方法开展原始数据调查。再次，社会指标与服务机构的服务记录也可以用来确认社会问题的当前状况及其发展趋势。② 对社会问题的严重和重要程度进行估计的最简单的方法是询问主要知情者（key informants）。这些人的立场和经历使他们对问题的重要性和分布状态有一定的看法。但是这样的报告通常并不准确，这些主要知情者中，很少有人能够提出论据充分的观点或信息，进而对受某种社会条件影响的人口数量和这些人在人口统计及地理分布上的状态作出好的估计。③

---

① 参见［美］彼得·罗希等《评估：方法与技术》，重庆大学出版社2007年版，第76页。
② 参见［美］彼得·罗希等《评估：方法与技术》，重庆大学出版社2007年版，第79页。
③ 参见［美］彼得·罗希等《评估：方法与技术》，重庆大学出版社2007年版，第81页。

（三）识别干预对象

从项目各方最早开始对社会问题下定义到项目运行的整个时期，正确界定和确认干预对象对社会项目的成功至关重要，是探明项目需求的先决条件。然而，一个项目要想更加有效，就必须不仅仅清楚它的目标人群，而且要能够将项目服务直接提供给干预对象，而不是其他类型的人群。相应地，将服务提供给干预对象，需要准确地定义干预对象，从而确保以相对清晰和有效的方法把干预对象与其他非目标人群区别开来，这是项目运作过程中的一个必要部分。[1]

社会项目的对象通常是个体，但也可以是群体（如家庭、工作组、组织机构等），与地理和政治有关的区域（如社区），或者物质单位（如房屋、道路系统、工厂）。不管对象是什么，在需求评估开始时，都必须清晰地定义所要讨论的单位。就个体情况而言，经常根据社会和人口特征、地点以及他们的问题、困难、个人状况等因素来辨认对象。当对象是集合体时，经常根据组成这些集合体的个体特征来定义对象：他们非正式或正式的共同财产以及他们共同面对的问题。多数项目会指定直接对象。然而，在有些情况下，因为经济原因，或者出于可行性考虑，计划者会通过作用于间接人群或状况（将反过来影响预期的目标人群）的方法设计项目来间接地影响目

---

[1] 参见［美］彼得·罗希等《评估：方法与技术》，重庆大学出版社2007年版，第82页。

标人群。①

对服务对象的详细描述需要确立区分对象的分界线，即在使用这个描述时决定谁或什么可以包括在内或者被排除在外的规则。在详述目标人群时，把定义规定得过宽或者过窄都是冒险之举。尽管需求评估不能确定有关项目对象的哪个观点是"正确"的，但能够帮助消除群体之间的冲突。要完成这一点，就要调查所有重要项目方对对象的定义，并确保这些定义在决策过程中（确定项目关注点）没有被遗漏。从不同观点中搜集的关于需求的资料，将导致对目标人群和预期目标的重新定义，或者将指出放弃某个项目的合理性。②

（四）描述目标人群

项目意图服务的目标人群属性对项目干预方法的选择和项目成功实施的可能性都会产生巨大的影响。一个社会服务项目的目标人群常常被称作高危人群（population at risk），指的是对于某种假设情况有极大可能性发生或经历过的群体。高危人群只能用"可能性"的术语来定义。③

目标人群也可以根据需求状态进行定义。需求人群（population in need）通常是指目前已表现出这种状态的潜在群体。

---

① 参见［美］彼得·罗希等《评估：方法与技术》，重庆大学出版社2007年版，第83页。
② 参见［美］彼得·罗希等《评估：方法与技术》，重庆大学出版社2007年版，第84～85页。
③ 参见［美］彼得·罗希等《评估：方法与技术》，重庆大学出版社2007年版，第85页。

需求人群通常被相当精确地定义，可以根据对其实际情况的精确测量而加以识别。尽管依据某种标准，一些个体构成了需求人群，但这并不意味着他们一定需要项目或提供的服务。在某一项目中，对服务的期望和参与的意愿将界定对特定项目服务内容的需要程度。① 对于大学生社会公益实践项目而言，"具有需求"又"愿意接受"服务的个人或群体才能被定义为目标群体。也就是说，社会公益实践项目不能想当然地认为自己能够或愿意提供服务就可以开展，而是应找到真正愿意参与其中的服务对象，否则，项目就不可能顺利实施。

一个有用的区分是比较问题的发生率和流行率。发生率（incidence）是指在具体时间、具体地理区域或者其他指定的区域内，具体特定问题的新生数量。流行率（prevalence）是指在具体时间、具体地理区域内已经存在的数量。当然，除了估计问题群体的规模外，了解这些问题群体的人口比例也是重要的。很多时候，有必要把发生和流行表述成比率形式来比较不同地区或问题群体。在多数情况下，描述年龄比和性别比不仅是传统做法，而且非常有用。其他识别目标人群特征的有用变量包括社会经济地位、地理位置和住所迁移率等等。②

（五）描述需求特征

文化因素或文化理解能形塑目标人群的基本属性，与项目

---

① 参见［美］彼得·罗希等《评估：方法与技术》，重庆大学出版社2007年版，第85～86页。
② 参见［美］彼得·罗希等《评估：方法与技术》，重庆大学出版社2007年版，第86页。

到达其目标群体的有效性和提供服务的方式密切相关。① 文化是一种包括人们在社会中习得的知识、信仰、艺术、道德、法律、风格，以及任何其他的能力和习惯的整体，是代代相传、累积增繁的成果，是一个社会为应对自然环境挑战所发展出来的。② 文化如此重要，所以在描述目标人群的需求特征时，应深入他们的生产和生活中，深度接触，怀着"同理心"去观察和理解。

服务需求中的另一个重要的维度是考虑目标人群在使用服务时所遇到的困难。这些困难源于交通问题、有限的服务时间、缺少对儿童的看护以及其他许多类似的障碍。一个能将服务有效地提供给需求对象的项目与一个不能有效地提供服务的项目的区别，主要在于项目对克服这些障碍给予的关注程度。③ 有些社会公益实践项目之所以收效甚微，主要是只关注自己能"给予"目标人群的服务，而没有考虑到目标人群要接受这些服务是需要一些条件的。如果考虑到目标人群在接受服务时可能遇到的实际困难，在项目举办的时间、地点和方式等方面就应结合实际情况进行调整，而不是一厢情愿地强调实施方的意愿了。

由此可见，为了项目设计和评估，获得社会问题的本土特

---

① 参见［美］彼得·罗希等《评估：方法与技术》，重庆大学出版社2007年版，第88页。
② 参见蔡文辉、李绍嵘《简明英汉社会学辞典》，中国人民大学出版社2002年版，第43页。
③ 参见［美］彼得·罗希等《评估：方法与技术》，重庆大学出版社2007年版，第88页。

征和项目服务需求者的独特环境的详尽资料是非常重要的。这些资料常常能通过定性的方法获得，而常人方法研究或专题小组方法（在项目各方和观察者中挑选有代表性的人组成小组）是具有很强代表性的方法。①

二、项目执行中的服务过程评估

社会公益实践项目过程评估关注一个项目或政策传递给服务对象的手段和方式，其重点是对社会公益服务行为的考察，以此提供必要的数据来判断服务的强度和可靠性。② 每一个社会公益实践服务项目都有自身的发展进程，过程评估的作用就是防止服务项目偏离既定的目标和宗旨。过程评估在研究和示范项目中尤其需要，因为发起者们希望知道在项目的执行过程中可以学到些什么，对是否开始另一个这样的项目很有借鉴意义。③ 总体上，过程评估主要围绕项目描述、项目监控以及质量保证等三个方面展开。

（一）项目描述

对过程评估有用的数据类型主要包括：服务对象的人口统计学特征、服务对象所接受的服务类型和数量、服务对象的来

---

① 参见［美］彼得·罗希等《评估：方法与技术》，重庆大学出版社2007年版，第92页。
② 参见［美］戴维·罗伊斯等《公共项目评估导论》，中国人民大学出版社2007年版，第106页。
③ 参见［美］戴维·罗伊斯等《公共项目评估导论》，中国人民大学出版社2007年版，第105页。

源、与员工相关的信息（专业水平、经验阅历、人口统计学特征）、项目活动（特殊事件和会议、职员会议、提供的培训及书面的项目协议、程序和培训手册）、与项目相关的会议记录、与项目有关的信件和内部备忘录、服务对象的满意度数据、财务数据（项目费用和支出）等。收集数据的方法很多，包括面访和电话访谈、调查问卷、关键信息访谈、核心小组、组织记录分析、项目文件分析、观察法和案例分析。实施过程评估时，最好综合使用定性和定量的数据收集方法，这样才能更好地获得信息。①

（二）项目监控

项目监控对那些想要搞明白项目中发生了什么、对象是谁的评估者来说是很有价值的。一个新的评估者不应该形成这样的观点：只有要求做过程评估时才做项目监控。实时的项目监控对所有项目的正确管理是十分关键的。项目监控不需要精细的研究设计，对统计方法也没有很高的要求。项目监控开始于查看项目的特殊目标，然后将这些与大部分公共事业机构日常收集的数据进行比较，以确保项目正在为目标人群服务。②

项目监控需要确定项目产出是什么，有哪些非常重要的、需要考虑的事件或活动。熟悉机构的使命将会对确定监控内容

---

① 参见［美］戴维·罗伊斯等《公共项目评估导论》，中国人民大学出版社2007年版，第107～108页。

② 参见［美］戴维·罗伊斯等《公共项目评估导论》，中国人民大学出版社2007年版，第109～110页。

有所帮助。如果你所在的机构没有正式的使命陈述，或者你认为有必要起草一份使命陈述，那么就从机构的规章制度、管理和议事程序开始，这些文件描述了机构产生后的目的。①

（三）质量保证

质量保证是在执行项目质量计划过程中，经常性地对执行情况进行评估、检查和改进，以确保项目实施满足要求所需的工作。有效的质量保证体系能够对技术、管理和人员等方面进行控制，预防、减少直至消除质量隐患。②

质量保证最常见的方法是全面质量管理，该方法强调服务对象满意度调查并且根据反馈意见使服务对象更满意，有时这也被称作跟踪质量提高。全面质量管理是基于威廉·爱德华兹·戴明（William Edwards Deming）提出的一系列原则。一个主要的目标就是降低每个过程的不确定性，获得更大的稳定性。质量是由服务对象定义的，所以主要集中在服务对象的需求上。然而，全面质量管理并不是一劳永逸的，它必须从高层管理的责任开始改善。全面质量管理要求人们在思想上有所转变，鼓励所有员工参与到计划过程中。马丁（Martin，1993）定义了14个和质量管理有关的维度。尽管对于项目实施者来说，把同时提高这14个方面确定为目标也许是不可能的，但是对管理者来说，思考某一个特定的项目是否在已选择的评判

---

① 参见［美］戴维·罗伊斯等《公共项目评估导论》，中国人民大学出版社2007年版，第111～112页。

② 参见关老健《项目管理教程》，中山大学出版社2006年版，第199页。

标准下顺利进展是很有意义的。质量项目的 14 个方面是：可接近性（在进入项目时，很少有问题发生）、担保（员工获得便利）、沟通（服务对象或潜在的服务对象能够及时获得关于项目的信息）、竞争（员工技术熟练、知识丰富）、一致性（满足广泛接受的标准和最佳实践标准）、充足（不缺乏使之成为高质量项目的任何条件）、耐久力（项目持续的影响或产生的变化）、同情（相互理解）、善良（尊敬服务对象的尊严）、绩效（干预成果如预期的那样）、可靠性（干预持续进行并且可以预测）、快速反应（从服务对象发出请求到获得服务的时间较短）、安全（进入和接受干预时没有危险）、切实性（物理环境可接受）。①

为达成过程评估的目标，既要从项目运行的角度对日常工作进行监察，又要关注服务对象对项目服务满意度的反馈。因而，社会公益实践项目过程评估的第一个方法就是监察日常的工作。在这种评估方法中，项目运营的基本问题聚焦在询问上。事实上，在该层次，应询问诸如"是否已经履行了项目计划书向服务对象所承诺的义务"或者"项目执行人员是否得到了合适的培训"之类的问题。从根本上说，这些评估更注重去发现项目运行及其管理中的问题并确保没有问题发生，对项目实施人员的工作行为和工作状况进行控制并处理其中的问题。在整个评估谱系中，该阶段对工作分析、资源支出研

---

① 参见 [美] 戴维·罗伊斯等《公共项目评估导论》，中国人民大学出版社 2007 年版，第 126～127 页。

究、管理审计、程序性的检验和财政审计都应作出描述。第二种过程评估的方法，是对项目活动和服务对象对工作人员态度的满意程度进行评估。这种方法更注重对项目参与者的关注。在这个阶段应考虑的问题有："对谁做了什么和现实中发生了什么事？""怎样更有效地去做？""服务对象对项目提供的服务印象如何？"过程评估的第一和第二个方法有时涉及主观评价问题，在实施时需要社会公益服务团队成员和服务对象共同参与才能完成。①

三、项目完成后的服务结果评估

社会公益实践项目结果评估的重点是对项目作用及其相关因素的分析。因而，结果评估涉及的核心问题是：项目起作用了吗？是项目导致了干预组（服务对象）的变化还是其他因素在起作用？②结果评估包含反馈设计、准实验设计和实验设计三大方法。③

（一）反馈设计

运用反馈设计时，项目的目标组就是其比较组。反馈设计主要有简单事前和事后研究两种类型，以单组前—后测设计和

---

① 参见［美］理查德·D. 宾厄姆等《项目与政策评估》，复旦大学出版社2008年版，第5～6页。
② 参见［美］理查德·D. 宾厄姆等《项目与政策评估》，复旦大学出版社2008年版，第21页。
③ 参见［美］理查德·D. 宾厄姆等《项目与政策评估》，复旦大学出版社2008年版，第24～26页。

简单时间序列设计而闻名。使用反馈设计的最根本原因是，在实验环境里，有理由相信项目目标前后大致一致。

1. 单组前—后测设计

单组前—后测设计也许是最常用的评估设计，但也是最无力的设计之一。在此设计中，项目启动之前，对将要实施项目的组进行相关评估标准的测量（A_1），项目完成后进行测量（A_2），然后检测两者的差异（A_1-A_2）。在这个设计中，服务对象的任何改善都将归之于该项目的作用。这种设计的主要弊端是，可能是其他因素而非该项目促成了项目组的改变，但评估人员无法知道这些因素。

2. 简单时间序列设计

在项目执行前，如果可以获得大量的项目之前的测试，时间序列设计就有了用武之地。该设计就是把实际的项目后数据与项目前的预计进行比较。其中，评估标准的数据来自项目前大量的时间间隔测试（$A_1, A_2, A_3, \cdots, A_n$），回归或其他一些统计技术可以用来制作评估后期的计划标准。然后，把计划的评估与实际的项目后数据加以比较，从而评估该项目带来的变化量（A_r-A_p）。但该设计的缺点与单组前—后测设计一样。

（二）准实验设计

使用准实验设计，目标组绩效的改变由比较组的成果来衡量。在此种设计中，研究人员努力设置一个在所有相关方面都接近实验组的比较组。比较典型的方法是前—后测比较组设计。在该设计中，研究者试图设置一个与项目组（A）尽可能相似的比较组（B）。项目前后小组都要测试并比较其差异$[(A_1-A_2)-(B_1-B_2)]$。

（三）实验设计

这里所指的实验设计是随机控制实验，实验的参与者完全是偶然选择的，项目人员可以凭此对项目有效（或无效）性作出高度精确的评估。典型的实验设计方法是前—后测控制组设计，它与比较组设计唯一的显著差异在于项目和控制组的参与者的安排是随机的。

怎样启动一项结果评估呢？完备而简洁的渐进程序会使它变得相当清晰。结果评估的程序包括以下几个步骤：①确定目的与目标；②构建效果模型；③进行研究设计；④确定衡量效果的方法；⑤收集数据；⑥完成分析和解释。[1]

第二节 社会公益实践项目评估的核心指标

一个优秀的社会服务项目应包含团队成员、预算、稳固的资助、被认可的身份、以证据为依据的研究基础、概念或理论基础、一个服务哲学、对实证的评估服务所做的系统化努力等要素。[2] 从根本上说，评估针对的是服务对象、项目以及项目

---

[1] 参见［美］理查德·D. 宾厄姆等《项目与政策评估》，复旦大学出版社2008年版，第22页。

[2] 参见［美］戴维·罗伊斯等《公共项目评估导论》，中国人民大学出版社2007年版，第9页。

团队。因此,大学生社会公益实践项目评估的指标体系应该围绕这三个方面展开。

一、与服务对象相关的评估指标

首先,从需求评估的角度而言,与服务对象相关的评估问题应包括服务对象问题的本质和范围是什么?服务对象的特征是什么?服务对象的需求是什么?服务对象需要什么样的服务?所需服务的规模有多大?在什么时候需要服务?为了将服务提供给制定人群,应该安排怎样的送达方式?[①] 对以上问题的回答是需求评估中的重要任务。作为评估者或项目策划者,只有清楚以上问题,才能为项目设计提供有效信息,从而作出有效的项目服务决策。

其次,从过程评估角度来讲,大学生社会公益实践项目评估要考虑服务的适宜性和可得性。所谓适宜性,是要思考服务对象所需的服务由大学生志愿者来提供是否合适?提供的时间、地点和方式是否得当?会不会给服务对象带来其他的问题?所谓可得性,则是要从服务对象的角度考量他们获得服务是否存在困难?这些困难是如何造成的?在项目操作过程中如何克服这些困难?实际上,这些问题都是服务的送达问题,就是如何及时有效地向服务对象提供其所需的服务。

最后,从结果评估角度衡量,大学生社会公益实践项目评

---

① 参见[美]彼得·罗希等《评估:方法与技术》,重庆大学出版社2007年版,第54页。

估应当考察项目的实施是否提升了服务对象自我解决问题的能力。"助人自助"是社会工作的核心理念,也是人类服务事业需要倡导的重要理念之一。助人自助就是帮助服务对象学会自己去解决问题,"授人以渔"。自己学会解决问题就可以避免永远处于接受资助、依赖服务的境地,通过自力更生获得可持续发展。作为社会公益实践的志愿者,大学生自身也面临发展的巨大挑战和压力,不可能为服务对象提供持续时间很长的服务项目。许多大学生社会公益实践项目都是短期的,项目完成之后就不再有后续的项目跟进,这是大学生社会公益实践项目面临的最大问题。但如果能在项目的开始和实施阶段就意识到这个问题,从头到尾都贯彻助人自助的精神理念,大学生们所带来的视野、专业以及精神力量也是巨大的,是可以为服务对象带来许多改变的。总的来说,结果评估需要思考服务对参与者是否产生有利影响,项目服务对参与者是否有负面后果,服务对某些参与者的影响是否比其他人要大,服务针对的问题或情况是否有所改善,①是否真正达到了助人自助的目标。

二、与项目自身相关的评估指标

与项目本身相联结的评估指标涉及项目设计、服务送达、项目结果、成本收益等方面。具体包含以下内容。

---

① 参见[美]彼得·罗希等《评估:方法与技术》,重庆大学出版社 2007 年版,第 54 页。

（一）项目概念化或项目设计问题

服务项目概念化或项目设计问题是在完成需求评估之后所要面对的，在明了服务所面临的环境和服务对象存在的需求后，在服务项目的设计中要进一步确定谁是项目服务的受众？提供什么样的服务？项目服务最好的送达渠道是什么？项目怎样才能确定或重新确认和保证既有受助者的数量？应该如何组织项目的开展？对于服务项目而言，怎样的资源是必需而又合适的？[1] 评估这些问题，一方面是为了项目设计的需要，另一方面也是对项目自身能力的一种衡量，找到服务需求与服务提供之间的平衡，进而寻找合适的途径来为项目的开展准备所需资源。

（二）项目运作和服务送达问题

项目运作和服务送达问题是项目实施过程中需要进行评估的，包含的问题主要有：项目运作达到了项目计划的服务性目标吗？既定对象得到了预定的服务吗？是否存在有服务需要但服务还未涉及的个人或群体？在项目实施过程中，是否针对服务对象完成了足够的服务项目？受助者对项目满意吗？组织的以及个体的功能是否得到充分发挥？[2] 项目运作和服务送达问

---

[1] 参见［美］彼得·罗希等《评估：方法与技术》，重庆大学出版社2007年版，第54页。

[2] 参见［美］彼得·罗希等《评估：方法与技术》，重庆大学出版社2007年版，第54页。

题，既有项目实施方的因素，也包括服务接受者的因素；既有人的因素，也有物的因素；既有服务方式的因素，也包含服务内容的因素。因而，项目运作和服务送达是项目评估的重要方面，同时也是过程评估的重中之重。

（三）项目结果及其影响问题

项目结果及其影响是结果评估的主要内容，需要深入探究的问题包括：项目结果所需要达到的预期目标和目的是否已经达到，接受服务的个人或群体对项目的满意度如何，对项目的实施有何意见或建议，该项目是否有持续实施的必要，等等。项目结果及其影响既要与项目团队的评估结合起来，也要与受助对象的评估连接起来，并且要考虑项目运行的周期性，因为一个项目的效果与影响需要经受时间的检验，短期效果与长期影响也许会存在一定的差异。

（四）资助项目成本和收益问题

评估一个公益服务项目，应该重视项目成本与收益。一个服务项目虽然有一定的效果，但如果花费了太多的资源，也是应该反思的。成本与收益问题包括资源是否被充分利用？与收益最大化相比，成本是否合理？是否还有其他方法能够降低成本并获得同样的结果？[1] 这样的思考对项目的问责、项目效果

---

[1] 参见［美］彼得·罗希等《评估：方法与技术》，重庆大学出版社2007年版，第55页。

的改进显然是大有裨益的，同时也具有回应项目赞助方和社会大众质疑的作用。

三、与项目团队相关的评估指标

大学生社会公益实践项目与一般的社会服务项目和公共服务项目最大的差别在于，大学生社会公益实践项目具有人才培养的功能，能够推动大学生深入接触社会、并在为有需要的社群服务的过程中提升责任感以及将专业知识应用于社会服务的能力。大学生社会公益实践项目的实施者应该是大学生，重点是倡导大学生在接触社会、服务社会的过程中提升自身能力，培养公益精神、团队合作和组织管理能力。如果理解了大学生社会公益实践的以上目的，那么在考量与项目团队相关的指标中，就应注意项目团队的人员构成、团队的安全性及突发事件预案、项目团队管理准入及退出机制、项目团队的培训、专业服务精神、资源获取能力、项目实施过程中的团队成员流失率、项目结束后项目团队成员对项目和自身成长的评价等。

第三节 社会公益实践项目评估的道德准则

社会公益服务项目的评估既是一个技术问题，也是一个伦理问题，需要考虑诸多方面的因素。事实上，无论是哪一种类型的人类研究，都应恪守三个基本的道德准则：①善行，即使研究对象人性化的、好的产出最大化，并最小化或避免风险和伤害；②尊重，即保护所有人员的自主性，礼貌、尊敬地对待研究对象，包括那些最愿意接受实验的人；③公平，即确保合理的、非剥夺的、考虑得当的程序被公平地执行（公平地分配成本和利益）。① 美国评估协会（American Evaluation Association）采纳的《评估者守则》（*Task Force on Guiding Principles for Evaluators*）总结了五条指引评估者实践工作的原则：①系统调查，即评估者对评估对象进行有计划、以数据为基础的调查；②能力，即评估者向项目方提供胜任的表现；③正直/诚实，即评估者保证在整个评估过程中的正直和诚实；④尊重他人，即评估者尊重接受调查者、项目参加人员、客户以及其他项目方的安全、尊严和自我价值；⑤对大众和公共福利的责任，即评估者明了并重视与公共福利有关的利益和价值多样性。② 具体到大学生社会公益实践项目的评估，自愿参与、知情同意、隐私保护、最少伤害以及客观公正是应努力做到的五个方面。

一、自愿参与

首要以及最重要的是，社会公益实践项目的研究对象必须是志愿者，评估有必要获得研究对象的自愿同意，所有参与项目或评估的人员也必须自愿决定是否参与，不允许通过任何形式的强迫来获得一项研究的参与者。必须保证研究对象能够理

---

① 参见［美］戴维·罗伊斯等《公共项目评估导论》，中国人民大学出版社2007年版，第29～30页。

② 参见［美］彼得·罗希等《评估：方法与技术》，重庆大学出版社2007年版，第282页。

解他们的选择；如果他们不能完全理解（如未成年人），那么必须经过他们的合法监护人的允许，同时研究对象本人必须同意。这就意味着，即使父母同意他们的孩子参加一个项目，孩子们也有权拒绝参与。研究对象的自主权必须被尊重，并且研究对象随时可以退出该研究。① 与此同时，必须随时允许研究对象或服务接受者退出评估进程而不附加任何条件。

二、知情同意

知情同意要求研究者让研究对象在参与研究之前就有充分的知情权，应该清楚地了解参与研究所可能带来的风险，这是研究操作的必要步骤之一。② 评估研究者要把所要研究的问题、研究的时间进程、双方互动的方式、潜在的风险、当事方的权利和义务、隐私保密方案等详细告知被研究者，在研究对象清楚这些问题的基础上才能开展研究工作。这不仅在评估研究中是必需的，对社会公益实践中的服务提供也同样需要，应该在公益服务接受者知情同意后再开展服务项目，以免发生不必要的误会或纠纷。

三、隐私保护

现代社会越来越重视对个人权利以及隐私方面的保护。在

---

① 参见［美］戴维·罗伊斯等《公共项目评估导论》，中国人民大学出版社 2007 年版，第 30 页。

② 参见［美］彼得·罗希等《评估：方法与技术》，重庆大学出版社 2007 年版，第 282 页。

社会公益实践项目的评估中,保护敏感信息是必不可少的。隐私保护意味着在没有得到当事人知情同意的情况下,不应向任何人披露从当事人处获取的资料和信息。如果可能的话,应允许研究对象以匿名的形式回答;如果不允许匿名,可以使用数字或其他代码将个人身份信息和研究数据分开。通过不获取和不报告任何可能会使研究对象被项目评估者以外的人所识别的个人信息(姓名、地址、电话号码、个人代码等),人类研究对象的隐私将进一步受到保护。当必须获取敏感数据时,这些数据应当被放置在带锁的橱柜或者文件夹里,直到不再需要时销毁数据。此外,对每个工作人员和参与该项目评估实践的助手强调保护机密材料的重要性,将有助于确保材料不向与该项目无关的人员泄露。在社会公益实践项目评估时,项目组有时还需要与外来的评估者和研究者签署保密性誓约。①

四、最少伤害

最少伤害原则就是评估不应该对研究对象的身心健康、人格尊严、感情、利益等带来损害,评估研究应避免对研究对象造成风险和压力,应尽量减少冲突,不应当威胁公众的利益。因为必须说明评估得到的否定或批评性结论,所以评估有时候会产生一些伤害服务对象或项目相关方利益的后果。在不破坏整个评估正直诚实的前提下,评估者应努力增大获益或减少不

---

① 参见[美]戴维·罗伊斯等《公共项目评估导论》,中国人民大学出版社2007年版,第34~35页。

必要的损害，谨慎判断从评估中获益的时机，取消会造成风险和伤害的环节，并且，尽量在评估前对上述问题有所预计。① 潜在的研究对象必须被告知可能面临的风险、不适以及与自身利益相关的信息，包括研究目的、参与的持续时间、需要进行的程序、可能进行实验的人的身份确认；研究对象可以随时对将要进行的有关研究和程序提出疑问并得到回答。② 评估者有责任区分并尊重研究对象的不同情况，如他们在文化、宗教、性别、残疾、年龄、性取向以及民族等方面的差异，评估者在计划、实施、分析及汇报评估时，应该留意这些差异的潜在意义。③ 在遇到研究者的利益与研究对象的利益相冲突的情况时，应该采用以研究对象的利益为主的方式逐步解决问题。

五、客观公正

客观公正一方面是评估研究的态度和品性，另一方面也是对评估研究能力的要求。客观公正的原则要求评估研究者尽量恪守"价值中立"的立场，尊重公众以及研究对象利益和价值的多样性，以正直诚实的态度和品质来开展评估研究工作。同时，评估者还应该对项目的实施展开系统调查，用科学研究的方法展现专业水平，体现专业精神和专业能力。评估者应该

---

① 参见［美］彼得·罗希等《评估：方法与技术》，重庆大学出版社2007年版，第284页。
② 参见［美］戴维·罗伊斯等《公共项目评估导论》，中国人民大学出版社2007年版，第33页。
③ 参见［美］彼得·罗希等《评估：方法与技术》，重庆大学出版社2007年版，第284页。

公开所有与评估者身份发生冲突的、曾经涉及过的角色和关系，在评估报告中必须指出所有的相关冲突。评估者不应该误传任何调查的进程、数据和发现，在合理的条件下，应该努力防止或纠正其他人对于评估工作的错误言论和行为。[①]

需要注意的是，社会公益实践项目的评估者不能只考虑研究对象的利益，因为社会公益的目的是建设更美好的社会，最终指向是社会公共的善，让整个社会的利益得到增值。因此，社会公益实践项目的评估者有维护公众利益的义务，不应该忽略任何针对公众利益的威胁。[②] 对社会公益实践项目的评估应该放在整个社会大环境下进行考量，因为任何社会问题不可能只通过一个公益项目就得以消除，而是需要整个社会的共同努力。

[①] 参见［美］彼得·罗希等《评估：方法与技术》，重庆大学出版社 2007 年版，第 283 页。

[②] 参见［美］彼得·罗希等《评估：方法与技术》，重庆大学出版社 2007 年版，第 285 页。

第十一讲　大学生社会公益实践的总结报告

对于大学生社会公益实践活动来说,把项目结果与同学或老师以及其他关心项目进展的有关人员进行交流,既是一种学习方式,也是展示项目成果的方式,还可以为今后类似项目的开展提供借鉴。通常,社会公益实践项目团队必须为项目资助方提供项目总结报告。当然,项目总结报告的长度可能有很大的差异。尽管如此,在准备项目总结报告时,还是应该考虑读者的属性——是专业人员还是普通人,也应考虑资助方资助这些项目的原因。如果向资助方提供一篇毫无价值的报告,就会让他们觉得无趣。这样,不但策略失败,而且相当失礼。①

第一节　社会公益实践报告撰写步骤

社会公益实践的项目总结报告有多种功能。首先,项目总结报告向读者传达一组特定的事实资料和观点,因此必须把这

---

① 参见［美］艾尔·巴比《社会研究方法》,华夏出版社 2005 年版,第477页。

些资料和观点说明清楚，同时提供足够的细节，以利于他们审慎评估。其次，因为大学生社会公益实践对大学生来说也是一种学习方式，因此，项目总结报告应该被视为整体科学知识的学习和生产环节的有机组成部分，在保持适当谦虚的同时，应该努力为本专业学科增添新的实践和理论成果，或者把学科的新知识应用到社会公益实践当中，以此增加社会大众的福利。最后，项目总结报告应该具备启发和引导进一步探讨的功能。① 社会公益实践的项目总结报告非常重要，作为具有一定专业技能的大学生，应该掌握其撰写和传播的相关技巧。一个好的社会公益实践项目总结报告必须以客观事实为根据，在行文上注意逻辑清晰，在内容上做到具体充实。项目总结报告要考虑报告的阅读对象，通常，要把专业人员和一般读者区分开来。如果是写给专业人员看的，因为他们具有一定程度的专业素养，所以涉及专业术语时，就不必花费篇幅进行解释，甚至可以只简单地叙述几个论点，而不必详细展开。但是，对于一般的读者，就不能轻易使用深奥的专业术语，而应该用通俗易懂的语言来撰写报告。在明确了阅读对象后，就可以构思项目总结报告的撰写了，在此过程中通常应遵循一定的步骤。

项目总结报告的撰写步骤可以参考以下几个方面。

一、确立主题

项目总结报告的主题就是报告所要表达的中心思想，它是

---

① 参见［美］艾尔·巴比《社会研究方法》，华夏出版社 2005 年版，第 476 页。

报告的灵魂。确立明确而适当的主题,是整个报告撰写过程顺利开展的前提。一般而言,社会公益实践项目所针对的问题以及由此产生的公益服务是凝练项目总结报告主题的基础,整篇报告应该围绕着问题及其解决而展开,在此过程中,以时间进程为主轴涉及众多的人、财、物、事件及场域等,最后得出项目服务的结果。当一个项目总结报告包含的内容很多,涉及的范围和领域很广,在一份报告中难以容纳全部内容时,就需要从中选择部分内容形成报告,并确立相应的报告主题。有的时候,由于某些因素的影响,收集到的材料与项目最初的目标之间存在一定的差距,无法说明事先预定的服务目标,此时也要根据实际的资料和结果重新确立项目总结报告的主题。[①] 总之,无论项目结果如何,项目总结报告的撰写和提交都是必需的,只是主题可能有所差别。如果项目失败,更多是以反思性的主题出现;若项目服务总体上达到了预期目标,则经验总结型的主题更为多见。当然,一个公益服务项目的实施总不可能是十全十美的,不能仅凭"成功"或"失败"来进行评判,这在确立项目总结报告的主题时是应当注意的。

二、拟定提纲

如果说主题是项目总结报告的灵魂,那么提纲就是报告的骨架。主题明确后,不可马上就动笔撰写,而应先构思好报告

---

① 参见风笑天《社会学研究方法》,中国人民大学出版社 2001 年版,第 320～321 页。

的整体框架,并将这种框架转变为具体的撰写提纲。撰写提纲的主要作用是理清思路,明确报告内容,安排好报告的总体结构,为实际撰写打下基础。拟定撰写提纲的方法是对项目情况进行分解,并将分解后的每一部分进一步具体化。[①] 由此可见,提纲实际上就是整篇报告的框架结构,要大致明确项目总结报告分为哪几个部分,每一部分主要包含哪些内容。每一部分都应有一个涵盖其中心内容的题目,这样一来,该部分就有一个统领的中心,写起来就会更有逻辑性,内容才能相对集中。如果没有拟好提纲就开始写作,一方面有可能想到哪里就写到哪里,缺乏逻辑性,报告就会变得随意和松散;另一方面,由于缺乏统筹,收集到的材料无法在报告中得到系统的展现,也就无法将材料与实际的服务目标有机连接起来,无法有力展示项目服务所取得的实际成效。而无论是项目实施者还是项目赞助人都是不想看到这种情况的。

三、选择材料

报告人所得的资料与项目总结报告所用的材料并不是同一回事。项目资料往往与报告主题有关,但不一定都与项目总结报告的主题紧密相连。或者说,并非所有的项目资料都能成为撰写项目总结报告时所用的材料。因此,在写项目总结报告前必须对所得的材料进行选择。首先,这种选择应以撰写提纲的

[①] 参见风笑天《社会学研究方法》,中国人民大学出版社2001年版,第321页。

范围和要求为依据，即应按照报告的"骨架"来选择填充的"血肉"，这样才能保证所选取的资料与报告的主题密切相关。其次，要坚持精炼、典型、全面的原则，做到既不漏掉重要的材料，又使所用的材料具有最大的代表性和最强的说服力。[1]

大学生在做社会公益实践时，由于缺乏系统的培训或经验不够丰富，认为实践就是做事，而在此过程中缺乏对项目本身所涉及的人和事的观察，对材料的收集积累也不够注意，因而在撰写报告时往往感到无话可说，或流于泛泛地谈"实践感受与体会"，或成为笼统的"经验总结"，因没有资料支撑，报告缺乏客观性。选择材料的前提是拥有材料，在项目开始的那一刻起，就要有意识地去收集和整理数据、表格、事实、图片等资料，也要注意整理与项目相关的观点、认识、问题与建议等，如此才能全面占有各方面资料。也只有这样，社会公益实践活动才能成为大学生学习和提升的平台，在服务社会的同时提升自己的专业学习能力，达到"公益育人"的目的。

四、撰写报告

撰写报告时，最好的方法是一气呵成，不应该经常在一些小的环节上停下来推敲修改，这样容易耽搁时间，也很打击撰写者的自信及其工作热情。当项目总结报告全文写完后，再反复从头阅读、审查和推敲每一个部分，认真修改每一个细节，

---

[1] 参见风笑天《社会学研究方法》，中国人民大学出版社2001年版，第321～322页。

使报告不断丰富和完善。① 当然，一气呵成并不是说在很短的时间内就完成，撰写者需要对形成高质量项目总结报告的难度有所估计。优秀的项目总结报告需要投入时间、精力和智力，在很多情况下，还需要群策群力，甚至需要几个人通力合作才能较好地完成。

在撰写报告时，应注意项目总结报告的行文要则：①用简单平实的语言撰写。一篇好的项目总结报告的最重要的标准是准确、清楚、客观、严密。②陈述事实，力求客观，避免使用主观性或感情色彩较浓的语句。③行文时，应该以一种向读者报告的口气撰写，而不要表现出力图说服读者同意某种观点或看法的倾向，更不能把自己的观点强加于人。② 此外，每当撰写者引用别人的作品时，一定要清楚地注明是谁的作品。同时，一定要避免抄袭——不论是蓄意或无意窃用了别人的话或观点，并让别人以为是你自己的话或观点。不能在不使用引号以及给出完整出处的情况下，一字不漏地使用他人的文字。完整地注明出处可以指示引文的来源，读者可以由此找到引文的原始出处。至于重新编辑或叙述别人著作中的文字，并将修改过的文字以自己的作品的方式呈现，也是抄袭。即使把别人的观点当作自己的观点来呈现，也是令人无法接受的。③ 由于社

---

① 参见风笑天《社会学研究方法》，中国人民大学出版社2001年版，第322页。

② 参见风笑天《社会学研究方法》，中国人民大学出版社2001年版，第340页。

③ 参见［美］艾尔·巴比《社会研究方法》，华夏出版社2005年版，第479页。

会公益实践项目总结报告主要以呈现实践项目的过程和结果为主,与科学研究报告是有区别的,引用他人的成果方面的材料应该只是小部分的,但也要注意规范,尊重他人的劳动成果,避免在撰写者的职业生涯中留下瑕疵。

第二节 社会公益实践报告结构模式

一个完整的项目总结报告要详细阐明整个项目过程,包括项目实施的方法。撰写者要提供充分的信息,以便让读者能"复制"研究或评估项目的结果和建议,提供详细的材料让读者判断是否适合在类似的项目中进行借鉴。[1] 一个完整的社会公益实践项目总结报告可以分为标题、导言、项目实施情况、项目结果、问题与讨论、结语和附录等七个部分。有时候,由于材料方面的原因,或为了陈述方便,撰写者可以把其中两个或多个部分合起来进行阐述。但就整体而言,撰写者还是应该对项目的各个方面进行充分而详细的论述,以便读者对项目的原因、目标、方法、进程、结果、问题及其推广性等作出有效的评判,否则,资料不足或信息不全会导致读者产生误判。

一、标题

标题是一篇项目总结报告的"窗口",这扇"窗"是否具

---

[1] 参见 [美] Bonnie L. Yegidis 等《社会工作研究方法》,华东理工大学出版社 2004 年版,第 295 页。

有新颖性和概括性，直接影响了整篇报告给人的观感。标题具有新颖性才能吸引读者往下阅读，否则即使内容再好，也难以打动读者。而概括性则是对报告主题的反映，让读者在短时间内就能判断报告的内容。标题除了一个主标题外，还可以添加副标题，但无论如何，标题要简单明了，把主题说清楚，否则，在主标题的基础上再添加一个副标题就成了累赘。

以 2008 年第一届"益暖中华——大学生公益创意大赛优胜项目"为例，中山大学、南京大学、四川大学的学生分别提交了"大学生蓝信封行动""感受盲童们的光影世界""乡村知识滚动计划"的项目总结报告。这几个项目在撰写项目总结报告时所拟的标题都是比较好的，既一目了然地反映出项目的内容，让读者知道项目大致做了什么事情、主要提供了什么服务；又能激发读者的好奇心——项目是如何开展的？哪些人得到了服务？但是，同年的有些项目的标题就不太适合作为项目总结报告的标题，比如"学业项目"，该项目所开展的服务主要是在 2008 年夏天，"学业中国"项目与非政府组织学业项目（Learning Enterprises，LE）合作，携手世界知名学府的志愿者和国际志愿者，到安徽山村进行英语文化教学。由于普通民众对"学业中国"项目不一定熟悉，加之"学业项目"中的"学业"本身就包含着非常多的内容，标题显得非常笼统，不知道项目究竟针对什么人群、开展何种服务。另外，同样是 2008 年度的"'小 Q'计划"，该项目是以导盲犬为主题的公益活动。① 但是,"小 Q"和导盲犬有什么关系呢?甚至许多人看到"小 Q"就会联想到腾讯 QQ,容易让读者感到"无厘头"。可见,不应该只是为了标新立异、吸引眼球而离题、偏题或编写怪题,以至于让人产生误解。

总而言之,标题要言简意赅地体现主题,而不能为了标新立异使表达产生歧义。在拟定标题时,应该立足主题、结合内容,激发读者的阅读欲望,同时又能贴切地反映报告的中心思想。写好标题后,可以让团队成员进行讨论,也可以找其他未参与项目的人来判断标题是否妥当,如果他们一看到标题就能大致猜出项目总结报告的内容并产生阅读兴趣,那么,这个标题就基本合格了。

二、导言

在撰写项目总结报告的导言时应该注意,无论撰写者多么专业,都应该做到让读者能抓住问题的性质,能理解为什么他或其他人要关注这一问题。导言尽可能用常用的语言撰写,而少用专业术语;不要把毫无思想准备的读者拉进报告之中,要用必要的时间和空间一步一步地把读者引入对特定问题的陈述中来;必要时,用例子来帮助撰写者介绍理论性或技术性的术语。在导言部分,应该简要介绍社会公益实践项目的基本情况,而不是去讨论项目内容的细节。导言的另一个目的是为介

---

① 《益暖中华》丛书编委会:《益暖中华:大学生公益创新 2008—2010》,北京师范大学出版社 2011 年版,第 1~2 页。

绍项目实施过程提供必要的铺垫，形成一个自然、平滑的过渡。①

导言部分需要阐明项目背景与服务目标、项目团队的成员构成及其分工情况、物资分配与场地设施、项目开展的时间进程以及相关合作与支持单位等。也就是说，导言把项目的总体情况交代清楚，让读者明白项目针对什么问题，服务对象是谁，提供哪些服务，谁在提供服务，得到谁的支持，服务是在何时何地开展的，花费了哪些物资。

（一）项目背景与服务目标

项目背景指的是项目开展的时间、空间以及开展的缘由，尽管这些叙述可以相对简短，但项目背景介绍将决定项目总结报告的质量。只有写明背景、说清问题，才能为报告的下一步奠定基础，也才能充分说明开展项目的重要意义。下面是《消亡的坎儿井——拯救坎儿井，拯救水资源》的项目背景与服务目标介绍——

坎儿井作为利用地面坡度引用地下水的一种独特的水利工程，与万里长城和京杭大运河并称为中国古代三大工程。新疆坎儿井是世界上历史最悠久、发挥作用时间最长、数量最多、规模最大，并且目前仍在使用的地下水利灌溉系统。新疆境内

---

① 参见风笑天《社会学研究方法》，中国人民大学出版社2001年版，第325～326页。

的坎儿井全长约 5400 公里，主要分布在新疆东部的吐鲁番和哈密地区。始建于西汉的坎儿井被称为"活的文物"，在我国新疆已有 2000 多年的历史，是绿洲农业发展史上的一个里程碑，是我国古代劳动人民留下的珍贵历史文化遗产，具有极高的历史文化、科学、生态和经济价值，被公布为我国第六批国家级重点保护文物。但在不久前，却被伊朗率先申报世界农业文化遗产试点项目，虽然此项目尚未被有关国际组织批准，但却给我国提出了重要警示。更令人担忧的是，近年来，随着该地区大规模水力资源的开发，地下水位不断下降，坎儿井快速衰落，正以平均每年 20 多条的速度消失。专家认为，如果不及时采取有效措施，照此速度，20 年后该地区的坎儿井将全部干涸，造成难以挽回的损失，因此加强坎儿井的保护已经刻不容缓。①

本项目的目标为：（1）向政府有关部门提交关于坎儿井保护和居民用水行为的调研报告，为政府决策提供有益参考，从政府层面上推动坎儿井保护和水资源高效利用工作；（2）通过项目和媒体的宣传教育，让民众关注坎儿井保护，并结合自身实际，城市居民节约生活用水，农民提高灌溉用水的效率；（3）发挥项目组在水利工程、农业节水等方面的优势，在试点村进行适当规模的坎儿井整修加固、清淤疏通和农

---

① 《益暖中华》丛书编委会：《益暖中华：大学生公益创新 2008—2010》，北京师范大学出版社 2011 年版，第 205 页。

业节水灌溉的工程示范，总结可操作的实践经验。[①]

《消亡的坎儿井——拯救坎儿井，拯救水资源》的项目背景与服务目标陈述是比较好的，它把项目的背景放在全球视野下进行分析，又具有历史视野，还通过纵横对比把项目背景介绍得比较到位。而且，在项目背景的介绍中，有理有据，用数字说话，具有说服力。在项目目标的介绍中，既包含官方层面，又包含民间层面，还有项目组自身层面的内容，用语简洁、明晰。

（二）项目团队的成员构成及其分工情况

介绍项目团队的目的是让读者了解项目是由谁来实施的，团队成员是不是具有专业背景，项目组的每一个成员具体在做什么，这种搭配是否具有效率。再以《消亡的坎儿井——拯救坎儿井，拯救水资源》的项目团队的成员构成及其分工情况为例进行分析——

> 团队由3名辅导老师和9名成员组成。其中主要来自中科院新疆生地所、中国水科院、新疆医科大学等单位，专业涉及水文水资源、生态学、环境科学、美工设计等。中科院新疆生地所研究生部周斌老师是团队的主要负责老师。项目组成员的

[①] 《益暖中华》丛书编委会：《益暖中华：大学生公益创新 2008—2010》，北京师范大学出版社 2011 年版，第 206 页。

设置首先考虑项目实施工作的需求，以及在时间、空间等条件约束下的参与度，同时考虑其参与本项目的责任感和积极性，以此来保证组成一个负责、高质、高效的团队。需要说明的是，志愿者招募通过与新疆高校社团（协会）合作的方式，以其成员作为志愿者；示范工程实施将与当地政府和农民合作，由吐鲁番亚尔乡坎儿井维修队承担，优先选择熟悉坎儿井情况的经验丰富者。①

这里把项目团队成员的结构陈述得比较清晰，当然，在有必要的情况下，为了进一步说明项目团队的情况，还可以把项目组成员具体负责的工作简要描述一下，以便让读者对项目团队是否有序和高效运行作一个判断。

（三）物资分配与场地设施

物资分配是要说明项目组把财和物投入哪些地方，用在哪些人身上。详细说明这些情况是非常重要的，因为现代社会非常重视服务的"问责制"。而且，在当今中国社会公益服务机构资金流向不是很透明的情况下，公众对公益服务项目的疑虑是非常严重的。详细说明物资分配及其流向，一方面是基于使资金流向透明的需要，真诚接受公众监督，尤其是对资助方有所交代；另一方面也能让读者知晓究竟谁得到了帮助，以及得

---

① 《益暖中华》丛书编委会：《益暖中华：大学生公益创新 2008—2010》，北京师范大学出版社 2011 年版，第 216 页。

到了何种程度的支持。

公益服务项目的开展需要在一定的场域内进行,因此,场地设施也是公益项目的有机组成部分,在项目报告中应该有所体现。对场地的简要说明,有利于读者了解服务项目的实施地点。对设施的简要描述,可以使人明了在项目服务中应用到的设备和工具,而这些设备和工具是否与项目提供的服务相适合,也有待读者从陈述中以及从项目结果中进行检验。

(四)项目开展的时间进程

项目开展的时间进程是对项目时间安排情况的说明,既可以用表格的方式进行陈述,也可以用纯文字进行介绍。在观感上,用表格的方式会相对清晰。如果是一个时间较短的项目,可以把每一天所从事的工作作简要介绍;如果是一个跨时较长的项目,把每一天都详细进行介绍就没有必要了,可以按照时段及其工作任务的方式进行叙述。需要注意的是,项目开展的时间进程不要写成流水账,篇目也不需要太多,让读者看明白简要的工作进程就行了,因为在接下来的项目实施环节还将有对项目实施进程更为详细的描述。

(五)相关合作与支持单位

相关合作与支持单位主要是列出对项目有帮助的合作方、赞助方、支持方等,因为项目不可能只由项目组有限的几个成员来完成,项目从开始到结束一定还涉及众多的个人和机构,列明这些个人和机构,既是表达对他们的尊重,同时也是实事求是地承认他们对项目的贡献。

三、项目实施情况

对项目实施情况的描述是项目总结报告中非常关键的部分。在该部分，主要介绍项目是如何进行的，也就是介绍服务是如何提供的。只有了解项目所提供的服务及其操作流程，读者才能完整评价服务项目是否具有科学性和实效性。项目实施可以按照服务提供的进程分为准备阶段、执行阶段和收尾阶段三个部分，每个部分有所区分但又相互联系。

（一）准备阶段

介绍相关事项的准备工作及其时间进程。通过对项目准备阶段的描述，让读者感受到项目组成员是在精心准备的基础上才开展项目的，这种认真的准备工作避免了项目实施的随意性，可以提高项目实施的效率。

下面是南京大学"感受盲童们的光影世界"项目准备阶段的工作：

准备阶段（6月中旬至7月29日）

在团队组建基本完成后，从6月中旬开始，团队成员按照各自的分工，开始了项目的前期准备工作。

6月中旬，宣传组完成了传单（活动和项目介绍）、志愿者申请表、海报等活动宣传材料的设计制作，并以南京大学为重点，开始了在南京各高校的宣传和志愿者招募活动。志愿者招募分为网络报名和现场报名两种方式。……

7月,外联组开始了赞助商、合作机构的联系工作以及摄影指导老师和盲校指导老师的确定。通过外联组的不懈努力,团队很快与南京市盲人学校、爱德基金会建立了合作关系。同时,盲童的报名、确认工作也在和盲人学校的合作下于7月中旬顺利完成。①

这是一种简洁的项目准备阶段的介绍方式,主要是介绍在一个时间段内主要完成了哪些需要准备的事项。在实际的报告撰写中,也可以以重要的事项为中心,围绕这些重要事项,陈述在哪个时间进行了什么样的准备。也就是说,介绍时既可以以时间为线索把所完成的事项串起来,也可以以重要事项为节点把时间连起来。

(二)执行阶段

执行阶段主要是较为详细地描述项目的实施进程、遇到的问题及其解决方案。在进程的描述方面可以采取时间进程的方式,而时间方面的陈述又分为逐日讲述式记录执行过程和阶段扫描式阐述执行过程两种方法。逐日讲述式记录执行过程就是按照日期,把每天做了什么事情一一向读者进行宣讲。如果项目的时间跨度大,这显然会让读者感到厌烦。阶段扫描式阐述

---

① 《益暖中华》丛书编委会:《益暖中华:大学生公益创新 2008—2010》,北京师范大学出版社 2011 年版,第 85~86 页。

执行过程是通过把事情进展分为几个阶段,把这些阶段的事项及其进程和完成的任务、提供的服务进行总结提炼并呈现给读者。

1. 逐日讲述式记录执行过程

下面是南京大学"感受盲童们的光影世界"项目对执行过程的描述,属于典型的逐日讲述式记录执行过程——

8月6日,第一次外景拍摄。志愿者带领孩子们来到盲校附近的南京夫子庙景区,自由拍摄。经过几天的磨合,孩子们与志愿者已经建立了非常好的关系,并对手中的相机有了充分的了解。第一次外拍顺利结束。通过对孩子们的作业和前几天作品的观察,团队对每个孩子的掌握情况有了一个基本的认识,发现了一些孩子在拍摄手法和拍摄题材上的特点。①

2. 阶段扫描式阐述执行过程

下面还是南京大学"感受盲童们的光影世界"项目对执行过程的描述,但在这里改用了阶段扫描式阐述:

8月23—26日,先锋书店总店展览。8月23日,展览正式开幕。展览当天,A阶段志愿者和所负责的盲童一起,与现场观众进行了交流互动,多家电视、平面媒体对展览进行了采

---

① 《益暖中华》丛书编委会:《益暖中华:大学生公益创新2008—2010》,北京师范大学出版社2011年版,第87页。

访报道。整个展览分为三个部分，第一区为……；第二区为……；第三区为……①

在执行阶段的叙述中，不仅需要对执行进程进行描写，也要把执行阶段所遇到的问题及其解决方法陈述清楚。如南京大学"感受盲童们的光影世界"项目也遇到了一些问题，其中的一个问题是如何接送盲童，项目总结报告对此进行了叙述：

接送盲童的问题。由于参加活动的盲童大多住在南京郊区，离志愿者住地很远，且其住址相互分散，如果坐公交，需要转车，且每天花在路上的时间较长，无法保证活动按时进行。解决办法：由于团队在照片后期冲印方面得到赞助，因此，在资金允许的情况下，团队决定志愿者接送盲童时全部采取打车加公交结合（全程打车或先坐公交到某一站，然后打车）的方式，节省时间的同时也保证了盲童的安全。②

（三）收尾阶段

收尾阶段是指项目执行完毕之后对其他未尽事宜的处理工作。项目执行阶段主要面向的是服务对象，但项目收尾还需要面对团队成员、项目本身以及项目资助方。作为一个项目的周

---

① 《益暖中华》丛书编委会：《益暖中华：大学生公益创新2008—2010》，北京师范大学出版社2011年版，第87～88页。
② 《益暖中华》丛书编委会：《益暖中华：大学生公益创新2008—2010》，北京师范大学出版社2011年版，第89页。

第十一讲 大学生社会公益实践的总结报告

期,收尾阶段也是非常重要的。否则,项目准备得再妥当,执行力再强,收尾太仓促也会显得虎头蛇尾。善始善终对做好公益服务项目意义重大,唯有如此,才能取得服务对象、赞助方和公众的信任。

以下是"中医食疗推拿走进土家山寨"项目的收尾工作介绍:

7月末,队员回到武汉后,开始整理各种图片、视频、文字资料,并着手写"暑期项目总结汇报说明"。8月初,队员们都写了对活动的总结意见、项目实施中的不足、核心公益目标达成情况以及在活动中的所学所得。同时,团队开始策划项目的推广活动,具体是在学校搞一个项目图片展,一个公益活动的推介会。[1]

这段描写非常简洁,把在做和接下来将要做的工作做了介绍,在项目策划书中这样叙述是可行的。但一般而言,在项目总结报告中则需要报告项目收尾后的相关事项,而不应该是将来的打算。

四、项目结果

项目结果是社会公益实践项目总结报告的重点内容。在结

---

[1] 《益暖中华》丛书编委会:《益暖中华:大学生公益创新 2008—2010》,北京师范大学出版社 2011 年版,第 165 页。

果的表述上,总的原则是先给出"森林",然后再给出"树木",即先给出总体的、一般性的陈述,然后才是个别的、具体细节的陈述。不管是对整个项目总结报告的结果的陈述还是在各部分结果的陈述中,都应该采取这一原则。在对整个项目结果的陈述中,应该先给出中心的结果,然后移到外围的结果;在对各个部分结果的陈述中,也应该先陈述基本的结果,然后再在必要的地方和细节上详尽阐述或描述。①

如"中医食疗推拿走进土家族山寨"项目在对项目结果进行总结时,其中有一部分这样写道:

"宣传中医在养生保健中的重要作用,弘扬中医文化,促进中医发展",此目标已基本达到。特别是团队在义诊中用针灸缓解和治愈了部分村民的疼痛病,赢得了群众的信任,使他们对中医刮目相看。从长远看,中医学院的学生应该担负起弘扬中医的责任,我们强调让村民们亲身体验中医的治疗效果,农民很实在,中医能把病治好又廉价方便,他们就会愿意去了解接受中医,逐步建立起对中医的信任,这将促进中医发展。②

这种写法运用了先总后分的陈述方法,较好地阐述了项目结果的一个方面。但其不足之处在于,这些对结果的陈述,更

---

① 参见风笑天《社会学研究方法》,中国人民大学出版社 2001 年版,第 333 页。
② 《益暖中华》丛书编委会:《益暖中华:大学生公益创新 2008—2010》,北京师范大学出版社 2011 年版,第 168 页。

多的是主观的想法和看法，谈得更多的不是结果，而是撰写者自身的感受，流于抒情，客观方面的数据、服务对象的客观情况、服务对象的感受和反馈等，都没有在结果中进行呈现。

五、问题与讨论

问题与讨论是回顾公益项目及其实施的不足，通过讨论，给未来从事社会公益服务项目的人提出一些建议，避免再次出现类似的问题和不足。讨论通常与导言部分密切相关，在导言部分出现的某些中心问题，可能会在讨论部分再次出现。讨论一般是从告诉读者你在项目中掌握了什么开始。一开头就明确叙述说明项目目标是否达到，或者明确回答导言部分提出的问题。但是，注意不要简单地再次解释和重复在项目结果呈现部分已经总结了的内容。每一句新的陈述都应该为读者带来新的东西。在讨论部分，我们应该讨论这样一些问题：从项目结果中，能够得出怎样的推论；这些推论中，哪些同项目的实际资料结合得比较紧密，哪些则是比较抽象的；关于项目的结果，它的理论和实践内涵是什么。同时，还可以讨论项目中可能存在的缺陷，讨论将项目进行推广所必须具备的条件及受到的限制。还要注意讨论对项目结果造成影响的相关因素，特别是要愿意接受反面的或未料到的结果，不要用歪曲的意图解释它们，而要如实地陈述和讨论它们。[①]

---

① 参见风笑天《社会学研究方法》，中国人民大学出版社 2001 年版，第 336～337 页。

在问题与讨论中，秉持客观公正的态度，用具体事实和客观数据说话是非常重要的。对问题的讨论可以采用一种实用的格式，包括：①明确描述缺陷的性质和范围；②解释缺陷无法避免的原因；③这些缺陷可能对项目结果产生的负面影响；④如果有，描述项目实施过程中为使缺陷产生的负面影响最小化而采取的措施；⑤评估这些措施的成效。[①]

在问题与讨论部分，可以进一步对项目的可持续性和可推广性进行讨论。再以"中医食疗推拿走进土家山寨"项目为例，项目推广建议为四个方面：

1. 人力资源。"人"是一个事业成败的关键，项目推广需要一群富有激情、爱心和医学专业背景的人。特别要强调农村疾病涉及范围较广，可考虑带几个"全科医生"，这样组成的团队才能确保为当地村民带去健康。

2. 详细缜密的计划。尽管本项目计划在决赛中胜出，但在具体实行时已进行大幅度的修改，这就说明在项目推广中一定要进行周密的计划安排，如激励团队、团队管理规则、作息安排以及与当地政府的沟通等。

3. 一切从实际出发。活动应根据实施地的特点安排义诊、讲座和药品。各地的常见病和多发病可能不一样，这就需要和当地医疗机构沟通协调好。团队本次少带了治疗疼痛风湿病的

---

① 参见［美］Bonnie L. Yegidis 等《社会工作研究方法》，华东理工大学出版社 2004 年版，第 297 页。

药品就是一个问题。

4. 争取支持赞助。尽量向企业或者组织争取更多的支持或赞助,特别是医药企业。本次活动中出现了药品不足现象,如果能争取更多的制药企业赞助,将能让更多村民受益。①

一般来说,项目总结报告应该在项目的可持续性和可推广性方面要提出具体的建议,指出如何推广项目成果,以改善与该项目类似的服务对象的服务输送状况,即根据项目所取得的经验,在干预方法中应采取哪些变化。②

六、结语

项目总结报告常常包括一个非常简要的小结,我们把它称为结语。在结语中,再次对报告前面几个部分的主要内容作一个纲要式的总结。因此,它又涉及项目目标、任务等的陈述,涉及先前已有的项目结果,涉及从结果中得到的各种结论和推论,以及根据这些结论所进行的更为广泛的讨论,等等。③ 结语部分应阐明项目在相关社会问题领域所作的贡献,指出今后的努力方向,以及简要回应今后的项目实施和项目推广如何利

---

① 《益暖中华》丛书编委会:《益暖中华:大学生公益创新 2008—2010》,北京师范大学出版社 2011 年版,第 170~171 页。
② 参见 [美] Bonnie L. Yegidis 等《社会工作研究方法》,华东理工大学出版社 2004 年版,第 297 页。
③ 参见风笑天《社会学研究方法》,中国人民大学出版社 2001 年版,第 338 页。

用本报告的成果和避免本项目的缺陷。①

结语部分通常还包括致谢等相关内容。不过应该注意的是，在结语部分不能重复叙述每一项工作，而要回顾主要的工作及其结果，并再一次地指出这些工作和结果的重要性。②

七、附录

项目总结报告的附录部分是将一些与该项目或报告相关的，但与主题联系相对松散，且内容相对独立、主要对项目过程或报告中的某些细节进行解释和说明的材料集中编排在一起，放在报告的后面，作为正文的补充。它与项目总结报告的主体分开，既不影响读者阅读报告，又可以帮助读者更好地了解项目的细节。这些材料之所以被放在附录中，除了它们与报告的主题离得较远外，还由于它们的分量较大，放入报告中会打乱报告的结构和层次。附录中的材料可以帮助有兴趣的读者进一步深入了解项目的各个细节，或者回答在报告的正文部分由于省略某些内容而产生的某些疑问。③

---

① 参见［美］Bonnie L. Yegidis 等《社会工作研究方法》，华东理工大学出版社 2004 年版，第 297 页。
② 参见［美］艾尔·巴比《社会研究方法》，华夏出版社 2005 年版，第 481 页。
③ 参见风笑天《社会学研究方法》，中国人民大学出版社 2001 年版，第 339～340 页。

第三节　社会公益实践报告发布途径

社会公益实践项目总结报告的撰写过程实际上也是项目成败得失的总结过程，通过这个过程，对项目从策划到收尾的总体进程作了很好的回顾。项目团队通过大量的努力，完成了从构想到实施再到总结反思的整个历程。如果不从太苛刻的角度去批判，社会公益实践项目多多少少会给社会、服务对象以及项目的其他参与者带来收获，而其中的成果可以作为精华部分进行交流和传播。现代社会的资讯传播方式是非常发达的，互联网的普及、手机的普遍使用，使信息的发布更为简便，传播更为迅速，博客、微博等成为便宜而有效的方式。在这里，主要介绍的还是传统意义上的信息发布方法，属于较为正式的传播途径。这并不意味着我们不赞同用其他方式进行社会公益实践成果的传播，因为网络等方式对于大学生来说也许是更为方便和有效的。但作为一种学习实践活动，大学生还是应该首先学会通过正式的途径让自己的成果获得业界认可，努力为业界提供实务方面或理论方面的创建。

一、机构内部交流

许多机构，特别是一些大型机构，都会按时发行业务通讯（newsletter）。作为传播项目情况的工具，这些散发材料具有一些优点。如果在业务通讯上发表了项目总结，那么相关领域的工作人员就有可能阅读到这些材料，因为他们一般都对与他们的工作情况及其变化相关的信息具有较高的关注。此外，他们阅读了这些项目结果后，可以借鉴其成功经验并在最短的时间里付诸实施。如果项目实施者所在机构还有经常性的培训或团队成员发展计划，那么这类讨论会也可以成为一个不错的发表项目总结报告的场合。有些机构喜欢采用非正式的讨论方式，团队成员轮流就各种工作议题发言。这类计划吸引了那些对项目真正感兴趣的人，这样就有可能使项目成果快速传播并付诸实施。[①]

提交给机构的工作论文也是传播社会公益实践成果的方式。工作论文的内容应该包括初步的结果，以及请求批评指教的用语，有的则只发表其中的一部分。在工作论文中，你还可以畅谈未经证实的探索性解释，然后在报告中注明，并请求评论。[②]

二、对外会议交流

社会公益实践项目的成果可以通过对外会议交流获得更大范围的传播。项目成果如果以书面报告的形式提交给相关专业会议，或受邀在业界会议上进行报告，将在一定程度上提升项目的美誉度和知名度。因此，你就有了向感兴趣的同行报告项

[①] 参见［美］Bonnie L. Yegidis 等《社会工作研究方法》，华东理工大学出版社 2004 年版，第 298 页。

[②] 参见［美］艾尔·巴比《社会研究方法》，华夏出版社 2005 年版，第 477 页。

目结果和想法的机会,也可以因此有机会请同行提供专业的意见。①

备受关注的项目成果可以通过大型会议或小型研讨会等会议发表的形式进行传播。② 会议发表可以采用多种不同的形式。报告人可能被要求撰写和发表正式论文,并留下时间讨论以及让其他参会人员提问。报告人通常以非正式的方式来概述项目成果。特别是在国际会议中,报告人往往采用电脑软件来展示项目成果。如果不利用这些工具,那么分发总结其主要研究结果的资料通常是听众所期望的。另外的一种发表形式是海报。会议通常会给报告人提供一个可以移动的展示板,用来形象地向参会者展示项目成果,并与参会者面对面地进行讨论。许多会议还采用其他方式来帮助传播项目成果,常常会把报告人的报告内容或其总结汇编成录音磁带或论文集出售或发放给其成员。③

对外会议交流,无论是大型的会议还是小型的会议,对项目组成员来说都是一次很好的传播社会公益实践项目成果的机会。对社会公益机构和大学来说,在大型会议上讲演,特别是报告自己的社会公益实践项目,能够展示很好的公共关系。地方性或区域性会议也有其优点,参会费用少、规模小,和同行

---

① 参见 [美] 艾尔·巴比《社会研究方法》,华夏出版社 2005 年版,第 477 页。
② 参见 [美] Bonnie L. Yegidis 等《社会工作研究方法》,华东理工大学出版社 2004 年版,第 298 页。
③ 参见 [美] Bonnie L. Yegidis 等《社会工作研究方法》,华东理工大学出版社 2004 年版,第 300～301 页。

专业人士碰面并建立网络的机会在某些方面反而会变得容易。① 因此，作为社会公益实践项目的参与者，应该学会通过各种类型的对外正式或非正式的会议交流来传播自己的社会公益实践项目成果，这也是社会公益实践的另外一种形式。

三、报刊论文发表

最传统也可能最有效的实践成果和研究知识的传播方式是在专业期刊上发表论文。从表面上看，我们会以为发表的论文能确保某人的研究成果被广泛地传播和为人所用，其实并不尽然。尽管研究成果的发表并不能保证它们被很多人读到，但出版就意味着其他人至少有可能读到这些成果。专业期刊由图书馆订购，而图书馆是向学生和研究者开放的，他们可以利用图书馆的资料完成研究的文献评述，进而进行对某个问题的深入研究。因而，在期刊上发表的成果在很多年后都还可以被利用，比早已被遗忘的会议讲演的"寿命"要长久得多。

在专业期刊上发表实践成果、项目总结报告或项目的研究论文有其内在的回报。看到论文发表而且可能被其他人的研究所引用，至少有希望被其他人浏览、理解和采用，是一件非常有成就感的事情。在专业期刊上发表的研究成果和项目成果可能依然是最容易被人承认的方式，意味着期刊承认研究者完成

---

① 参见［美］Bonnie L. Yegidis 等《社会工作研究方法》，华东理工大学出版社 2004 年版，第 301～302 页。

第十一讲 大学生社会公益实践的总结报告

了学术界的业务。① 作为大学生,这当然是值得努力的一件事情。

至于一本著作,当然也代表了项目总结报告的最高发表形式。图书具有工作论文所有的优点——篇幅足够而且详尽。然而,图书也应该是精炼的作品。因为项目成果出版成书,就给予这些成果更大的权威和价值感,但撰写者也要对读者负责。②

---

① 参见[美] Bonnie L. Yegidis 等《社会工作研究方法》,华东理工大学出版社 2004 年版,第 302～304 页。

② 参见[美] 艾尔·巴比《社会研究方法》,华夏出版社 2005 年版,第 477～478 页。

第十二讲　大学生社会公益实践的宣传推广

"中国传统的 NGO 在公益项目传播方面是不够的。他们更讲究踏踏实实地做事，往往把公共关系看成是一种包装炒作。"① 受传统价值观念的影响，大多公益人士没有适当地把内在的信息和诉求通过艺术的、技巧的方式表述出来。这样一种传统、保守的宣传理念是不利于公益组织的成长壮大的，也由此造成了一系列问题，"困于缺乏公众的认知和资金援助的窘境，很多勇于承担社会责任、有志于社会公益事业的企业和个人，也苦于找不到合适的项目投入资金。因此，实现公益项目与社会之间的高效沟通已成为中国 NGO 发展的重大课题"②。将公共关系和有效宣传的理念内化为组织机能的一部分，对大学生社会公益实践的发展是大有裨益的。

第一节　社会公益实践宣传推广界定

"宣传是运用各种有意义的符号传播一定的观念，以影响

---

① 张丽君：《NGO 公益项目传播管理》，载《国际公关》2007 年第 3 期。
② 张丽君：《NGO 公益项目传播管理》，载《国际公关》2007 年第 3 期。

人们的思想、引导人们行动的一种社会行为。"① 为什么要对大学生社会公益实践进行宣传推广？现代社会已进入媒介时代，人们生活在一个媒介化的环境里，公众习惯通过大众传播媒介认识世界，在浩瀚的信息海洋里，如何让公众发现自己、认识自己、认同自己并加盟自己？这就需要采用各种宣传形式和方法，使信息最大限度地传达给广大公众。"要想更迅捷地让大众了解自己，最佳的途径是通过大众传播媒介。"②"从某种意义上讲，宣传工作就是一种争夺媒介资源和受众注意力的工作。"③

一、社会公益实践宣传推广的本质

社会公益实践以社会公共利益为主要追求目标，致力于"共同的善"并努力通过解决社会问题达到改善社会的目的。一个社会公益实践项目要想在众多的公益项目、公益活动中脱颖而出，获得较强的生命力和竞争力，就必须不断提升社会影响力。宣传推广是提高社会公益实践项目社会影响力的重要途径。社会公益实践宣传推广的本质是社会公益理念与实践在深度方面的挖掘和广度方面的拓展，以期在知、情、意、行等方面影响更大范围的人，从而进一步推动社会公益事业的发展。

---

① 戴元光等：《20世纪中国新闻学与传播学（宣传学与舆论学卷）》，复旦大学出版社2002年版，第108页。
② 王纪平等：《如何赢得媒体宣传：公共组织宣传操作指南》，南方日报出版社2006年版，第49页。
③ 王纪平等：《如何赢得媒体宣传：公共组织宣传操作指南》，南方日报出版社2006年版，第49页。

如果一个社会公益实践项目不被社会公众知晓，社会上根本没听说过该实践项目的名称、性质和业务，那么这个社会公益实践项目往往就不太容易继续推进。社会公益实践项目可以通过宣传推广，让更多的社会公众认知其价值目标、服务对象、管理模式、运作机制、发展愿景等，就能有效提升社会公益实践项目的社会美誉度，为项目的开展创造良好的舆论氛围和社会条件。大学生社会公益实践项目不仅要用心服务，而且要在品牌树立及宣传推广方面下功夫，达到影响他人、推动公益的目的，让公益理念深入人心。此外，通过宣传推广，塑造良好的团队形象和公众形象，也有利于社会公益实践项目吸纳更多的资源，更有效地开展公益服务活动，最终的受益者将是服务对象。

二、社会公益实践宣传推广的内容

社会公益实践宣传推广的内容主要包括公益理念的宣传推广、志愿者形象的宣传推广、主题活动的宣传推广和实践成果的宣传推广等。

（一）公益理念的宣传推广

对于一个社会公益实践组织或社会公益实践团队而言，它的核心理念是最重要的，向宣传对象介绍、解释公益理念的精神内涵是非常重要的一项业务，如果受众理解不了这个公益项目的理念、价值、意义，那么这不会是一次成功的宣传。例如，壹基金的创办人李连杰经常在各种场合向观众解说壹基金的理念，壹基金在中国的成功运营与其创办人的公益宣传意识是分不开的。

（二）志愿者形象的宣传推广

志愿者是社会公益实践活动的参与者，是公益文化的传播者，他们用自己的爱心关怀和优质服务参与构建和谐社会，在进行宣传工作时，应该以志愿者及其行动为重点，深入挖掘公益志愿者典型，推出志愿者专题专版，创作志愿服务宣传片，等等，全面展示志愿者的形象风采，积极引导社会舆论导向，扩大志愿服务的社会影响，从而吸引更多人加入社会公益实践活动的行列。

（三）主题活动的宣传推广

社会公益实践活动往往要经过长期的发展才能成长为一个精品活动，这中间往往要经历多次专题宣传活动。宣传时要重点考虑这几个问题：这个公益实践活动的目的是什么，活动形式有哪些，公益对象主要有哪些，活动是否具有可操作性，活动可能的正面效应和负面效应是什么，通过这个活动解决了什么社会难题，有哪些应急措施和方案。主题活动的宣传工作可以让社会公众对活动项目有清晰的了解和把握，让公众和媒体了解该团队的执行能力，从而给予关注和支持。

（四）实践成果的宣传推广

通过可以感知的实际数据和材料，直观地展示实践活动的成果，可以增强人们对公益实践活动的认识，可以让别人认同公益实践活动的意义和价值，从而理解、支持社会公益实践活动，出色的工作成就甚至可以感动受众，起到鼓舞人心的作用。例如，"希望工程"在成立十周年时推出了一套邮票，这种公益成果的宣传推广非常巧妙，既可以通过销售邮票获得资金，又用有形的邮票图像展示十年来的工作成果，取得了很好的宣传推广效果。

三、社会公益实践宣传推广的功能

"受众理解宣传者的观点并自愿地按照宣传者的指导采取行动，就会对社会的发展产生积极的效果，推动社会的进步。"[①] 这是宣传推广的积极效益。良好的宣传推广效益要求宣传推广能够发挥出宣传应有的功能，使受众接受宣传者所秉持的观点、主张，并自觉地按照宣传者的意志去行动，"从而实现宣传者原先设想的社会目标"[②]。总体而言，社会公益实践的宣传推广具有互动功能、引导功能、激励功能和塑造功能。

（一）互动功能

普通公众也许对"何为公益"只是有着模糊的认识，对

[①] 戴元光等：《20世纪中国新闻学与传播学（宣传学与舆论学卷）》，复旦大学出版社2002年版，第166页。
[②] 戴元光等：《20世纪中国新闻学与传播学（宣传学与舆论学卷）》，复旦大学出版社2002年版，第167页。

公益的深层理念还没有准确的把握。大学生可以运用各种信息符号和舆论工具，开展各种形式的公益实践宣传活动，如在一些重要公共场合悬挂宣传横幅、向宣传对象派发宣传资料，宣传公益理念和服务精神，加深全社会对社会公益实践的理解，通过向受众传播最前沿的公益思想和理论，提高全社会的奉献服务精神，从而为大学生社会公益实践活动的顺利开展营造良好的舆论氛围。同时，宣传对象不是被动的反应者，而是"信息接收中的有目的的有需求的主动行动者"①，大学生开展公益宣传活动，或建立网站吸引民众直接参与，或向社会公开征集公益创意，都可以起到良好的互动效果。

（二）引导功能

若能发挥完善的组织体系的作用，大学生社会公益实践宣传活动能广泛动员和吸引不同年龄、不同层次的民众参与公益活动。"美国心理学家斯金纳的效果法则认为，个体对外部事件或情境所采取的行为或反应，取决于特定行为的结果。当行为的结果有利时，这种行为会反复出现；当行为的结果不利时，个体可能会改变自己的行为以避免这种结果。"② "志愿者参与志愿服务的过程中也具有人际交往、尊重、自我实现等精

---

① 戴元光等：《20世纪中国新闻学与传播学（宣传学与舆论学卷）》，复旦大学出版社2002年版，第169页。
② 谭建光等：《广州亚运会志愿服务研究》，广东人民出版社2010年版，第112页。

神层面的需求。"① 向参与社会公益实践的杰出分子授予一定的荣誉，如"公益之星""公益人物"，有利于强化大学生参与社会公益事业的荣誉感和自豪感，而这种荣誉感和自豪感又可以感染和影响普通大众，从而把荣誉感提升到新的高度。在大学生社会公益实践优秀分子的倡导和影响下，不仅引领在校大学生爱公益、爱志愿、爱服务，也引领社会公众爱公益、爱志愿、爱服务，还可以引导全社会把关注的目光转移到社会公益上，让公益成为人们认同的生活习惯和生活方式，并把这种社会认同固化下来，形成全社会崇尚公益、尊重公益人士的良好文化氛围。

（三）激励功能

"人只有在激发和鼓励的情况下，才能充分发挥积极性、主动性和创造性。宣传的目的是为了调动一切积极因素，化消极因素为积极因素，形成强大的凝聚力。"② 因此，宣传的功能可以鼓舞和激发人们的斗志和热情，齐心协力去完成当前的一项工作。大学生社会公益实践宣传推广活动将有利于激励大学生规范自身行为，塑造良好形象，也有利于社会各界将被动的公益行为转变为主动的公益行为，将松散化的公益行为转变为恒常化的一种日常生活方式，将形式化的公益服务转变为持续性的内在价值取向，实现全民参与的公益事业格局。

---

① 谭建光等：《广州亚运会志愿服务研究》，广东人民出版社 2010 年版，第112 页。
② 于文书：《宣传美学》，人民出版社 1996 年版，第 10 页。

（四）塑造功能

"塑造人的心灵，充实人的主观世界，完善人的人格，是宣传工作的重要职能。"[①] "人的完善、人格的形成、发展和趋向成熟，是社会影响、宣传思想工作的教化过程与人自我内化过程的结果。"[②] 大学期间是一个人世界观、人生观、价值观形成的重要阶段，人格具有很强的可塑性，通过社会公益实践宣传推广和宣传舆论的引导，有助于大学生社会责任感和担当意识的养成，有助于大学生关爱他人、服务社会、回报国家的奉献精神的锤炼，有助于大学生理想人格和高尚精神境界的塑造。长期的宣传效应甚至能使受众建立一种信仰，矢志不渝地为社会公益事业作出自己的贡献。

总之，有效的社会公益实践宣传推广不仅会对受众的态度、思想和行为产生一定的影响，也会对受众的"感情的培养、兴趣的养成、知识的承接、信息的分享、艺术的熏陶"[③] 产生一定的作用。

第二节　社会公益实践宣传推广路径

新闻媒介是一种十分有效的传播路径，但是宣传使用的媒

[①] 于文书：《宣传美学》，人民出版社1996年版，第9页。
[②] 于文书：《宣传美学》，人民出版社1996年版，第9页。
[③] 戴元光等：《20世纪中国新闻学与传播学（宣传学与舆论学卷）》，复旦大学出版社2002年版，第168页。

介渠道不仅仅局限于新闻媒介，"凡是能够实现宣传目的的传播途径都是宣传工作可以使用的"①。那么，运用何种宣传推广路径可以有效提升社会公益实践活动的社会影响力呢？

一、通过多种新闻媒介进行宣传推广

开展公益宣传一定要多与媒体沟通、交流，让媒体了解最关键的信息点或新闻点。要根据新闻媒体特性来选择合作媒体，并至少与一家核心媒体交流合作。一个主题活动可以选择一家核心媒体进行传播，进而带动其他媒体的主动介入和关注。与新闻单位建立良好的合作关系，选择好新闻宣传的载体，需要注重以下几点②：①选择的新闻合作单位不一定非得要知名度高、发行量大、传播广泛的媒体，媒介选择要科学、量力而行；②充分了解拟合作媒体的业务特点，包括对方的主要业务内容、工作手法、工作程序、领导者工作风格、栏目组记者或主创人员及主持人的个人特点和能力；③寻找与对方合作的最佳契机和最佳切入点；④加强双方的沟通，经常换位思考，在充分考虑对方利益的前提下，提出合作设想。

在选择宣传介质上也有讲究，从介质特性上看，"纸媒的传播性好，传播范围广，宣传内容详尽，宣传时效较长，受众多且固定；电视的消息传播迅速、传播范围广，具有良好的视

---

① 王纪平等：《如何赢得媒体宣传：公共组织宣传操作指南》，南方日报出版社 2006 年版，第 215 页。

② 参见韩正贤《运用宣传手段有效提升社会公益组织的品牌影响力》，载《社团管理研究》2009 年第 2 期。

觉冲击力，时效性强，受众多且固定，但消息播出频率高时，才能达到较好的宣传效果；电台消息传播迅速，时效性强，有固定受众群，如能把握好广播栏目及时段，就能达到很好的宣传效果；网络的消息传播迅速，宣传空间广阔，但消息发布位置的好坏很关键；户外广告传播持久，宣传实效长，但成本高"[1]。

在与新闻媒体建立起合作关系后，要注意维护媒体关系，宣传活动要不断制造"新闻亮点"来调动媒体从业人员的公益热情，并对公益项目团队产生持续的认同。

二、与政府合作进行宣传推广

大学生社会公益实践组织的性质是非营利、非政府的，在属性上更倾向于非政府组织（NGO）或非营利组织（NPO）。政府与非营利组织之间并不是对立的关系，政府需要非营利组织来弥补自身职能的不足。大学生社会公益实践项目可以针对政府关心的问题，结合自身的实际情况，与政府合作，共同组织策划宣传活动，如关注残疾人群、关注留守儿童、垃圾分类、西部青少年助学等，项目的切入点应该有利于解决社会问题，有利于维护社会稳定，有利于促进社会和谐，这样才能获得政府的支持，取得良好的宣传推广效果。

---

[1] 韩正贤：《运用宣传手段有效提升社会公益组织的品牌影响力》，载《社团管理研究》2009 年第 2 期。

三、与企事业单位合作进行宣传推广

许多企事业单位也是有社会责任意识的,也有自己宣传推广方面的诉求,大学生社会公益实践项目首先要对自己的诉求有一个清晰的认识,然后再去分析企事业单位的诉求和特性,在双方达成共识之后,要努力争取对方支持,充分利用好对方资源,通过合作开展公益主题活动宣传,达到互利互惠的共赢状态。应注意的是,与之合作的企事业单位应具有较好的社会信誉,不要选择美誉度差的公司或单位进行合作。

四、通过公众人物代言进行宣传推广

公众人物具有较高的社会知名度,他们的一言一行、一举一动都会引起巨大的社会关注并产生强大的社会影响,而明星或社会公众人物通常希望通过做社会公益来为自己打造良好的社会形象。针对这一群体,社会公益实践项目应充分利用优势资源,让名人代言公益项目。名人的社会影响力有助于扩大公益项目的社会知名度和影响力,这就是所谓的"名人效应"。例如2010年广州亚运会,北京奥运冠军陈燮霞成为首位广州亚运会注册志愿者,就引发了强烈的名人效应和公众效应,带动了更多人关注亚运、支持亚运。

五、通过自创新闻热点开展宣传推广

宣传活动除了采取与其他机构合作外,还应不断自创新闻热点吸引外界的关注,适当提高曝光率可以取得更好的宣传效

果。例如，2007年4月18日，由民间环保组织阿拉善SEE生态协会发起主办的"2007 SEE·TNC生态奖颁奖典礼"在中国农业大学举行，当天，52家媒体的60多名记者到场，凤凰卫视播放了颁奖典礼的现场片，其他各类媒体的相关报道高达40余篇，传播成效相当显著。

六、通过借势互补进行宣传推广

社会公益机构、公益组织经常会与政府、新闻单位、企事业单位等合作开展专题系列宣传活动。这种由多家单位联合主办的活动往往共享一个主题，声势浩大，但内容形式略有不同，新闻媒体会进行全面持续的跟踪报道，具有强大的宣传冲击力。大学生社会公益实践活动应充分利用好搭"顺风车"的机会，将公益项目宣传做好，才能吸引社会各界关注并提供资源支持。

七、与专业公关公司合作开展宣传推广

"专业公关公司在项目传播的专业认识、社会广泛资源的嫁接以及基本操作流程的把握方面，相对于非政府组织是有一定的优势的"，"他们在流程控制、活动主题的提炼以及调性的把握上都体现出了专业的素质"。[①] 通过外联手段与公关公司合作，大学生公益组织帮助他们完成社会责任，公关公司给大学生社会公益实践提供技术和专业方面的指导，基本的公关

---

① 张丽君：《NGO公益项目传播管理》，载《国际公关》2007年第3期。

知识和技能、重大公关活动的创意和策划，都可以从与专业公关公司的合作中来学习。

八、树立优秀人物进行典型宣传推广

大学生中不乏优秀出色的"公益明星"，这类大学生公益知识丰富，公益方法独树一帜，公益理念新颖，公益推广意识强烈，公益活动经历具有代表性和典型性，且一般具有良好的亲民形象，比起大众明星更具体生动。大学生社会公益实践组织可以挖掘典型人物，向媒体推荐，通过新闻媒体深度报道栏目对其进行专访，拍摄人物故事。通过挖掘优秀公益人物的典型事例，进行典型宣传，必将对提高公益组织的社会影响力具有很好的促进作用。

九、在日常工作中长期坚持宣传推广

"宣传工作必须是社会公益组织贯彻始终的一项长效工作，宣传工作除了大型活动的强势宣传外，还必须要注重日常宣传。大型活动宣传与日常宣传相结合，才能达到最佳的宣传效果。"① 日常宣传可以从内容、方式、手段、节奏、题材等方面来把握：①日常宣传内容。公益理念、组织形象、项目品牌、特色活动、精品活动、媒体宣传报道材料汇编、活动信息、组织动态等。②日常宣传方式。开辟宣传平台，建设官方

---

① 韩正贤：《运用宣传手段有效提升社会公益组织的品牌影响力》，载《社团管理研究》2009 年第 2 期。

第十二讲 大学生社会公益实践的宣传推广

网站、论坛、微博、博客、飞信群、QQ群等，尤其是微信这一传播工具，具有关注猛、评论烈、转移快的传播效果，应充分利用微信传播方式及时发布组织的最新动态；制作宣传品，包括杂志、活动材料的汇编、广告、宣传视频、宣传MV、宣传横幅、标语口号；等等。③日常宣传手段。"日常宣传应采取润物细无声的方式，让受众在不知不觉中接受传播，可穿插于非大型活动期间。"① 可通过开展互动式特色活动充分调动民众的参与积极性，提高组织"资讯媒体曝光率"。④日常宣传节奏。"根据机构特性及宣传工作规律，合理安排宣传工作，做到有张有弛。大型活动、重点工作、重要事件一般都要求在一定时间内或短时间内调动所有宣传资源进行强势宣传。而相对平常的工作时间里，要采取细雨润物式的手法进行宣传。"② ⑤日常宣传题材。"可取自机构文化、人物故事、公益行业动态等。"③

第三节 社会公益实践宣传推广方法

社会公益实践活动的宣传推广，要掌握媒体传播的规律，做好基础业务工作，选好宣传推广的形式。只有掌握媒体传播

---

① 韩正贤：《运用宣传手段有效提升社会公益组织的品牌影响力》，载《社团管理研究》2009年第2期。
② 韩正贤：《运用宣传手段有效提升社会公益组织的品牌影响力》，载《社团管理研究》2009年第2期。
③ 韩正贤：《运用宣传手段有效提升社会公益组织的品牌影响力》，载《社团管理研究》2009年第2期。

规律，宣传推广才能让受众得到感召；只有做好基础工作，宣传推广才具有基础；只有选好形式，宣传推广才能达到最佳效果。

一、掌握媒体传播规律

任何事物的发展都有其内在的活动规律，宣传推广工作也不例外，只有遵循媒体传播的基本规律，社会公益实践活动的宣传推广才能真正发挥作用。

（一）目的与手段相统一规律

宣传目的决定宣传手段，有什么样的宣传目的就应选择相应的宣传手段。也就是说，宣传手段必须适应宣传目的的要求，必须充分体现宣传的目的。具体来讲，在社会公益实践的宣传推广中，应从以下几个方面来把握：第一，要明确宣传目的。只有明确了宣传推广目的，才能有效地选择宣传推广的形式和方法。社会公益实践宣传推广的目的在于让公益理念、公益精神、公益形象深入人心，鼓励和引导更多的人参与到公益事业中来。第二，宣传目的决定宣传手段，宣传手段只有适合了宣传目的的需要，才能实现宣传目的。社会公益实践的宣传推广方式方法要有非常明确的针对性，主题要具体鲜明。例如，要对"12366"纳税服务热线进行宣传，有人建议用音乐符号1、2、3、6、6作为主旋律来制作宣传曲，这是不明确宣传目的所造成的。在宣传推广社会公益实践的过程中运用目的与手段相统一规律，应避免两种倾向：一是过分地在方式方法上做文章，片面地追求所谓新颖或奇特的方法；二是认为方式方法无关紧要，只要目的明确并且不产生错误就行。

（二）首因与他因相统一规律

"用什么样的程序组织宣传，也直接影响宣传效果。"[①]"首因，又称先入为主，是指首次印象的重要作用与深刻影响"；"他因相对首因而言，指的是影响宣传效果的其他过程性因素的作用，如宣传开始后的过程安排、时间长短、形式变换、高潮掌握、论点衔接、内容熟练程度等一系列因素的作用"。[②] 仅仅依靠第一印象并不能保证良好的宣传效果，宣传者还必须遵循首因与他因相统一的规律，合理安排宣传过程，做到有主有次、有轻有重、有张有弛、有急有缓，将大型强势宣传与日常宣传相结合，"把握好宣传工作的手段、宣传工作的节奏、宣传工作的强弱力度、宣传工作的长效短效、宣传工作的分量轻重、宣传题材的选用角度"[③]。

（三）重复与新异相统一规律

"宣传的重复是指在特定时间内，不断宣传同一思想，或

---

① 戴元光等：《20世纪中国新闻学与传播学（宣传学与舆论学卷）》，复旦大学出版社2002年版，第154页。
② 戴元光等：《20世纪中国新闻学与传播学（宣传学与舆论学卷）》，复旦大学出版社2002年版，第154～155页。
③ 韩正贤：《运用宣传手段有效提升社会公益组织的品牌影响力》，载《社团管理研究》2009年第2期。

同一思想间隔一定时间再度宣传的做法。"① 人的认识规律决定宣传工作的重复性，因为人对新事物的正确认识往往要经过多次反复才能形成，社会公益实践宣传推广活动反复宣传公益精神，有助于加深民众对公益的认识。而宣传推广的重复也要注意度和量的问题，过多的重复可能会取得适得其反的宣传推广效果。宣传推广也要讲求新异和创新，"宣传中的新异是指新奇的论点、材料和新近发生的事对宣传对象有较大说服力"②，受好奇心的驱动，新事物、新观点、新材料往往更能吸引人们的眼球，适时恰当地运用新异的信息通常会取得事半功倍的宣传效果。"宣传中的重复与新异是统一的。重复往往是内容的重复即观点的重复，新异往往是形式上的新异。"③对于大学生社会公益实践项目而言，每年的公益活动都有很大的相似性，这就需要在宣传推广的形式上进行创新。

（四）连续性与阶段性相统一规律

"宣传的连续性是指宣传内容的前后一致性。"④ 宣传推广内容必须"首尾一致"，保持相对的稳定性，"朝令夕改"的宣传推广很难被受众接受。"宣传的阶段性，是说在时间上每

---

① 戴元光等：《20世纪中国新闻学与传播学（宣传学与舆论学卷）》，复旦大学出版社2002年版，第155页。
② 戴元光等：《20世纪中国新闻学与传播学（宣传学与舆论学卷）》，复旦大学出版社2002年版，第155页。
③ 戴元光等：《20世纪中国新闻学与传播学（宣传学与舆论学卷）》，复旦大学出版社2002年版，第158页。
④ 戴元光等：《20世纪中国新闻学与传播学（宣传学与舆论学卷）》，复旦大学出版社2002年版，第158页。

一个时期的宣传,都必须有一个突出的目标或中心。"① 每一个不同阶段都有突出的主题,都包含一定新鲜刺激的宣传推广信息,更容易引起宣传推广对象的兴趣和关注。阶段是连续中的阶段,连续是有阶段的连续,正确认识连续性与阶段性之间的关系,坚持连续性与阶段性的辩证统一,增加宣传推广的立体感,可以形成强大的宣传推广效果。

二、做好基础业务工作

所谓基础业务,指的是从事宣传推广工作所必须处理的日常工作任务,组建通讯员队伍、和记者打交道、宣传策划、撰写宣传通稿、摄影摄像、组织新闻发布会、工作总结等都属于基础业务的范围。

(一) 组建通讯员队伍

开展大学生社会公益实践宣传推广活动应该组建一支通讯员队伍,专门从事宣传推广工作。通讯员队伍的人数在整个社会公益实践项目团队中应该占有一定的比例,有一个正式的名分,有专门的机构设置,有职责分工,明确角色定位,合理发挥作用。队伍组建起来后就要开始对成员进行相关培训。培训的内容主要有:①团队文化、公益理念、宣传推广意图;②团队组织制度的相关说明介绍;③宣传推广工作的特点和基本规

---

① 戴元光等:《20 世纪中国新闻学与传播学(宣传学与舆论学卷)》,复旦大学出版社 2002 年版,第 158 页。

律；④基本业务能力的训练，宣传通稿写作的基本要求、摄影摄像的基本要求、宣传策划的大致流程、联系记者媒体等；⑤基本业务能力的实战演练。

(二) 联系新闻记者

现代大众传媒具有传播效率高、覆盖率广、影响力大等特点，能借助新闻媒介的力量传播我们想要宣传的信息将会是最有效的宣传推广途径，而记者是介于我们和新闻媒体之间的重要一环。大学生社会公益实践项目团队要想和记者打好交道，就一定要有一个平时密切联系的专门的"跑口记者"。所谓"跑口记者"，"指的是专门报道某一个或者某几个相关领域新闻的记者"①。专门报道时事新闻的记者称为时事口记者，专门报道教育新闻的记者称为教育口记者，大学生社会公益团队则需要找到适合自己的公益口记者，他应该是专门报道社会公益事业、慈善事业、志愿服务事业、NGO 等的记者。找到适合的公益口记者后，就要经常与其交流沟通，要向他们介绍本团队的活动情况，也要了解记者的新闻报道风格、工作特点，以便双方互相磨合，为宣传信息的传播创造良好的氛围。这种良好的合作伙伴关系需要团队通讯员的日常维护，"其中就包括在可能的情况下给记者提供方便的条件。你越是让对方感到

---

① 王纪平等：《如何赢得媒体宣传：公共组织宣传操作指南》，南方日报出版社 2006 年版，第 167 页。

方便、舒服、温馨，对方越愿意和你合作交往"①。需要强调的是，社会公益实践项目团队成员和记者之间是一种平等互利的合作关系。社会公益实践项目团队通过记者发布宣传信息，记者也通过社会公益实践项目团队寻找到可发表的新闻事件，如果彼此之间能坦诚相待，就比较容易形成理想的合作状态。

（三）撰写宣传通稿

撰写宣传通稿是从事宣传推广工作的人员必须具备的一项基本技能。一个组织或部门要统一口径对外介绍自己，因此宣传通稿非常重要。"宣传通稿"和"新闻通稿"是两个不一样的概念，"'新闻通稿'是通讯社等新闻机构向客户（新闻媒介）提供的一种新闻稿件"②，必须符合新闻的基本特性，如真实性、客观性、时效性等；"'宣传通稿'是指组织宣传活动的单位（主体）根据自己的需要准备的向大众传播媒介发放的一种宣传稿件"③，具有一定的主观性和目的性，追求的是宣传主体目的和意图的实现，目的在于吸引新闻媒体的报道。

宣传通稿要有一定的写作思路。写作之前要掌握宣传的主旨、目的和意图，这样才能方便立意构思、谋篇布局，"宣传

---

① 王纪平等：《如何赢得媒体宣传：公共组织宣传操作指南》，南方日报出版社2006年版，第75页。
② 王纪平等：《如何赢得媒体宣传：公共组织宣传操作指南》，南方日报出版社2006年版，第110页。
③ 王纪平等：《如何赢得媒体宣传：公共组织宣传操作指南》，南方日报出版社2006年版，第110页。

通稿是要'主题先行'的"①。掌握好"主旨"后要寻找新闻点，一次成功的宣传活动要有不同于其他宣传活动的新异之处，宣传通稿也不例外，新闻点犹如一首诗的"诗眼"，是最能吸引媒体的地方，如何挖掘最新的新闻点、捕捉媒体最感兴趣的信息是至关重要的，新闻点不仅要吸引媒体的眼球，更要吸引媒体继续报道下去，成为媒体回味无穷的话题。提炼出新闻点之后就可以着手写作了，也就进入了宣传通稿的结构安排、语言表达等具体阶段了。

一篇正式宣传通稿的结构包括标题、导语和正文三大部分。现代社会中，人们的生活节奏越来越快，信息也越来越多，读报先读标题成为人们的阅读习惯，标题的重要性不言而喻。"标题是宣传通稿把握舆论导向的第一道关。"② 宣传通稿的写作者可以在标题中巧妙地表达自己的主观态度倾向，利用先入为主的规律引导读者朝着我们期望的方向去理解。标题的写作要切合实际，不能任意夸大，语言要生动活泼、清新自然，用词造句要简洁清晰、言简意赅，逻辑要严谨，概括要准确。

所谓"导"语，就是引导性的语言，在宣传通稿中起着承上启下的作用，承接标题，又有吸引读者进一步阅读下文的作用。其实导语是标题的补充说明，把标题未能涵盖的信

---

① 王纪平等:《如何赢得媒体宣传：公共组织宣传操作指南》，南方日报出版社 2006 年版，第 110 页。
② 王纪平等:《如何赢得媒体宣传：公共组织宣传操作指南》，南方日报出版社 2006 年版，第 121 页。

息要点扩展出来，一层套一层，最终实现对整个活动的完整讲述。一般来说，为了突出事实，导语要以主动语态和陈述句平铺直叙、直白客观地将主要事件讲述出来。导语要短小精悍，不要又长又全。导语的信息要素不宜过多，因为过多的要素会造成冗长、重点不突出等问题，这样就不能发挥导语应有的作用。涉及人、物或者单位的名称应尽量避免使用全称，除了特别重要的嘉宾、领导和核心部门之外，也要尽量避免堆砌出席者名称。数字是比较直观、相对有说服力的材料，但是如果使用不当也会取得相反的效果，导语要善用数字、用好数字。

正文是宣传通稿的主要部分，作用在于满足读者的阅读期待，揭示事情的来龙去脉。正文的写作要注意以下几点：①重点叙述，突出主干。标题、导语和正文应该是一脉相承的，正文应该紧紧围绕标题和导语中的重要事实进行展开式叙述，不要"旁逸斜出"。②具体阐述，充实内容。"标题可以是概括的，导语可以是简洁的，正文交代事实必须具体，这样的通稿才有力量。"[①] ③完整表述，逻辑行文。正文要把一件事情完整地表述清楚，让读者知道事情的前因后果，不能有头无尾。同时，正文的结构要层次分明、有条理有逻辑。

在宣传工作的实践中，背景材料通常是和宣传通稿一起发放给新闻媒体的，社会公益实践宣传推广也应准备好关于此公

[①] 王纪平等：《如何赢得媒体宣传：公共组织宣传操作指南》，南方日报出版社2006年版，第127页。

益团队、组织、实践项目的说明性背景材料。背景材料主要指成立背景、历史演变、物质条件、发展状态、取得成果等,有利于帮助媒体形成进一步的、更加深入的了解。

(四) 进行摄影摄像

随着电视、网络等现代大众传播媒介影响的不断扩大,传统的静止图像资料已经不能满足大众对信息的需求,社会对宣传工作提出了更高的要求,摄影和摄像都成为宣传工作者应掌握的基本技能。

在大学生社会公益实践宣传推广中,需要摄影摄像的活动主要有两类。首先,有目的、有组织实施的宣传活动,包括大型强势宣传和日常宣传。其次,开展社会公益实践活动时也需要摄影摄像,两者都属于现场活动拍摄。"现场活动的拍摄重点在于捕捉动态的、现场感强的镜头。通常情况下,宣传活动的拍摄现场要采用抢拍的方式,多拍摄特写。"① 这一叙述回答了怎么拍的问题,那么究竟要拍什么呢?现场活动需要拍摄的镜头主要有:①主要人物的动作细节、活动情况,如领导和嘉宾;②仪式程序等重要环节,如领导和群众共同完成某件事的场景;③全景镜头、主持人主持镜头、主要领导人镜头;④群众的场面以及部分外景空镜。②

---

① 王纪平等:《如何赢得媒体宣传:公共组织宣传操作指南》,南方日报出版社2006年版,第150页。

② 参见王纪平等《如何赢得媒体宣传:公共组织宣传操作指南》,南方日报出版社2006年版,第151页。

拍摄结束后,影像资料应该及时整理、分类、归档。新闻传播特别讲究时效性,因此应该以最好的速度将照片处理好,然后连同照片说明、宣传通稿一起发送至媒体单位。其余的大部分影像资料则要分类归档,这也是收集宣传资料的一部分,长期的宣传项目或大型宣传推广活动时就可以派上用场。

三、选好宣传推广形式

宣传推广的形式多种多样,主要包括公益广告宣传、口头宣传、标语口号、新闻发布会、活动宣传等。选好宣传推广方式,用适合受众的方式进行宣传推广,才能收到事半功倍的效果。

(一) 公益广告宣传

公益广告具有清醇质朴的特征,具有很强的教育意义和象征意义,有助于唤醒人们的道德观念。公益广告的作用主要体现为两个方面,一是传播社会文明,弘扬道德风尚;二是树立公益组织和志愿者的良好社会形象。社会公益实践活动若能通过公益广告感染民众,形成良好的舆论导向和社会氛围,那么对顺利开展活动是十分有利的。

如何创作一则好的公益广告呢?需要注意以下几点:①内涵深刻。公益广告的主题内容关乎社会文明、人类生存、社会问题、环境问题等,因此要有一个深刻的寓意,对人们有教育和启发作用,能够引发人们的深刻思考。公益广告应该是文明的、健康的、积极向上的。②创意独特。公益广告要有独创性,要独树一帜,引人注目。受众总是对那些新鲜的、奇特的思想、形象、音响、行为等感兴趣;广告创作者要为广告注入新鲜的血液,使用新材料、新事实、新观点、新形式。但是创新也要讲究度的问题,不能脱离社会基础,真正的创意来源于生活,来源于老百姓日常生活中的酸甜苦辣和喜怒哀乐。③图文并茂。一则公益广告要想赢得广泛而持久的社会关注,在形式上也必须给人留下深刻的印象。图文并茂的广告在视觉上给人强大的冲击力,更易为人们津津乐道。好的公益广告一般有一个好的文案,有时候寥寥几字就足够震撼了。④有亲和力。公益广告在内容和形式上都要倡导和维护社会公众的利益,与人们生活息息相关的广告更能被社会认可,也更容易深入人心。

(二) 口头宣传

口头宣传是宣传推广工作的基本形式之一,具有宣传速度快、鼓动性强等特点,主要有演讲、报告、座谈会、答记者问、电话采访等方式。"口头宣传教育,是一门高超的语言艺术,是人类最高级、最完善、最富有审美价值的一种社会传播方式。"① 之所以最富有审美价值,是因为口头宣传综合运用了文字语言、有声语言、姿态语言三种艺术手段,三者融为一

---

① 戴元光等:《20世纪中国新闻学与传播学(宣传学与舆论学卷)》,复旦大学出版社2002年版,第201页。

炉，浑然一体，"让其知、令其信、动其情、促其言"[①]。口头宣传是一种面向大众传播信息、抒发感情、交流思想的社会交际活动，能够感召听众并促使其改变看法、展开行动。

口头宣传要注意做到语言形象生动、开头引人入胜、结语振奋人心。具体来讲，可以从以下方面着手。

1. 语言形象生动

准确、简洁、通俗是宣传工作对语言的最基本要求。形象生动的语言对听众具有更大的吸引力，可以增强宣传的说服力、感染力和表现力。恰当地使用修辞手段可以使语言更具有艺术表现力，修辞的手段很多，常用的有比喻、排比、拟人、对偶、双关、顶针等。例如，著名演员濮存昕代言的公益广告就充分运用了比喻、排比、顶针的修辞手法："一条公益广告就好像是一盏灯"是比喻，"每个人的心灵就像一扇窗户，窗户打开，光亮就会进来"是顶针，"有时候，文明离我们只不过是十厘米的距离；有时候，也许只是几十厘米的宽度；也有时候，可能是一张纸的厚度……"是排比，这样形象生动的语言再加上濮存昕感性、和缓的声音，就给公众留下了深刻的印象。此外，恰当、适时的幽默能让人感到轻松、诙谐、有趣，以幽默的口吻讲述的道理更沁人心脾、耐人寻味。妙趣横生的语言除了能给人美的快感、美的享受之外，往往更容易把价值理念、道德观念传达给听众。

---

① 戴元光等：《20世纪中国新闻学与传播学（宣传学与舆论学卷）》，复旦大学出版社2002年版，第201页。

2. 开头引人入胜

"只有一开始就使人步入美的境界，调动起观众高格调的审美情趣，整个艺术活动才有可能顺畅地展开，深入地进行，取得最理想的效果。"① 口头表达和口头宣传的开头方式多样，常用的有以下几种：

（1）一连串的设问开头。保护环境、维护生态平衡的公益活动宣传尤其适合使用这种设问式开头。例如，我们可以这样发问："假如有一天我们遭到猴子的猎杀，会是什么感觉呢？如果海豹猎杀人类婴儿，将会怎样？如果有一天，天空中再也看不到小鸟飞翔的画面，将会怎样？应用转基因技术，人类让老鼠的头上长出了人的耳朵，如果反其道而行之呢？现在，人类渴了有水喝；将来，地球渴了会怎样？"诸如此类的发问可以引导听众顺着自己的思路去思考，从而达到吸引听众的目的。

（2）用令人震惊或人们普遍关心的重大事件开头。提倡保护环境的社会公益实践活动，在口头宣传时可以引用科学家的最新研究成果，例如："哥本哈根世界气候大会上，有美国科学家提出，北极冰盖的融化速度超出科学家预期，到2050年北极冰盖面积可能比现在减少40%。预计到2100年，北极熊可能完全消失。"关注弱势群体的社会公益实践活动，则可以在演讲开头时阐述最新社会调查结果，例如："从中国儿童少年基金会获悉，全世界被剥夺上学权利的儿童有1.26亿人，其中女童占56%；他们中超过1/3的孩子从来都没有进过教

---

① 于文书：《宣传美学》，人民出版社1996年版，第175页。

室。也就是说,全世界每六个儿童中,就有一个没在接受教育。"这些令人震惊的时事对听众来说也是极具冲击力的。

(3) 用讲故事的方式开头。例如,"这是一个 9 岁小女孩的故事,她的学校离家里很远,每天中午都不能回家吃午饭,只能饿着肚子一直挨到下午放学……""这是一个孤独的老人,他没有任何经济来源,无亲无故,只身一人住在 4 平方米的小屋里……"大多数人都喜欢听故事,用讲故事的方式很容易吸引听众。

3. 结语振奋人心

有了引人入胜的开头,还必须有好的结尾,才能使演讲收到完美的宣传效果。由于演讲的目的是让听众了解公益、支持公益、投身公益,因此演讲的结尾应该重申主题,加深听众的认识,这样才能鼓动听众的热情,促其行动。好的结语应该是铿锵有力的,有如"撞钟",能给人力量和信心,能让人看到光明的前方,撞钟过后要能余音绕梁,才能引导听众向着我们期望的目标去行动、去奋进。

(三) 标语口号

标语口号的运用在中国的宣传实践中非常普遍,也是宣传中最常见的一种形式,具有强大的凝聚人心、创造气氛的作用。"标语口号之目的就是动员,而动员也必须借助于标语口号来增强民众的自觉性,形成共识,来更好地组织人力和物力。"[1] 作

---

[1] 韩承鹏:《标语口号文化透视》,学林出版社 2010 年版,第 3 页。

为一种重要动员手段的标语口号,"要适应时代需要、适应群体心理需求,鼓励性很强并有普遍指导意义"①。撰写出精彩的标语口号要掌握正确的写作方法,需要注意几下几点。

1. 精选语言,以情感人

(1)选用"柔"性语言。"在选用标语口号语言时,要尽量选用'柔'性语言,从目标群体的角度来思考问题,饱蘸感情笔墨,以情感人"②,"柔"性语言比"硬"性语言更具魅力,更优雅,更容易被人们所接受、认同。例如,"小草对您微微笑,请您把路绕一绕","人间仙境拒绝人间烟火","有了您的呵护,杭州才会更美丽","朋友,今天你让座了吗",等等,把强硬禁止变成了友好的警示,婉转温和又不失警戒,充满人情味和亲和力,体现文明对话的社会风尚,读来如沐春风,使人乐于接受。因此,在写标语口号时尽量不用"严禁""禁止""处罚"等表达强硬态度的词语,大众对这类词语通常会"敬而远之",甚至产生逆反心理。只选用"柔"性语言还不够,还要在标语口号中注入情感因素,才能引起读者的共鸣,刻板无情的说教性标语往往会引起读者的反感。"谁家有老也有小,尊老爱幼不可少","高高兴兴出门去,平平安安回家来","为何血浓于水?因为爱在心中","有你我的帮助,才有别人的健康",等等,这类充满感情的标语还具有心理暗示作用,很容易被人认同并自觉采取配合

---

① 戴元光等:《20世纪中国新闻学与传播学(宣传学与舆论学卷)》,复旦大学出版社2002年版,第195页。

② 韩承鹏:《标语口号文化透视》,学林出版社2010年版,第173页。

行动。

（2）选用"通俗"语言。标语口号是要传播给社会大众的，因此用词造句的识别难度要契合普通人群的文化知识水平，其语言表述要大众化、通俗化。在用词方面，要使用最质朴平实的词语，要尽量做到通俗易懂、亲切自然、鲜明生动，同时，着力避免使用过多华丽、生僻、晦涩、艰深、有歧义的辞藻。综观广州市创建全国文明城市的宣传口号，"文明广州我的家，一起来，更精彩"，"争创全国文明城市，建设幸福广州"，"文明广州文明人，我的城市我的家"，等等，无一不是用通俗的语言来表达的，因此也最容易深入民心。标语口号不仅要让人看得明白，还应让人看了愉快。在通俗易懂的同时要避免刻板、陈旧、教条，要做到生动形象、轻松幽默，让人在会心一笑的同时领悟宣传者的意图，从而达到寓教于乐的目的。例如，"爱我，追我，千万别吻我"，"不要让水龙头孤独地流泪"，"让您的痰吐与谈吐同样高雅"，等等，都是很不错的标语口号。

2. 巧用修辞，妙趣横生

具有文采、富有艺术表现力的标语一般"让人看来醒目、读来顺口、听来悦耳"[①]，因而很容易广为传播。在创作标语口号时，注意选用恰当的修辞手法，可以让其更优美、更生动、更感人。下面列举在标语口号中使用的修辞手法。

（1）比喻。如"血，生命的源泉，友谊的桥梁"，把血比

---

① 韩承鹏：《标语口号文化透视》，学林出版社2010年版，第176页。

作友谊的桥梁,无形中拉近了人与人之间的距离,达到鼓励无偿献血的目的。

(2) 拟人。如"投入大自然的怀抱,请不要弄脏她美丽的衣裳。""请你不要在我的脸上抹黑——墙壁说。"这些标语赋予自然界的事物以生命,以一种最温柔的方式警示读者要善待自然,善待生命。

(3) 对偶。对偶的修辞手法在标语口号中是应用得最多的,形式整齐,富有节奏感,例如,"用心点燃希望,用爱播洒人间","同饮珠江水,共建五羊城"。

(4) 押韵。这种修辞手段一般与对偶配合使用,看起来整齐醒目,听起来铿锵悦耳,读起来朗朗上口,便于记忆,易于传诵,极具艺术特色,为人们喜闻乐见。例如,"献出的血有限,献出的爱无限","他们惧怕恶魔,可是更怕冷漠",等等,合辙押韵,给人留下深刻印象。

(5) 双关。利用词的多义和同音的条件,有意使语句具有双重意义,言在此而意在彼。例如,"小草有生命,足下多留'青'"是语义双关,"居高不要'淋'下,爱邻即是爱己"是语音双关。

(6) 引用或化用。在创作标语口号时引用或化用读者耳熟能详的古诗词或文言警句,也可以使读者乐于接受。例如,"一粥一饭,当思来之不易;一丝一缕,恒念物力维艰","爱人者,人恒爱之;敬人者,人恒敬之"。

(7) 对比。例如,"喝进去几杯美酒,流出来无数血泪","一时的快乐,永恒的伤痛——请勿吸烟",等等,通过鲜明的对比，能使人深受警醒。

（8）暗示。不把话说满，而是用含蓄的言语让读者去领会标语的深层意蕴。例如，北京申办奥运会的一则标语"给中国一次机会，还世界一个奇迹！"具有很强的暗示力，短短14个字却暗含丰富深刻的意蕴，给读者留下了充分的想象空间。

（9）联想。所谓联想，是指人们由甲事物想到乙事物，由当前的事物想到以前或与此有关的另一事物的联系思考过程。例如，"如果你想吸烟，定时炸弹在身边"，"不要让我们的孩子只能在博物馆里才能见到今天的动物"，等等，都是运用联想的修辞手段创作的宣传标语。

3. 精简语言，浓缩精华

短小、简洁、通俗、精炼是标语这种应用文体的特点，只有尽力去符合这些特点，直截了当，不拖泥带水，标语才能迅速吸引人们的注意力。字数较少、句式简短、表意准确是标语语言简洁的基本要求，具体来说，应该注意以下几方面：

（1）字数要求。标语口号的投放平台一般是空间很小的场合，再加上信息接收者短时理解力和接受力的限制，标语不能使用较长的句子，由此决定标语的字数不能太多，一般需控制在30字以内。尽管字数少，标语却要表达出完整的意思，做到言简意赅，言有尽而意无穷。

（2）句式要求。在句式上，最好使用简单的动宾句，而少用复杂的主谓句。

（3）标点符号要求。标语一般不用除感叹号之外的标点符号,"因此,拟写标语时,要避免因停顿或轻重音而产生的歧义。确实需要停顿时,可以使用空格(竖排版的),或者转行(横排版的)来代替标点符号"①。

(四)新闻发布会

随着大学生社会公益实践活动的广泛发展,组织新闻发布会也应该成为一种宣传形式。召开一次新闻发布会,涉及确定主题、筹备会场、材料准备、宣传通稿准备、安排新闻发言人、约请媒体记者、制定应急方案等方面。

(五)活动宣传

除了新闻发布会以外,宣传推广者也可以策划其他一系列的仪式、程序或新闻事件来宣传,大学生社会公益实践活动的宣传推广也可以应用以下活动宣传:

1. 论坛类

"从概念的直接印象上讲,论坛显然比'座谈会''会议'等等更加新颖,更加正式、更加隆重。"② 在公益论坛方面,目前国内比较有名的有中华传统文化公益论坛、中国大学生公益论坛、公益慈善论坛等,在举办论坛时可以借鉴这些成功论坛的有利经验。"'论坛'通常会安排一些具有象征意义的活

---

① 韩承鹏:《标语口号文化透视》,学林出版社 2010 年版,第 181 页。
② 王纪平等:《如何赢得媒体宣传:公共组织宣传操作指南》,南方日报出版社 2006 年版,第 225 页。

动仪式，比如在论坛的最后发起一次倡议或者发表一项宣言。"①

2. 沙龙类

定期开展公益主题沙龙，可邀请公益名家、公益组织负责人、各高校公益社团负责人等出席。

3. 互动类

邀请受资助对象到活动仪式中来，给双方提供一个相互交流的平台，如"留守儿童手拉手""空巢老人互谈心"活动等，此类活动打破了传统宣传的单项传播的局限，有利于倾听宣传对象的心声和意见。

4. 加冕类

选择具备一定社会声誉和社会影响力的名人，通过加冕的方式赋予其"形象代言人"或"公益形象大使"的身份。值得注意的是，确立"形象代言人"的方式被各种公益组织纷纷仿效，从新闻价值规律的角度看，这种形式不能频繁地重复使用。

5. 现场推广类

现场推广这种活动形式是商业机构最常使用的宣传方式，大学生社会公益实践的宣传推广也可以借鉴这种方式。组织宣传工作人员进入街道社区或者在公共场合摆摊，现场介绍或者讲解本公益团队的核心理念、主题活动。

---

① 王纪平等：《如何赢得媒体宣传：公共组织宣传操作指南》，南方日报出版社 2006 年版，第 225 页。

6. 揭牌类

邀请行业内的著名专家为本公益团队的成立进行揭牌,并举行揭牌仪式,标牌不仅是一个物质性的东西,它还象征着被赋予荣誉和权利,举行揭牌仪式可以充分聚拢媒体和民众的焦点。例如,2011年5月中山大学公益慈善研究中心举行揭牌仪式,就吸引了《南方日报》《广州日报》、中国新闻网、《中国社会科学报》等多家国内著名媒体争相报道,取得了相当成功的宣传效果。

7. 颁奖类

奖项的新颖性、级别的重大性都决定颁奖能否成为一项新闻。2010年广州亚运会、残运会结束后,广东团省委、第16届亚运会志愿者部等各部门联合为亚运会、残运会志愿者颁奖,公开授予志愿者一定的荣誉和表彰,这不仅是对志愿者的肯定与激励,更是一种宣传推广广东志愿服务精神的方式,也吸引了《中国日报》《南方日报》等多家媒体的报道。

8. 开展活动类

此类形式指的是通过开展某项活动或实施某种行为来引起媒体和社会的关注。例如,中山大学奔赴青海玉树开展慈善义诊活动、中山大学研究生支教团举行出征仪式等等。

第四节 社会公益实践宣传推广技巧

概括地讲,社会公益实践活动宣传推广技巧主要应掌握三个方面:一是要用好事、理、情;二是要把握天时、地利、人和;三是要发动人人参与、个个主动、时时关注。

一、用好事、理、情

任何事情都涉及事实、道理、情感这三大要素,社会公益实践活动的宣传推广也不例外,在宣传推广过程中要恰当地运用好事、情、理,做到传之以知、晓之以理、动之以情,才能提高宣传效益。

(一) 让事实说话

"事实是形成一定思想、支撑一定观点的基础,是触发人们感情的酵母。"在宣传中,我们应该大量地选用事实,让事实说话,给宣传对象提供我们所掌握的一切事实,"让群众在了解这些事实以后不知不觉地接受其中的观点,或受到感染,产生潜移默化的影响。这在宣传学上称作'暗示法'"[1]。例如,在唤起公众关注青少年教育问题时,可以提到以下事件:2011年10月5日,广东三名留守小学生相约喝农药自杀;2011年6月18日,一名14岁少年将网吧管理员杀死,杀人后竟"淡定"围观公安机关办案;2011年6月15日,一名叫小阳的10岁孩子,摇醒睡在身边的哥哥小东,说了一句:"我喝药了,不用去上学了。"……当我们摆出这些让人触目惊心的事实,相信也会触发受众悲天悯人的情怀。

---

[1] 戴元光等:《20世纪中国新闻学与传播学(宣传学与舆论学卷)》,复旦大学出版社2002年版,第209页。

（二）用理性说服

理性宣传的方法一般有三种：①逻辑推理，即纯粹用严密的逻辑推理来阐述某一种主张的合理性、可行性，从而说服受众。逻辑推理一般采用引证法、比较法、喻证法、反证法等具体方法。②摆事实，讲道理，即用生动的典型事例来论证自己观点的正确性。③分析和阐述，即在一定的理论、方法的指导下，深入浅出地、从具体到一般地、就实论虚地分析现实事件或现实问题产生的原因，确定其性质，阐述其社会影响，预示其发展趋势。①

（三）以情感鼓动

人的内心世界是十分丰富的，在宣传推广活动中要充分考虑受众心理，"尽可能地动之以情，使宣传对象的心理产生强烈震动，受到感染，和宣传者产生感情共鸣"②。在宣传推广中，动之以情的方法有很多：①以人为本，展现人文关怀。宣传活动的切入点要富有人情味和亲和力，感人的故事往往更容易唤起人们内心的情感，产生感情共鸣；②表达自己的真情实感，和宣传对象产生感情上的交流；③采用感情充沛的词句，使宣传富有鼓动性，调动人们的情绪，引导人们投身于助人益

---

① 参见戴元光等《20世纪中国新闻学与传播学（宣传学与舆论学卷）》，复旦大学出版社2002年版，第210页。

② 戴元光等：《20世纪中国新闻学与传播学（宣传学与舆论学卷）》，复旦大学出版社2002年版，第210页。

社的行列之中;④调动艺术手段,采用艺术化的语言,使理性宣传带上感情色彩。

二、把握天时、地利、人和

在一定意义上,宣传推广也是一种公共关系,它面对的是与自己直接有关或间接有关的大量的社会公众,并且要通过传播的手段与公众进行真实、有效的信息交流,双方之间建立协调的关系。宣传推广工作不能脱离特定的社会环境,需要分析活动推出的时机、地点、环境是否合适。大学生社会公益实践活动的宣传推广必须综合考虑天时、地利、人和这三个因素。

首先,在天时方面,"政府、社会、媒体在特定的时段上都会关注特定的人群和特定事件"[1]。资助家庭经济困难学生的活动最好选择在每学期开学期间,环保公益项目则多在春季进行宣传。另外也要注意密切结合时事热点,例如,2008年汶川发生"5·12"大地震,震后,除抗震救灾相关活动外,大规模地宣传其他公益活动则会显得不合时宜。

其次,地利条件方面,社会公益实践的宣传推广活动"一定要注意选择与活动内容相适宜的地域或地点"[2],关注艾滋病人最好是在医院病房或病人家里,保护稀有动物最好是在稀有动物栖居地。值得注意的是,与地方文化特色相结

---

[1] 韩正贤:《运用宣传手段有效提升社会公益组织的品牌影响力》,载《社团管理研究》2009年第2期。
[2] 韩正贤:《运用宣传手段有效提升社会公益组织的品牌影响力》,载《社团管理研究》2009年第2期。

合也是一种很好的宣传技巧。2010年广州亚运会在进行志愿者招募宣传时，就充分融入了以"友善、随和、融洽、宽容"为传统的岭南文化，营造了灵活自主的社会氛围，推进广东志愿文化的传播，也使得现代公益型的广东志愿文化得以持续发展。

最后，在人和方面，"目前全社会大力倡导和谐，在以人为本的大环境下，开展公益活动的出发点必须与之相适应"①。

三、发动人人参与、个个主动、时时关注

社会公益机构要抓住一切可利用的机会和手段开展宣传，宣传工作不仅仅是宣传部门的业务，也需要全员参与。社会公益实践团队应该注意在平时向团队成员介绍、解释宣传推广工作的价值意义、重要性和工作特点，把宣传推广的意识渗透进团队每个成员的头脑中，营造出支持宣传、懂得宣传、乐于宣传的氛围。使成员们可以在接受新闻媒体采访时宣传，可以在开展活动时宣传，也可以向同学、亲朋好友进行宣传推广。特别是随着微博、博客、QQ、网络聊天等资讯传播工具和传播平台的普及，为开展人人参与、个个主动、时时关注的社会公益实践活动宣传推广工作创造了良好的条件。大学生是现代信息平台最大的客户群，大学生个个

---

① 韩正贤：《运用宣传手段有效提升社会公益组织的品牌影响力》，载《社团管理研究》2009年第2期。

都可以成为社会公益理念的宣传者,人人也都可以方便地接触到社会公益方面的资讯,都可以为社会公益实践活动向纵深方向推进作出自己的贡献。

后　记

在珠海唐家人才公寓，这个"面朝大海"的地方，我的思绪一下子回到了15年前。2002年，从中国青年政治学院社会工作专业毕业后的第二年，也就是我入职中山大学工作一年后，我从中山大学广州校区南校园调到珠海校区学工办工作。从此，我在珠海校区度过了两年激动人心的"青葱岁月"。在这里，我与志同道合的老师和同学共同创办了中山大学第一个以家庭经济困难学生为服务对象的社团——中山大学雁行社，这是我将社会工作专业知识转化为大规模公益实践的首次尝试。一转眼，15个年头过去了。如今，我已经是第三次来到中山大学珠海校区工作。这里的大学小镇，这里的绿水青山，这里的清风明月，一切的一切仍然让我激动，让我时时有一种"干事创业"的"冲动"。

《大学生社会公益实践十二讲》就是在这样的情感支配下得以成形的。具体地讲，我们想为高校人才培养做一些事情。"培养什么样的人、如何培养人、为谁培养人"是大学的根本问题，中山大学以"德才兼备、领袖气质、家国情怀"为人才培养目标，我把这个人才培养目标通俗地概括为"有根、有力、有爱"。在十二字人才培养目标中，"德才兼备"是一

后 记

个人的根,这个根既是指根本,也指根基,就是要把德和才的根基打牢,唯有如此,才能抓住成长成才的根本;"领袖气质"是"力",是个人的领导力和影响力,同时也是一种责任担当能力,这样才能在祖国需要我们的时候挺身而出,不畏艰难,引领社会发展;"家国情怀"是"爱",就是对我们的家和国要有深沉的爱,要爱这片土地以及这片土地上的人民。当然,这要从爱我们身边的人开始做起!我相信,只有有了根、有了力、有了爱,青年学子才能真正形成健全的人格,才能成为全面发展的优秀人才,才能为社会发展、国家建设作出自己应有的贡献!

本书是团队合作的结晶,在谋篇布局上由钟一彪统筹,各章作者如下:第一讲、第二讲、第六讲、第十讲、第十一讲由钟一彪撰写,第三讲由钟一彪、刘博撰写,第四讲由周昀撰写,第五讲、第八讲由赵斐、钟一彪撰写,第七讲由王帅撰写,第九讲由龚婕撰写,第十二讲由罗妙琪撰写。李丽、徐永怡、陈思静参与了全书篇章结构布局的讨论并协助校对了书稿。

这是我在五年内主编的第四本有关公益的书籍。发自内心地感谢帮助我、支持我和提点我的师长和朋友!感谢中山大学出版社,尤其要感谢刘丽丽和赵婷两位老师。尽管刘丽丽老师已经调离现在的工作岗位了,但她认真负责、优质高效的工作态度和作风让我印象深刻。至此,赵婷老师也已经帮助我编辑第二本书了,希望今后还有更多的合作机会!

公益让生活更加美好!生活因公益而更精彩!
期待更美好的世界,期待更精彩的公益!

钟一彪

2018 年 3 月 10 日